妈妈哲学文丛

渡渡鸟 著

妈妈是什么 1

中国妇女出版社

版权所有·侵权必究

图书在版编目（CIP）数据

妈妈是什么. 1 / 渡渡鸟著. -- 北京：中国妇女出版社，2024.1

（妈妈哲学文丛）

ISBN 978-7-5127-2229-3

Ⅰ.①妈… Ⅱ.①渡… Ⅲ.①儿童教育－家庭教育 Ⅳ.①G782

中国国家版本馆CIP数据核字（2023）第221427号

责任编辑：门　莹
封面设计：介末设计
责任印制：李志国

出版发行：中国妇女出版社
地　　址：北京市东城区史家胡同甲24号　　**邮政编码**：100010
电　　话：（010）65133160（发行部）　　65133161（邮购）
网　　址：www.womenbooks.cn
邮　　箱：zgfncbs@womenbooks.cn
法律顾问：北京市道可特律师事务所
经　　销：各地新华书店
印　　刷：北京通州皇家印刷厂

开　　本：145mm×210mm　1/32
印　　张：12.25
字　　数：300千字
版　　次：2024年1月第1版　2024年1月第1次印刷
定　　价：69.00元

如有印装错误，请与发行部联系

再版前言

妈妈哲学·方舟

时间太快了，一晃，这本书从 2017 年的刚刚出版到 2023 年的再版，已经走过了 6 年。我的三个孩子也都大了 6 岁，哥哥已经 25 岁，大妹 14 岁，小妹 11 岁。作为妈妈的我，已经脱离了幼童期妈妈，成为扎扎实实的青少年妈妈，两个女儿在青春期，儿子已经进入青年期。

嘘，其实我还有一个最小的孩子，才 6 岁。这么说来，我还是幼童的妈妈哦。它就是"妈妈哲学"学习体系。这本《妈妈是什么》，在 2017 年出版时，把"妈妈哲学""接生"到了人间。6 年来，"妈妈哲学"也在渐渐成长。很多本书的读者后来成了我的学生。

感谢大家，参与了这本书 6 年的成长。有好多故事，我先说三个故事。

《妈妈是什么》和三个故事

第一个，"鸟窝"和渡渡鸟的故事。

名为"鸟窝"的《妈妈是什么》读书会，驻扎在全球 100 多个城市，线上线下参与人次已经超过 10 万，可以说这本书启发着非常多的父母甚至爷爷奶奶。"鸟窝"参与者们，从这些故事中寻找到了个人养育教育的智慧和能量。上万人用他们的人生故事，回答着他们自己对"妈妈是什么"的理解。

于是，我着手了一个浩瀚的工作，努力把妈妈们的文稿进行阅读、整理、分类、提炼，"妈妈哲学"已经在这些读者自己喷薄而出的文字中，渐渐成长。他们的文字每一天都将"妈妈哲学"这四个字变得更加丰满而生动。

《妈妈是什么》的作者是渡渡鸟，这是我的网名，当时几经考虑，我用了网名落款，而不是真名。

渡渡鸟是毛里求斯一种已经灭绝了的鸟，"为什么当年写微博，包括出书，都用这个名字呢？"很多人问我这个问题。

其实，渡渡鸟的故事相当有启示性。渡渡鸟灭绝后，一种珍贵的树木——大颅榄，也不能长新树了，几乎灭绝。直到科学家们发现，渡渡鸟和大颅榄有生物相关性。渡渡鸟吃了大颅榄的果实，会消化部分果核，果核被拉出来时，已经变薄了，还自带渡渡鸟的肥料。因此，大颅榄才能够生生不息。

当然了，关心大颅榄的人都知道，当科学家们发现这个秘密，大颅榄森林就恢复了，人类可以磨薄大颅榄的壳，滋养肥料，使得种子成功发芽。所以说，渡渡鸟，无论公鸟还是母鸟，都是大颅榄的"妈妈"。

我迷上了这个故事。

想到这个世界上，有很多支援孩子成长和家庭和谐的古老价值陷入了危机："爱和信任"被"要求和回报"重重包裹，"光明和温暖"被"投入和消费"重重包裹，"创造力和自主性"被"成绩和文凭"重重包裹，"关系和生态圈"被"角色设定和社会分工"重重包裹。

即使在人类社会、家庭生活中，也超级需要"渡渡鸟"们的研磨啊。被重重包裹下，孩子的生命力，爸爸妈妈的和谐幸福力，家庭的可持续发展力，人生中的价值创造能力……这些"大颅榄们"没法发芽了，怎么办？所以需要渡渡鸟们渡人渡己的能力。

现代化生活，网络化生存，在带给我们便利的同时，也把我们包裹在新的挑战中。我们只有变成渡渡鸟，把我们自己和孩子心灵、行为上厚厚的壳磨薄，才能帮助真正的关系发芽、茁壮，蔚然成林。

我的目标也更清晰：争取出《妈妈是什么》的每年合集，甚至争取让每一个妈妈有一本自己的《妈妈是什么》，让每一个妈妈都能成为渡渡鸟。

第二个，爸爸们和《妈妈是什么》的故事。

比起妈妈们的喜欢，起初最令我百思不解的奇特现象是，这本名为《妈妈是什么》的书，激发了上千位爸爸积极参与学习，我收到了许许多多爸爸的读书心得。

一开始，我就在想，难道这是某种效应？就是那种童话和民间故事里常有的"禁忌房子"效应？一个主人嘱咐客人，这个房子里，哪里都可以舒服地待着，除了最边上的一间房子，那里千万不要去。结果呢，客人一定要去探索那间禁忌房子。因此，得以展开一系列惊悚的故事。

这里有个小规律：想让对方去干什么，最好去禁忌、禁止、不允许，这简直是好奇心和行动力最好的指路牌。难道因为叫"妈妈是什么"而不是"爸爸是什么"，激发了爸爸们一定要窥探的逆反心理？

但是，这些爸爸的阅读和心得，包括他们的实践，使我觉得自己的认知狭隘了。我对"妈妈哲学"的看法，摆脱了妈妈视角。

一位大学教授爸爸写了十几万字的学习心得，且还在增加中。他持续地发给我看。少年时期的他曾经一遍一遍背诵《新概念英语》，以至于倒背如流，学业有成，功夫所至，成了一位外语学院的院长。他是个很优秀的大学教授，一个好丈夫，却是一个对女儿暴躁暴怒暴力的父亲，每次失控，都深深地后悔，然而又摆脱不了轮回。

而今，他用同样的功夫打磨《妈妈是什么》里的每一篇文章，写下了结合自己孩子的心得反馈，而且，跟我的对话中有大量对自己原生家庭的洞察和追溯。他的文字和反思让我敬畏，我看到一位没有拿到理想出身环境,被惨烈的棍棒教育伤害过的大学教授的自我救赎。

他说,妈妈哲学,让他于人生的中年,自己做父亲的时候,能够结合孩子们成长的现场,在心灵上让自己重新出生一遍,再被抚育一遍。此刻的自我,穿越回去成为拯救儿时的英雄,这个英雄同样也开始拯救在暴虐父亲传承下被威慑的女儿。

小时候即使挨打也流血流汗不流泪的他,柔软了,读到《妈妈是什么》的一些故事,他学会了落泪,他找到了自己的生命功课。他深深地感激妈妈哲学。

我感激他,读出了这些平凡小故事的能量,指出了妈妈哲学普适的价值,并且探索到人在心灵生命中,终生需要妈妈的能量——"爱和信任""光明和温暖""创造力和自主性""关系和生态圈"。

每一位爸爸都先是妈妈的儿子,与爱人组建了小家庭,成了爸爸。爸爸们的生命功课是无法回避的,他们要洞察自己成长过程中的功过得失,把不假思索的"惯性壳",进行渡渡鸟式的打磨,让自己拥有一个自己真正想要的家,成为好的爱人、好的爸爸。

第三个,孩子们和《妈妈是什么》的故事。

我最开心的,是我在各地开展公益讲座和亲子营地时,总会有孩子,许许多多的孩子,是《妈妈是什么》的资深读者,他们送给我很多礼物。

从润喉糖、画像、各种故事插画、小手工作品、来信……到兴奋的眼神、羞涩的笑容、红扑扑的脸蛋儿,我永远爱他们。

还有很多妈妈来信,说自己的孩子爱上了读《妈妈是什么》。这些都让我知道,哪里有代沟这回事?真挚的小故事、平实的文学风格,在网络时代,依然可以帮助一个老母亲,成为孩子们的忘年交。

在我们一个名为"天空营"的暑期营里,一个14岁的女孩子找到我。她黏着我,能想象吗?一个青春期的女孩子,对待家长,对待周围的孩子们,对待自己的弟弟,很多时候,都用"严厉"和"抗拒"包裹着自己,但是她跟我说:"韩老师,我把《妈妈是什么》看了两遍,我特别特别特别喜欢,你能让我报名参加妈妈哲学知行生吗?"

哈哈,妈妈哲学知行生的学习,是我带领父母们的家庭学习体系,如今已经创立6年,有数千家长来学习过。我们从《妈妈是什么》开始,学习中西方古典哲学中可以应用在个人成长和家庭成长中的学术资源,帮助家庭建立家学。

女孩的爸爸也是知行生。而她已经是我的营地学生了,却还渴望通过知行生家长课程,接触更多《妈妈是什么》的相关内容。

我对她说:"亲爱的,特别好,欢迎你成为妈妈哲学的知行生。我们计划一个你入学的时间怎么样?"

她兴奋地看着我,充满期待。我周围的大人们,都有点不可置信,真的吗?我们要一个14岁的女孩来做知行生吗?那么她的学业怎么办?她能够两全吗?

"亲爱的,你还有几年高中毕业?"

"还有5年。"

"太好了,高考完怎么样?拿到一份不错的录取通知书,那就有资格报名喽,到时候我发链接给你报名,我等你。"

她特别开心,眼睛忽闪忽闪地看着我,立刻高兴地答应下来。

旁边的大人们都松了口气,大家以为,她不想上学了,就是想来学习妈妈哲学,但是大家忽略了,一个美好的、心向往之的目标,是孩子的重要激励机会。比立刻学更好的目标是,为之奋斗,才能够来学。清华北大、牛津哈佛等世界名校不都是这样吗?

这里请允许我插一句:亲爱的女孩,你一定会读到再版的这段前言,我把咱们的约定写在这里了,我等你哦,努力、扎实地完成学业，然后让你来带韩老师飞！

我等你。

这句话，也说给很多很多孩子。我写的这些小故事，都是受孩子们的启发才收获的。现在更多的孩子启发了我们，我已经变成"我们"。我们作为爸爸妈妈，不仅要生出孩子，还要跟孩子们联手，一起"生出"更好的世界呢。

让我们等待自己成长，让我们互相等待，带领自己、带领彼此一起成长，这就是最好的人生之路。

我等你。

好了，三个故事说完了，我在新版前言中的故事指标已经用完了。大家知道吗？为了说这三个故事，我几乎心智瘫痪了。试问，你怎么从一片森林中只看到三棵树？这对其他树不公平，太难选了，只能随机地说出这三个故事。故事中的内在联系，就是这本书。

是的，还有很多很多故事。

在这6年中，我也不是6年前的我了。我已经是新版本的渡渡鸟老师，很多渡渡鸟妈妈成长起来了，还有渡渡鸟爸爸，还有小渡渡鸟们。我已经是一大群人，一大群鸟。

这些人真的开始参与"生出"更好的世界了呢。

妈妈对孩子的价值独一无二吗？

妈妈对孩子的价值独一无二，这句话分量很重。当微博上这个话题登上热搜时，我一早上收到5个青春期孩子妈妈的求助，孩子们的抑郁、休学、沉迷网络，让妈妈们无助而心碎。

哎，看到妈妈们写来的长长的诉说文字，就觉得压抑。孩子成长的过程中，妈妈们并未成长起来，而是在多方面一直充当着压垮孩子心灵的最后一根稻草。

每个抑郁的孩子背后，都可能有一个一直拥有抑郁情绪的妈妈。

正是因为这样，妈妈们给孩子的压力也独一无二。

但是无论如何仔细推敲、深入思考都知道，在妈妈们给孩子的压力中，有很多妈妈自己也承担着无力的原因：社会原因、信息原因、家庭人际原因、经济原因……可以列举很多很多。

在一个免于匮乏的时代，处理纷繁复杂的人、事、物的关系，是妈妈们的重大挑战，甚至到了三观都要重建的紧迫程度。

我因此建议孩子还"年幼"的妈妈们，一定早点学习起来，寻找到有社群的智慧共同体学习起来。孩子渐渐长大的妈妈们，也同样迫切，如果孩子已经抑郁了，要看心理医生，要积极治疗，但同时，妈妈也要开始学习。

调整水、土、光线和风力，营养不良的植物就可以舒展强壮，妈妈就是孩子的大地、太阳、水和风啊。妈妈是厚德载物的大地能量，是光明温暖的太阳能量，是灵动喜悦的水的能量，是连接万物的风的能量。

我们妈妈哲学的学习系统，既有备孕妈妈，也有很多低龄宝宝妈妈、青春期子女妈妈，甚至有很多五六十岁的长辈妈妈都来学习，如何和长大的子女相处，和隔辈人相处，和姻亲关系中的女婿、儿媳妇相处，都蕴含了很多新的需要学习的智慧。

如上所述，也有很多爸爸开始学习，虽然人数还少，但是现在英明的爸爸们也不甘于只做子女成长路上的捐助人，而是也要做好孩子成长的向导和家庭文化的创造者，也想和妈妈一起成为子女生命中最独一无二的亲密伙伴。这是最健康的关系。

与妈妈相比，爸爸是高远的天空，是巍峨的雄山，是轰鸣的雷电，是奔流不息的大河……

爸爸，将妈妈的大地能量，广蓄成山坚定不移的力量；将妈妈的太阳能量，运化成自强不息的力量；将妈妈的水能量，蓄势为川流不息的循环力量；将妈妈的风能量，聚集为雷厉风行的开拓力量。这就是老祖宗传给我们的八卦的道理。每一个家庭，都应该拥有八卦力量。

即使那些单亲家庭，如果能够结合八卦的简单道理，无论主要养育者是谁，能够有这八种能量，孩子的成长就不会被"独一无二"的妈妈个体困住，也不会给妈妈们这么大的压力。一个好的家庭就是一个好的（能量）系统啊。

同样地，这里必须给天下所有好的父母学习系统和妈妈哲学，做个"硬广"。因为一个好的系统，会帮助家庭成员学习，但同时，一个好的系统本来就能量充沛，这样无论是妈妈爸爸，还是孩子，能量才有来源。

当这个世界对基本的繁衍和养育都产生了重重阻隔时，就如同大洪水冲击所有人的心灵。这时候你需要一个大方舟。

好的学习系统，就是方舟。

让所有在孩子成长过程中"独一无二"的妈妈，都有自己的依靠，依靠自己、和爸爸互相依靠、和长辈父母结盟、和其他家庭联盟……这就是妈妈哲学用这 6 年，且已经用几千个家庭组合成的当代养育教育家学的方舟。

而这个方舟的舵盘非常简单，它是书中的一系列小故事和每个小故事后面千千万万的故事。它的材料始自一个问题：妈妈是什么？

问出一个好问题，是一个哲学系统产生的最重要的关键，因为好问题的关键是，有千千万万的人愿意一起回答它、探究它。

谢谢大家。当你开始看这本书的时候，一切还都在长大，孩子们和我们，以及我们所抱持的妈妈哲学，都在长大、丰富。当你开始阅读的时候，我们就在一起了。

第一版前言

妈妈纪·开元

一天,去医院探望刚生宝宝的朋友。

6斤重的小人儿两眼乌黑明亮,东看西看。我去时,她睡醒了,开始要吃,努力在剖宫产妈妈的胸前做功。孩子饿,脾气很大,初次生产的新手妈妈,乳不成行,孩子边哭边找边吮,小脸憋得通红,全身都哭到紫。

这真是个需要努力的世间,才来了十几个小时,就开始了自我奋斗。刚刚做妈妈的朋友,也极力忍住剖宫产的不便,力图亲饲宝宝。斗室中,感觉到特别强的爱和力量。

哎,细看我们这芸芸人间,一切都肇始于这一刻。

如果我撰部经,就说:"妈妈生下了孩子,孩子开始吮吸,然后,整个世界就开元了。"

作为三个孩子的妈妈,每次看到小孩子出生,我还是这样激动。回到家,我情不自禁写道:

"这世界上如果有什么叫正能量,亲爱的小孩,你们就是那来源。孩子让女人成为母亲,承接天地万物的力量、慈悲、智慧、柔软,是包容的坤德起源……感谢你们,不嫌拥挤、喧闹,和我们共同承担这个不完美的世界。因你们的缘故,我们发了母亲的宏愿,每一个愿望都如菩萨一般。"

事实上,在写下上面这些文字后,所有的光从这本书的起始照了过来。这是 5 月某个苍灰色的凌晨，早晨带着清新多变的气质，开始进入我的视野：窗外晨光弥显，树木们仿若沉静的大人，任鸟儿们像思绪一样飞进飞出，驻足婉转，一刻不停地叽叽喳喳。东方遥远的天空，开始出现异乎寻常的光辉。在灰色天空中悬挂了一夜的冰凉、透明的云霭渐渐被涂上奇幻的亮色，云霭们手牵手，依次显现出糅合了杏红、粉红、桃红、橙红、西瓜红、火红等所有神秘的亮暖色，东方的天际被渐次点燃了。

我心中开始思绪万千。也许是因为这种光、这种明亮、这种照耀、这种难以形容的早晨，我从自己是妈妈，想到了我的妈妈，想到了所有的妈妈，想到了女性作为妈妈的这种宿命。

在《妈妈是什么》这样一本书拉开帷幕之际，做妈妈的能量、强度，如宿命一般通过这个拂晓展示给我。是的，我们这些自以为独立的孩子，哪个不是内嵌着自己的妈妈在人间行走？妈妈就像拂晓的太阳，会为万物带来光明和鲜艳，也从另一个角度带来了阴影和凉意。

没有极大意外的话，即使我们在幼年由长辈代为抚育，自己的妈妈依然是我们内在程序中最重要的一部分，是我们花上一辈子，要打补丁，不断去修复、升级的原始程序。

心头很多感觉开始变得敏锐。一种柔情、一种赞美诗式的行文风格，蓦地被连根拔起。我对要写的主题"妈妈是什么"忽地生出了某种了然的接纳：啊，这正是我要做的事情，也是我要进一步深化自己的事，是我生命中最明亮的成长机会。

本书中，我将分四个部分，试着去列举妈妈会对孩子产生的，也许是持续终生的基础性影响。涵盖爱与信任、性格与情感、行动力和创造力、自然和社会关系等方面。然而，这些都不是我的回答，只是一个思考的起点。我要试着探索"妈妈是什么"，就像探究我们自己命运的起点，求索我们作为妈妈的宿命和使命。

穷生命之长，孩子们和自己的妈妈，从性命交织、不可切分的母子有机系统，会到逐渐分离的状态。但即使是成年孩子和妈妈的系统交织，也永远不可能被阻断。甚至在年老的妈妈辞世后，她还会是子女内在能量的核心部分。

所以，我要以一本书这样有限的篇幅，试着做一些探索，不仅描述妈妈的生活和辛劳，体会妈妈的爱与柔情，赏鉴妈妈的灵感和智慧，赞叹妈妈的愿力和行动，也将指出妈妈在养育过程中的不确定性——这些共同构成了孩子们生命的拂晓，影响将一直持续，延展到子女们的一生，并随之将深切、缓慢的生命反馈，返回妈妈们自己的人生。

做妈妈，不仅是一个女人内置的天然使命，是身体进化的分工，也是主动的选择和一系列的具体准备。而做好妈妈和做世间任何事都不同。一个好的工人，要一直在生产线上，认真地处理工序；一个程序员，要一直在电脑界面上，去跟编码深度打交道。做好妈妈呢，却不只是处理"做"的问题，也要处理"不做"的问题。"做"是行动，"不做"是反行动。有时候，妈妈们要把行动力、创造力、决策力的空间给孩子，而且要不断"减持"做妈妈的范围，这是妈妈们的实践理性。

《妈妈是什么》不是一本关于妈妈的教科书，我们没有妈妈学校、妈妈学位、妈妈职称。这也不是一本关于妈妈的工具书，不教妈妈们任何东西，不列清单讲方法。这是一本我从自己做妈妈的观察、体验、思考出发的生活小品和意识流记录。

我是三个孩子的妈妈，我有 19 岁的大儿子，还有 8 岁和 6 岁的两个女儿，在中、美两个国家分别经历顺产与剖宫产。我清楚国内养育的环境,也有在美国养育孩子的经验,是跨文化教育的实际体会者。我被朋友们开玩笑称为体验最全面的妈妈。目前,我的儿子已经在美国一所非常好的艺术院校就读,狂热地以青春之力,在自己爱好的专业上,每日极度奋进。我的两个女儿,都在美国完成了幼儿园学前班教育,现在回到北京接受以中文为主的小学教育。我当过8年记者,熟悉很多行业分工和系统建设,研究生阶段还受过专业哲学训练,这使得我在任何微小的事情上,不会为当下所困,常有"一粒沙里见世界"的探索体验之乐。

但使我惊异的是,在做妈妈的过程中,每天经历的微不足道的各种小事,不是我在教育孩子,而是从孩子身上学到了很多,可以说我在任何阶段学习、工作的生涯中,都没有我在孩子们身上学到的多。我们做妈妈"有所不为"的部分,恰恰是增强接纳力和领悟力。孩子们对我们的反哺,何至于等到老年?新手妈妈时期就已经开始了。

就这样,我像织锦一样,慢慢地把每一段生活、每一番思考,用键盘记录下来。母子这一世界上最古老、最核心的关系其实就是一个个小故事,一天天的日常,热闹且优美,叠加而化育。所有这些,都是从看起来极小极小的事情开始的,就像任何一个破晓——

孩子们把妈妈的生命打破了,最细小的裂缝中,一丝光进来了。

自序
妈妈哲学是什么

6年来，在上万家庭的学习和成长中，我真切地看到，任何一个超级好的养育经验，都不能世袭罔替地成为所有家庭的灵丹妙药。而且，因为孩子不同、家长不同、环境不同、时间点不同等因素，很多经验甚至可称"甲之熊掌、乙之砒霜"。

人家孩子和妈妈亲子阅读做得好，有很好的沟通力、理解力和专注度，你若是生搬硬套地照着运行，再赶上肢体发达、注意力大条的孩子，就是酷刑。

我们不知道什么是放之四海而皆准的教育心法，但是，我们知道历史上深远的"因材施教""有教无类"的教育理想尚未实现，现有的任何教育方法和经验，肯定是不足的、有局限的。

世界上最惨烈的浪费和污染，不仅仅是土地、空气、水和矿产资源的浪费与污染，而是人的生命力的浪费。人类社会，还没有找到任何心法，能够制止这种最触目惊心的浪费：人本身的浪费。只有很少的孩子，在长大成人后，对自己满意，实现生命价值。

我们还没有办法支持所有的孩子，进行充分的、没有遗憾的自我实现。

所以，我在公众号"渡渡鸟妈妈课堂"设定了一句永远的提醒和备注：妈妈哲学的每一个提法，都可以找到完全相反的做法，而且很可能也是对的。妈妈哲学，是一种弹性的哲学。

我希望，妈妈哲学保持这种开阔和明朗，面向未来，帮助所有的生命力不被浪费，帮助每一个人获得一个活足的生命。

6年来，妈妈哲学被大家这样认识和总结：

1. 妈妈哲学，从妈妈"爱智慧"，到爱"妈妈智慧"

哲学（philosophy）在古希腊语中的本意是"爱智慧"，妈妈哲学取其本意，寓意是妈妈爱智慧。什么是智慧呢？就是人的心智版本的良好水平。妈妈哲学，就是智慧水平的养育者的心智版本。

电脑、手机或者 App，都需要不断升级。当时代发生变化，人的心智版本也理应升级。当此刻与未来发生变化，养育和教育的版本也需要不断地升级，妈妈哲学就是当代养育和教育者的心智版本。

妈妈哲学传承中西方哲学的精华，将几千年文化结晶，作为巨大的智慧能量宝库，构建了亲子共生的价值体系、认知体系、方法论体系。从自身出发，到与自然、社会的亲密互动，是孩子的成长必经之途，也是养育者成熟自身的修炼。

妈妈哲学同时集成大量当代新鲜实证案例，是因材施教、因地制宜、因时而异的亲子心智操作系统。

妈妈爱智慧，其实是这个时代所必需的。时代的复杂性、网络化生存，使得我们天然的母亲角色被冲击，以前我们凭着本能就可以育儿，到了 20 世纪八九十年代，出现了第一批看书育儿的妈妈。现在就更不一样了，我们不仅看书，我们还看网络、看社群、看大量的信息，我们简直是在信息的洪流中育儿。

那么，到底要怎样去养育和教育我们的孩子呢？其实，我们被关在自己的环境里，被关在我们现在所处的时间轴里，被关在已经形成的认知里，而我们的认知又被信息的大潮不断地"带节奏"，别人的焦虑迅速造成我们的焦虑。所以，在这个意义上，我觉得现在妈妈们要想形成自己养育的内功心法，就必须爱智慧。这个是我们没有办法逃脱的宿命，我们从此开启了一代必须经过学习才能够做好的妈妈。

妈妈哲学是一种教育方法，而不是治疗方法。妈妈哲学是一种知行方法，而不是知识学习系统。

从"妈妈爱智慧"的标题党——妈妈哲学，渐渐成长为摆脱"妈妈视角"的女性学习系统，成为更全然的爱"妈妈智慧"的哲学系统，引导妈妈们和爸爸们以中西哲学智慧为内功，理解社会现实和未来变化。妈妈哲学不仅致力于缓解育儿焦虑，更重要的是鼓励学习者通过家庭实践和社群实践，成为带动家庭学习、带动社群学习，建立家学的行动者。

妈妈哲学是一个不断成长的家庭学习体系。在信息爆炸时代，以哲学智慧去观察过去、当下和未来，分析充满新挑战的家庭问题。妈妈哲学将家庭学习和社群学习相结合，把传统的学习过程转变为产研过程——只要你亲历过母子关系，通过体验式学习，就能够把自己的经验转化成智慧。在这个过程中，妈妈哲学致力于帮助每一个家庭成为智慧中心和行动中心，帮助每一个家庭拥有自己的家学。

2. 妈妈哲学四大能量

针对当代养育教育中，"爱和信任"被"要求和回报"重重包裹，"光明和温暖"被"投入和消费"重重包裹，"创造力和自主性"被"成绩和文凭"重重包裹，"关系和生态圈"被"角色设定和社会分工"重重包裹，妈妈哲学提出了大地、太阳、水和风的四大能量模型。在《妈妈是什么》每一篇章的前言中，详细解释了妈妈是大地、太阳、水和风的内涵——

大地理应代表"爱和信任",帮助孩子建立自我价值和安全感;

太阳理应代表"光明和温暖",了解每个人的不同类型,帮助孩子找到自己独特的成长之路和归属感;

水能量代表了"创造力和自主性",对我们生存的这个蓝色的星球来讲,最重要的是水,有水才能产生有机物,生命的起源也在于水,水喜悦而灵动,帮助孩子建立主动性和创造力;

风行大地,风能量代表了"关系和生态圈",代表了孩子身心活动的广阔程度和影响力。

在妈妈哲学的学习体系里,四大能量是其核心理念,也是家庭必备的能量板块。

大地

"爱智慧"中的"爱"是什么?就是大地能量。大地是什么能量呢?

就是无论什么样的种子,无论什么样的生物,在大地上都将接受无条件的支持。大地不去作选择,不会因为喜欢一颗向日葵的种子而给它营养,因为不喜欢一颗狗尾巴草的种子,就不支持它,控制它,不让它成长。

我在书中正文提过:大地是一种爱的能量,是信任,信任你本来的样子。即便你把垃圾、废物、排泄物扔在了大地上,大地也会把它变为自己的一部分,变成它的力量,变得很肥沃。所以这是非常重要的,这是我们东方文化中独有的、坤德一样的智慧,厚德载物。

家庭的大地能量滋养孩子的生命力,关键期主要应用在孩子0～3岁。但是家庭的大地能量建设是持久性工作,家庭拥有大地能量,不仅能托举孩子,也能托举爸爸妈妈,让家真正成为一个精神和心灵的承载之地。

太阳

太阳能量其实就是"爱智慧"中的"智"。

"智"字，上面一个"知"，下面一个"日"，太阳能量在妈妈哲学中起什么样的作用呢？它其实就是对孩子的情感和性格进行探索，对自己的情感和性格、对整个家庭成员的情感和性格也进行探索。

太阳站在高处，并不站在自己一边，不偏不倚，所有的人都能感受到光芒和温暖。太阳送去光和热，没有那么情绪化，太阳是很稳定的。妈妈是用知性的力量，在家庭中构建整个家庭共同体一个大的人格，也构建着自己孩子的性格，磨砺自己的性格。

"智"这个字，在字源上有"竹"或"烛"之意，我们可以联想，跟太阳比，我们虽然可能是烛火的智慧，也凭借发光的能力，"一烛能灭千年暗"。"智"在字源上还有性格的"性"之意，也就是说，我们的性格中，当焦躁、痛苦种种泛起的时候，如果我们能够动用智的力量，我们很多性格中比较原始、冲动的成分，就能得到一个理性的转化。

所以，非常需要妈妈用这样的太阳的能量来帮助孩子，构建和谐的家庭共同体。像太阳一样，不偏不倚地照耀着心灵，支持孩子的成长。

家庭的太阳能量滋养孩子的生长力，帮助孩子建立自我认识和意志性格，关键期在孩子3～6岁。家庭的太阳能量建设更是持久性工作，家庭拥有太阳能量，将使每个人都拥有美好的向阳成长的体验，任何年龄的家庭成员都能归属到自己最好的生长状态。

水和风

水和风两种能量都是爱智慧里的"慧"。水和风的区别是：水代表行动力，这种行动力是自身的行动力；风代表自身向外的行动力，就是和自然、社会、他人、万物，包括人类社会的交互。

"慧"这个字很有意思，假如你仔细看它，你会发现最上面是两个"丰"，扫帚上面两个"丰"是从竹子来的，再加上下面的一把扫帚，代表了三把扫帚，然后下面是个"心"。

"慧"这个字代表什么呢？三把扫帚，一把扫家事、一把扫国事、一把扫天下事，事事关心。这种关心不只是去做评论员或者"负评党"，它是行动力，像水一样的行动力，是从自己、从家事开始的行动力。

如果我们已经用太阳"智"的力量整理了自己的心、性格、人格建设，那么就可以在这个基础上，开始对自己的思考力、行动力进行管理和探索，比如观照孩子在学习方向、兴趣方向的创造力、动手能力等，这些都是水的能量。

除了围绕个人、家事，"慧"还关注国事和天下事。当你能够协同好自己、协同好家庭的时候，你其实和世界的交互已经开始了。

家庭的水能量帮助孩子增强创造力、思考力、行动力，滋养孩子的生活力，培养关键期在孩子6～12岁。在我们的实践中，发现家庭的水能量建设，是一系列巧妙的小方法可以启动的，家庭中拥有水的能量，将使每个家庭成员都心灵活跃、充满灵感，充满创造力、主动性和行动力。

家庭的风能量帮助孩子架构自然、社会的价值观、认识论；运用和外界、大自然、社交圈交互的能量，滋养孩子的生存力，主要应用的关键期在孩子的青春期，12岁以上。我们在实践中发现，家庭中风能量的建设，需要突破家庭的圈子，在社群中，在混龄和跨领域、跨代系人群中，在混态的万事万物中，这会极大地滋养家庭成员应对未来不确定性，增强生存力，是家庭和家族可持续发展的关键。

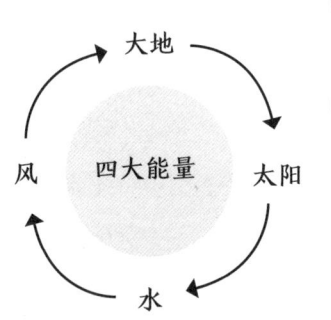

大地：爱与信任，代表着容纳力和承载力，滋养人的生命力。

太阳：代表观察与接纳，为人提供光明和温暖，滋养人的成长力。

水：创造力、思考力、行动力，滋养人的生活力。

风：和外界、大自然、社交圈交互的能量，滋养人的生存力。

妈妈哲学的四大能量，也是家庭必备的能量板块

当然，这四大能量还有更深层次的哲学意象。妈妈哲学就是这样，润物细无声地把更多的哲学思考带到更多家庭中。

3. 妈妈哲学，一套智慧知行体系

妈妈哲学，是一套自树树人、自渡渡人的，以妈妈心、妈妈法、妈妈力、妈妈行把自己、孩子、家庭甚至工作环境重新养成一遍的智慧知行体系。

那么，妈妈哲学是如何帮助父母知行合一、找到自己的成长道路的呢？

妈妈哲学还有一个"六位一体模型"，是指养育和培养孩子的6个方面——孩子、父母、家庭、社区、社会、学校。如果它们共同和自然、历史协作，我们将能够真正培养出家事、国事、天下事事事都有参与力量的孩子和家庭。在这个模型中，我们真正把大地、太阳和水的能量放大，用风的能量来助推。

有一些非常古老的东西是穿越时空不变的：关于人生价值和自

我实现，关于家庭成员之间怎样彼此扶助，共同完成家庭在社会中的使命。

在海外，西雅图有个妈妈，生了6个孩子，3个儿子、3个女儿，做了多年的全职妈妈，她从阅读《妈妈是什么》开始，回国拜访我。她进入鸟窝，参加很多次线上线下的鸟窝后，她用鸟窝中持续练习的讲故事的能力、看到他人的能力、主题思考的能力，参加Google的面试，过五关斩六将，成功地入职了。她还带动更多的海外妈妈一起读《妈妈是什么》，并想让《妈妈是什么》支持Google和更多的职场妈妈和全职妈妈。

新西兰的奥克兰和德国有一批妈妈与爸爸，已经把妈妈哲学的营地，从鸟窝到知行营地，都扎扎实实运营到当地社区，成为华人家庭家学建设的渡渡鸟群，成为大颅榄森林。

在国内，《妈妈是什么》带动了很多家庭、组织、机构和政府的相关工作坊与训练营，妈妈哲学已经成为促进亲子教育的内功心法，妈妈哲学的公益行走营地——移动的村庄，参与家庭两万多，覆盖了全国333个地级行政区。爸爸们和大孩子们在里面发挥了很好的组织和带领作用，当"村长"做带领。在家里找不到参与感的爸爸，在"村庄"中，重新收获了妈妈们的爱和尊敬。

是的，妈妈哲学致力于将哲学思考带入家庭，带给每一位家庭成员，成为新家教的核心，重新以哲学文化建构人格、家庭和社群。妈妈哲学努力建立学术交流关系，让最基层的单元家庭，可以获得人文社会科学最新研究成果。

在几万名家长6年多的学习中，大家发现，学习妈妈哲学最小的功用是支持做妈妈爸爸，而最大的功用，已经涉及文化建设、跨文化交流、沟通效能、组织成长、乡村振兴等领域，并在不断地描绘新的图景。

目 录
Contents

第一篇 / 妈妈是大地·爱与信任

给心心的情书 / 005
所有的花朵都是"妈妈爱宁宁" / 008
颠扑不破的妈妈 / 010
心潮起伏的妈妈 / 012
精力充沛的晚上 / 015
吸风饮露的小姐俩 / 017
姐姐的大靴子 / 019
宁宁的笔触 / 021
滚烫不改其乐 / 023
穿衣服大作战 / 025
现在就是明天了 / 026
我要糖还有巧克力 / 027
天上放了一个屁 / 028
一见钟情的芭蕾舞鞋 / 029
小棉袄 / 031
幼儿园骑马日 / 033
有一种"早晨杀手",叫幼儿园小朋友 / 035
超级臭美的宁宁 / 037
小慢鱼 / 041
吃糖七计 / 043
宁宁惩戒官 / 046
幼儿园的"黑市交易" / 049
森林中的育儿冲突 / 051
心心的小点点 / 054
所有的爱,都有重量 / 057

第二篇 妈妈是太阳·性格与情感

澡盆聊天记 / 066
被窝学术会 / 070
传递光的能量球 / 073
女孩子的逻辑 / 076
宁宁的头发事件 / 080
失踪的宁宁 / 085
随喜心 / 088
负能量小妖怪 / 094
哥哥也是太阳 / 099
小孩子共同体和大人超级大国 / 102
人微言轻的小孩子 / 106
心心的外宿 / 108
善始善终 / 112
任何问题,都是照耀孩子的入口 / 117
每临大事,须有静气 / 123
养育界的蝴蝶效应 / 126
混乱早晨的母女博弈记 / 129
自信工厂 / 133
途中谈话 / 136
与儿子关于情感的对话 / 139

第三篇 / 妈妈是水·行动力与创造力

宁宁没有刷牙 / 145

疯疯癫癫的妈妈 / 151

儿子的逆境阶梯 / 155

儿子和他的路考劫数 / 158

运动，身心合一 / 165

妈妈来电 / 167

宁宁的梦与幻想 / 169

姐姐的创作，妹妹的搏斗 / 172

走一路画一路，随缘用纸 / 174

儿子谈画画的感受 / 176

画画不是特长，而是表达 / 178

心心的阅读疗愈 / 180

高背椅子 / 185

心心的家长会 / 187

代谢家长会 / 191

灰姑娘 / 198

牙仙儿 / 201

出生传奇 / 203

大桌子传 / 206

来来，一起做干花 / 211

做孩子的宝藏海 / 213

和儿子笔谈商榷"大方" / 215

你太"中国"了 / 217

和儿子在机场的谈话 / 220

口吐脏言狠话的小孩 / 222

被踢书包记 / 226

家族审美观 / 235

爱的三个层次 / 239

003

第四篇 妈妈是风 · 大自然与社会关系

出动吧，用身体盘点身边的自然 / 252
在山里，和森林共处 / 254
谢谢，亲爱的月亮 / 256
豆角禅 / 260
在海边，写诗给孩子们 / 264
听，声音王国 / 266
气味和味道 / 271
人类的标准 / 275
审美台阶：从自然到人文 / 277
母女商品博物记 / 279
超市是物质世界迷宫的缩影 / 281
金钱不能移的心心 / 284
物质奖励也是工具 / 287
智能媒体时代的儿童媒介素养 / 290
碎片化的儿童，媒体与孩子的历史关系 / 297
爱上阅读，请深爱 / 302
儿子，你和"学习"的关系怎么样 / 308
每个小孩都是别的小孩最好的玩具 / 311
妈妈，我很喜欢萨巴瑞娜 / 313
全球化和民族主义 / 315
宁宁的断舍离 / 322
儿子迟来的告白 / 324
高洁奶奶 / 327
医院的正能量 / 331
不一样 / 334
缺爱症候同学 / 337
洛杉矶市区的流浪汉 / 341
儿子讲《麦田里的守望者》/ 344
妈妈的朋友圈 / 346
与儿子讨论美国大选 / 347

第一版后记 / 353

第一篇

妈妈是大地·爱与信任

十月怀胎的准妈妈，像被播种了的大地。一粒微小的种子，驻扎在母亲的体内，像小小的草籽一样开动，它慢慢开始膨胀、分化、成长，直到一个圆满的胎儿强力"破土而出"，转变成婴儿。准妈妈变成了妈妈。

经历了10个月孕育期的妈妈，都能坚实地体会到大地的特征——"不计所有，提供营养"。植物在大地上扎根，它们的性情最有地力，它们从大地生发。季节过去，它们枯萎的躯干和叶子又构成大地的一部分，成为滋养自己的新生力量。

我曾经养过一盆绿萝，在不大的花盆中，不眠不歇地长了好几年，直到客厅的四面八方都挂满了它延展的绿色藤蔓，沙发像摆在原始森林里。绿萝的生命力真是旺盛至极。有一次，家中好久没人，我一回去，枯黄的绿萝叶子在各个方向委顿一地，整个客厅像凋零的秋季。

本来以为绿萝死了，愧疚地整理它的藤蔓，发现离根部最远的新芽所在，依然绿油油的，有很多小芽苞。新的小叶子还在生发中，每一根都如此。而花盆内绿萝的根部早已经干枯，靠近根部的叶子落尽，连叶梗儿也干透了。

这盆绿萝正在完成艰苦的自我供给，它长长的老梗老叶，把从花盆中一点点土壤中得到的营养水分，持续推送到三四米外的叶尖儿，每推送一寸，后方就死掉一寸，前方就滋生半寸新芽儿。它就这样坚持着，等着新的补给机会。"不计所有，提供营养。"它的根部深深地盘踞在土地里，依靠土地里的营养生长着的植物，完全承袭了来自土地的性情。

老掉的绿萝，直接化为土地的一部分，不计代价地供给着新出生的芽苞、藤蔓、新叶。以往是枯槁的植物，委顿下来化作土地的一部分；现在，大地直接沿着憔悴和干枯寸寸攀缘，把每一寸枯萎都化作大地，把最后的营养输送到新生力量的位置，保持生存和希望。

来不及自我谴责，我赶忙把一根根藤蔓从干透的部分剪掉，把绿藤直接养在水中，等着生根。所有干掉的枝叶，都被埋回花盆，等待着在水中生根须的藤蔓栽回来。没过多久，大概个把月，所有滋生了根须的藤蔓就被植回了自己的腐败枝叶间，重新扎根到了自己的骨殖里。

这就是大地的故事，即使我们只有一小盆土，也能感觉得到。

胎儿在妈妈的肚子小屋里，无论妈妈吃什么、喝什么，吃糠咽菜还是进食山珍海味，就像营养在地底秘密转化，身体把最好的滋养，无论是多种微量元素、蛋白质、水、氨基酸，还是妈妈思维和性格的能量，都源源不断输送给胎儿。胎儿通过脐带，在妈妈的肚子小屋深深地扎下了根，无忧无虑地接受着妈妈最精华的供养。

大地之道，负载万物，安静柔和，广博宽厚。大地珍惜每一粒小小的种子，把潮湿温润的土壤中的精华力量，借由植物呈递而出，滋养万物而不居功。

无论什么样的妈妈，在天性上都几近于大地。无论多么失衡的妈妈，面对柔弱的孩子时，都会尽力去照顾周全。小孩子像植物一样，每天都吸收阳光，总有那么多精力、探索欲。妈妈在孩子的生命之初，就是那个把孩子摆到自己的花盆，观摩其光合作用，把孩子集结起来的各种能量球不厌其烦地接住，再有序放下并回传的人。

妈妈在最辛苦、最愁肠百结时，只要在孩子面前，就会被激发出欢乐的能力，甚至会被逗到没心没肺、前仰后合的地步。呵，那不是此刻的妈妈在笑，而是做小姑娘时的那位，还保持着新奇、敏锐和兴致勃勃。妈妈被人觉得"可爱"的时分就是小姑娘时期真性情的流露。

妈妈用自己幼时的快活无忧和孩子们的气场交流，尽情尽兴地表达对孩子、对生活、对他人的爱，这是一门不可思议的艺术。掌握了这门艺术的妈妈，是深受孩子喜爱的妈妈。而这样的妈妈，也被孩子激活了被时光远远抛掷到青春期、青年期之前的童年，生命中的刚硬和坚实得到了柔化。

小的植物长在大地上，根系不间断地汲取营养和力量，代谢掉的叶子和花朵，必然被作为垃圾抛掷在大地上。

孩子是妈妈大地上的作物，会添很多很多辛劳给妈妈——吃饭时，突然要帮他去擦屁股；晚上不睡，早上不起床；早晨送去幼儿园，晚上接；去公园、图书馆、野外，一样都不能少；生病时24小时挂在身上，健康时每日要操劳三餐、点心加娱乐……但这些不仅仅是事儿啊，是每日每时每刻爱的修行。孩子们激发了我们爱的力量，爱需要分解到行动中。妈妈的爱，是大地对万物的托举和滋养。

大地把任何疮痍、垃圾、死亡、朽坏都顺势承担，予以转化，变成更为滋养的原料，循环往复，无眠无歇。这就是妈妈的力量之源。

最有力量的妈妈，哪怕自己憔悴、疲惫、虚弱，也会像绿萝一样，把每一寸的地力，沿着自己的枯萎之处供应，将所有的黑暗都转变成无尽的肥沃。

大地，无限地慈爱，给予所需，己无所求，永不嫌弃。万物的欣欣向荣，构成大地青葱的面貌，而大地却深藏功与名。大地胸襟宽广，力量雄浑，有世间最深的容纳力和最强的承担力。

妈妈是大地，大地对万物最长情的告白是爱与信任。

给心心的情书

爱要充满仪式感,需要及时地、不怕张扬地去表达。

有一天,我收到心心的一幅小画:"妈妈,你看,我画的哥哥。"我微笑着反复欣赏她的画,亲了一下她皎洁兴奋的小脸。

那天晚上,她睡着了,我给她写了封信:

亲爱的,不管我心里多么想紧紧搂着你,我还是做出郑重庄严的样子,认真评价你:你画的哥哥真好,细致、独特。

请记住,不是因为你画得好,善解人意,表达友爱,妈妈才爱你。我爱你,是因为在生命最初,就这样深深被你信赖。每一件作品,你都第一时间拿到妈妈面前。被你信赖而成为妈妈伊始,我这颗奔忙庸常、金戈铁马、左顾右盼、自寻烦恼的心,就化成了千丝万缕的绕指柔。

这一生一世,在母女之间,爱不需要承诺,不需要指明,不需要标记,不会去计较。因为真正的爱,从来都毋庸置疑,不假思索。

亲爱的宝贝,愿你一生都持有这样的爱,这样去爱人,这样不断遇到爱自己的人。

写这些句子时,正当酷暑。家处在洛杉矶航线下,夏日忙碌的飞机从蓝灰色的夜空一架接一架轰隆隆地飞过。我突然明白了,妈妈给孩子的情话，不是发昏、发神经啊，它们是妈妈给予的重要财产，是土壤中的水分和矿物质，是使得植物灌浆挂果、甘甜清香的"地力"的秘密，是人生的重资产。

早晨，心心刚被按时叫醒，我就立刻把信读给她听："心心，昨夜你睡着后，妈妈给你写了信呢。"心心莞尔一笑，等着我读完。她当时约5岁，听得半生不熟，但是我认真庄重、充满仪式感、温柔的声音和文中的关键词，让她接收到了所有的信息，甚至还超过我要表达的，她的眼眸愉快地闪闪发光。

"妈妈，我也爱你。"她喜滋滋地说。这喜悦就是在这封细碎的短信滋养下结出的果子。有这份开心，一个明媚的早晨，合作而有自尊心的早晨，就开始了。她的起床气还没来得及升起，就不翼而飞，一睁开眼睛，就进入一种浪漫主义的精神生活，被倾诉爱，被爱包裹。

我心中常常掠过喜欢的文学作品的片段，就和心心玩话剧。比如《挪威的森林》，她扮演绿子，然后我再扮演绿子。我们一遍遍讲，开始我讲长的，慢慢地她讲，因为太好玩了。

"最最喜欢你，绿子。"

"什么程度？"

"像喜欢春天的熊一样。"

"春天的熊？"女儿再次仰起脸，"什么春天的熊？"

"春天的原野里，你一个人正走着，对面走来一只可爱的小熊，浑身的毛活像天鹅绒，眼睛圆鼓鼓的。它这么对你说道：'你好，小姐，和我一块打滚玩好吗？'接着，你就和小熊抱在一起，顺着长满三叶草的山坡骨碌骨碌滚下去，玩了整整一天。你说棒不棒？"

"太棒了。"

"我就这么喜欢你。"

到了周末,我们跑到草地上打滚儿,骨碌骨碌滚下去,像春天的熊,玩上整整一天。

孩子们因此知道,所有书中写到的美好,都是真的。

这就是妈妈给孩子的爱,汲取所有的营养去表达的爱,大地之爱。

所有的花朵都是"妈妈爱宁宁"

爱要充满想象力地去表达。我们的表达，可以像童话一样迷幻美好。

春天的早晨，载着宁宁下山，看到很多棵开花的树。在宁宁的指挥下，车开开停停，把所有的树都用手机拍了下来。

"哎，还有一棵，妈妈，你错过了！你错过了！哎呀！"宁宁看我错过一棵，大声喊。

这时候道理来了，趁机和她讲：

"宁宁，我们不可能把每一棵树都拍下来。"

"为什么？"

"因为有的地方不方便停车，有的地方宁宁看到了妈妈没看到。我们的注意力不一定在一个方向，所以合作得不太协调。你在看左边，我却在看右边。"

"那要怎么办，妈妈？"

"这种情况就要随缘了。拍到的那些树是今天早上和我们特别有缘分的；错过的，也许没有缘分，也许缘分在明天早晨。还有，要好好合作，你要早点发现，我要慢慢开车。"

"那就没有错过喽！"她开心地说。

深刻啊，没有"错过"。她轻松地说出来，却是我花了小半生才领悟到的。道理从说出口到内化成自己的一部分，要走过多少时光啊。我走过的路，宁宁也要这样子前赴后继地走过来。

沉默一会儿，宁宁又问我一个极简却极难回答的问题：

"妈妈，为什么开了这么多花啊？"

我脑海中泛起了只鳞片爪的植物学，但是迅速地摇头甩掉了。我决定给她个爱人式的回答，来自大地的回答，在那些未来的"臭小子"追逐她之前。

"这些花是因为妈妈爱宁宁才开的。因为妈妈爱宁宁，妈妈从小到大都爱亲亲宁宁，所有的亲亲就变成了花。"

"所以我们家的花一直开着吗？"她的疑问扇动着愉快的小翅膀。

"是啊。到了春天，攒了一年的亲亲还会把所有的树变成花树呢！"

我产生了一个狂想，当离开我的宁宁，看到白白的繁茂的一树花时，就像收到一个信号：妈妈爱宁宁，妈妈爱宁宁，妈妈爱宁宁……

是的，妈妈对孩子的爱拥有不可思议的力量，也许可以用这个力量，使得大地上果实饱满、作物丰足、花落花开。做妈妈要有这个信心，爱要有这个力量。关键是，孩子真正相信我们会这样。因为，妈妈的爱和表达从大地而来。

颠扑不破的妈妈

爱是勇敢的承担，不惧脏累，是顽强的耐受。

大地之爱不仅有滋养之意，还有坚忍承担之意。

孩子们年幼时，妈妈是彻夜的劳工，是严重睡眠不足症候者。一个晚上可以睡得极其散碎，仿佛身处荆棘丛中。

某日的白描是这样的：

几个月大的宁宁从床垫上翻到地垫上，又翻到地毯上，只能拿妈妈的胳膊做枕头才能固定，否则因为有点感冒加鼻塞，就会一刻不停地哼唧。

两岁多的心心半小时说一次梦话，凌晨3点流鼻血了，我起来默默处理，4点钟又要喝水，我像机械人一样在卧室、厨房穿行。两个小妹聒噪结束，瞪着眼睛睡不着，好容易刚合眼，又惊醒。一看7点了，又跑去看13岁的初中生哥哥起床没有。很多人看到打扮整齐的三个孩子的照片，会流露出羡慕："啊，真好！"请把我的生活切片，来一个深夜料理。每一天，每一夜，只有三四个小时零碎的睡眠，渐渐成为习惯。零存的睡眠，整取的白天。

这样三只大小动物，有时候简直在对妈妈敲骨吸髓。从孕育到出生后，血肉相饲，未尝稍懈。

如果再考虑到自己，由于嗓子发炎或者腰背疼痛缠绵不去，真的也会像大地一样，渴望休耕一会儿啊。

然而，我们对爱最真实的承担就是，即使累到令人发指的地步，还是想赤诚祈祷。即使再累，再没有觉睡，再辛苦，还是愿意时光停留在这个时刻。因为更加严肃的威胁就是：这一切终会过去，我们用最鼎盛的精力，扛住的这种时刻，终会过去；随之过去的，还有这么美的年华，怒放着的如花年华。

正如怒放的玫瑰，无论多炽热的阳光，无论多清凉的月光，无论风、霜、雨、露，一切都以怒放来回答。这是大地的力量，因为玫瑰的根牢牢地、深深地抓紧了大地。

幼小的孩子就像植物，他们还不能像动物那样自由行走，他们全心全意依赖、仰仗、跟随我们，就像植物深深扎根在大地上。他们通过我们走过这条叫作童年和幼年的小径。他们通过我们的笑容、注视、拥抱、倾听、陪伴、不离不弃来获取爱的第一桶金，来获得对未来与成长的信心和乐观。

有时候，仔仔细细想这个道理，想他们从宇宙洪荒投奔我们的这份缘法，真的不可思议。比种子投奔大地的概率还要小，这是世界上极小概率的谜之相遇。

所以呢，不仅爱，而且爱要颠扑不破，如大地的爱。

心潮起伏的妈妈

爱是生长着的，正如从大地可以生长万物。

心心4岁的时候，我们回北京探亲，经历了一个短暂的小别。当她过来跟我团聚，陪她读完书，她睡下时，我失眠了，很难形容这种心情。心心4岁了，已经不再是幼儿，她逐渐能交流，能够很好地表达，又带着依然可爱的婴儿肥脸孔，只有和这个年龄的孩子经历过分别的妈妈们，大概才可以体会到我的感觉。是怀春少年的心情吧，却比萌动期的异性之爱更为温柔纤细。

我深深体会到爱着她，这种爱伴随着小小的离别，变得密不透风，使得北京的冬夜璀璨生光，温暖异常，时间变得虚无。

柔情蜜意来得这么汹涌。我呆看她的小噘嘴，小圆头鼻子，肥脸蛋，额头上的光泽。两只手，各自的五根傻乎乎的手指头。我用手指隔空描画她一根根长长的睫毛，像个被恋爱迷惑的少年。她睡着了。整个世界温柔恬静，呼吸均匀，每一起落都像悠久的传说。我偷偷亲她，在眼角眉梢、发髻、手指肚、鼻头儿……给她盖上百次被子。她才出生4年多，但我心中已经装满了往事。

怀孕时，她一打嗝，我的肚子就一跳一跳，像里面装了一只跳蛙。出生那天晚上，包得像豆荚的她和虚弱幸福的我，不许陪床，整个医院就是这样的二人世界。我看着她，她浑然不觉，睡得好香，一如此刻。睡醒后，她放声大哭。拳头大的脸皱到一起，憋得通红，嘴巴足有半张脸大，张得开开的，用最大的力气，愤怒地连扭带哭。声音高亢，胸腔共鸣，足以惊醒方圆一公里内所有的妈妈。

有过养育儿子经验的我，并不惊慌，手术后的疲倦也并没有让我觉得无法承受。我就那么理解地抱着她，病房里漾满了浓得化不开的柔情。啊，她这么小的婴儿，还能依靠什么呢？也许是尿布不舒服，也许是吃完奶后的不适，也许是出生之后的失重感，她只能这样用尽全力来表达。这么大的嘴，这么丑的样子，婴儿通过愤怒的力量去领导的，只有妈妈啊。

我爱她，这么强烈。这种力量，让我吃了一惊，又深为感动。我居然可以有这样的力量，不考虑任何索取，只是给予。我体内竟然有这么珍贵的、源源不断的力量。

爱，对心心是世界，是呼吸中的空气；对我是实践，是持有和付出。我把世界存储在我处的全部心念的精华，提纯给付，以供养孩子巨大的需要，就像大地一样。

她长得越快，需要越多。陪她走，陪她笑，陪她读书，陪她做妹妹，陪她做姐姐，陪她做女儿。

渐渐意识到，我的爱，很灵活，会生长。这份会生长的爱，是孩子给妈妈的礼物。这份爱，是植物揭示出来的、大地生长的秘密。

她睡得好香。

她是我眼中最香最香的小姑娘。她的香穿越香氛，抚触心灵。我反复睡不着，想读泰戈尔的诗，想唱歌，想诵好多好多赞语。亲爱的小姑娘，心心。她的小脚又蹬到了妈妈的被窝。这么臭的小脚，也是香的。

如果可以，妈妈真想用目光绣道金边给你，让你出入世间，带着光芒，引人爱重，予人能量。

我爱的小姑娘，她嫁人时，我会哭。

我会很久很久都记住她成长中的所有时光，就像大地掌握每一朵花，蓓蕾、含苞、绽放、怒放的节奏。很久很久，久到和我的生命一样长。也许还要更久，久到和所有的妈妈对孩子的爱一样长。

　　我们的童年时代，在成为生命密不可分的一部分后，会长长久久蛰伏在我们身心深处。被天真可爱的孩子调动，隐藏在妈妈体内的事物会再度显现。就像大地上循环往复的作物，凋零萎谢的老枝干，和娇嫩欲滴的青翠并行不悖。

精力充沛的晚上

爱是信任，是无限理解，不求一致。大地和种子的特性提醒我们，日子每天都在怀孕，此刻孕育着未来。每一天每一天都要过得接纳宽容，有所担待。

星期五晚上，精力最充沛的晚上，我和来串门的朋友泡茶聊天。心心跑过来打了个招呼就消失了，宁宁则完全没出现。

一个多小时后，心心把她涂鸦的作品拿给我看。三张画都很有创意，风格完全不搭界。

一幅据说是会飞的彩色汉堡包，心心大概想着汉堡包可以舍生取义，自动飞行到我们嘴里吧；一幅是黑色的蝙蝠，倒挂着，这是她第一次画蝙蝠，第一次全用黑色；最后一幅是三个手拉手散步的人，个个修长，面带愉悦。

我们想起了宁宁，她已经在我们面前失踪良久，赶紧到大桌子区那边看她，当时就惊了。只见满地的大纸片，满地满沙发满桌子，足足动员了一百多张纸，她埋在纸片中，奋笔涂鸦，正物我两忘。

我去看她画什么，大概就是些线条。天啊，她似乎用满地零落的大纸片，给自己设下了结界，沉浸其中，像海底的潜艇。心心兴奋地在小妹制造的混乱中，在纸片上蹦来蹦去，宁宁浑然不觉。

我吁口气。这专注，这破坏的爆发力，这心外无物，宁宁，就这么保持着吧！

因为每次我都会很高兴地把心心的画用手机拍下来，心心这时候说:"妈妈的手机很饿吧,每天都要吃些心心的画。"此刻,心心画画的动力是爱好,加上给妈妈礼物。

而同样的一刻,宁宁在表现欲之外,唯一的动机就是贪婪地、饥饿地画画。

那些不能吞掉小孩子的纸笔和留白,注定会被小孩子吞掉。

至于乱作一团,像被龙卷风刮过,当着客人的面,整个屋子如同垃圾场,那都不在话下。妈妈不应该在孩子身上虚设自尊心。给孩子乱的自由,就是给孩子的实践能力留有空间。

吸风饮露的小姐俩

爱是接纳,爱是不强行安排。大地上会长出多少奇奇怪怪的植物,人类到现在也没有穷尽吧。可是大地并没有发一声令,说:啊,必须都长成笔直坚挺的高大橡树。

心心每天脑子里真的有很多奇奇怪怪的想法。

孩子最珍贵的,就是有多少想象,就有多少行动。这一点,大人需要向孩子学习,卓绝的行动力,并不追求完美的行动,很多行动甚至简陋、稚拙得要命,可是最重要的,是立刻行动,绝不迟疑。

心心放学后,行动如下:

画了三幅公主的画,颜色艳丽,姿态优雅。看着这些画,能够想象她脑子中满是故事,把脑子中的故事展现出来,这些公主都像朋友一样熟悉,所有的画面,仔细问问,都有情节。

晚饭时,她和宁宁一直偏安大桌子一带,一点也没有兴趣来吃。

原来心心用手工做了"薯条番茄酱""桃子冰块饮料""巧克力和香草双球冰激凌"。这"晚餐"居然牢牢地吸引了宁宁,姐妹两个全不吃饭了,就连"吃"带"喝"她们自己做的餐饮。心心还特别拿了在学校做的一束花佐餐。

宁宁不无得意地说:"妈妈,姐姐做饭给我吃了,特别好吃,好喝。"心心还额外做了一盘手工"薯条"放到我们餐桌上。

然后,她俩真没吃晚饭,一直在过家家,反正两人都长得圆墩墩的,我也不干涉。

其实，我也应该和她们一起吸风饮露，消费想象力，这样还可以起到减肥的客观效果。可是，家里蒸了大个儿的饺子，牛肉白菜馅儿的。我不小心尝了一个，结果就一口气吃了5个。唉，我安慰自己，因为薯条、饮料、冰激凌，本来就不是我爱的，要是心心做了"牛排"等大餐，也许能帮我虚拟一下现实。

亲爱的读者们，别问我为什么没催她们吃饭，我家的育儿习惯，就是自己决策，自己承担后果，饿着饿着，就吃饭了。还有，如果压根儿不饿，不吃晚餐，也是很好的习惯。呵呵，我是非常宽心的那种妈妈。

在不同维度的空间，真有仙人，靠吸风饮露，观想自在而食。不像我们，堕落尘世已久，口味越来越重。孩子们还真有那个本事，能靠情绪、专注、创作而代餐。她们身体还幼，拖累还小，功夫在仙佛之间，也是有的。

姐姐的大靴子

有一天早晨，宁宁一定要穿姐姐的大靴子去上学，三分之一是空当。对于劝说，完全不理，我也就由她了。一切都是体验，不能完全因经验舍弃体验。

"你自己决策吧。宁宁，愿妈妈每一次决策，都有你这样的强悍。"

下午从幼儿园接她回家的路上，我们的对话：

"宁宁，大靴子舒服吗？"

"不舒服。"

"明天还穿吗？"

"不穿啦。"

早晨就从我嘴里告诉她的不舒服，要经过一天的尝试，才能抵达她真正的认知。我们很多时候，只知道词的意思，没真正体验过那种感同身受，相当于都是二手世界。勇于让孩子试错，才是让孩子自己体会决策和结果之间真正的逻辑关系，才能把词从脑子里体验到心里。

这种事情非常多，还包括有时候，冬天孩子一定要穿夏天的裙子，或者夏天一定要穿冬天的大衣。一般来讲，我就完全让孩子们自己试错。无非打个包，给他们再带上一个正确选项，他们一会儿就会换回来，而且永远学会了理智。如果冬天穿了夏天的裙子，往屋子外面一跑，孩子会立刻一个激灵，就进来穿衣服喽。别怕这一瞬间，哪怕冒着感冒的风险，也可以让他们体会一下，什么叫作寒冬。不过，根据我的经验，还没有因为这一瞬，而使得孩子感冒的。生命是很神奇的，绝对会给人几分钟的试错时间。

贪心的宁宁，每次喝奶都要把杯子倒得极满。某次发现杯子旁有搪瓷奶锅，非要把奶锅倒满，还要求直接用脸大的奶锅喝奶。我妹妹苦劝她：喝不了啊，会洒的啊。宁宁以哭挡劝。我也不劝，直接给她倒满。妹妹抗议我："姐，你娇惯她！"我但笑不语。

宁宁按照她用杯子喝的方式，略一抬，奶就洒了些在地上。她沮丧地说："洒了。"立刻同意把奶放在瓶子中喝了。妹妹说："姐，我服了。宁宁自己体验过就明白了，原来要这样带孩子啊。"

注意啊，大人那么多的经验逻辑，全都是孩子理解力世界的噪声，孩子要自己去领受，才能建立知行合一的理解力版图。不怕犯错，每一件事情都是试验田。没有对错，无须禁锢。

在孩子小时候，就在细微的事情上给孩子决策的权利，以此为种子，让他们大胆试错，大胆行动，不断以行动的后果来纠正自己，他们会慢慢成为自己的主人。让孩子们慢慢接管自己生命的发言权、行动权，这就是美好的成长。

什么都是种子，因为妈妈是大地。

宁宁的笔触

爱是暗暗地观察、了解我们爱的对象，因为了解对方真实的特性，从而生出尊重，生出信任。

我每天会做的整理，就是在纸片纷飞的大桌子上淘宝，分辨出哪些是心心的作品，哪些是宁宁的。

宁宁特别爱在我的杂记本子上作画，因为我为着方便，用一个写生本子做杂记，这样，厚厚的空白纸页就成为她偷袭的目标。所以，我的淘宝行动还经常包括，在她们自己的本子和我的本子上找出当日创作的痕迹。

只见我的杂记本子上，出现了三组大饼脸。两张大长脸：一张有头发，挺聚焦的眼神，还有一张可以被涂来涂去的嘴巴；另一张眼高于顶，立着眼睛，立着一个圆圆的猪鼻子，下面有一连串的嘴巴，大概是语言的意思吧。最后一张是大饼脸试笔，有四个大小不一的大饼脸，完美地保持了宁宁最早画大饼脸的面貌——宁宁在自己的画画历史上，曾经胶着过好久，画了整整一年半大饼脸。呵呵，可以理解为宁宁怀古。

特别有趣的是，我本子上好几页出现了大大小小11组虚线H。我曾经看到她先画了虚线，再尽心尽力沿虚线涂成H。我联想到，上周心心的学前班作业有一部分就是打印出来的很多虚线H，当时宁宁也要求写作业，就随手给她打了一份。结果，她居然记住了，这么耐心地在我杂记本的很多页面上留下了H的脚印。

心心今天的创作有一张很有趣，似乎引入了宁宁大饼脸的因素，画了一幅宝宝图，笔触简单，不着色彩，真正的简约画。大概心心有一点羡慕宁宁的大饼脸老被我关注，便也以与大饼脸相似的作品，同求关注。

　　小孩子真有趣，整理她们的桌子，是我每天的乐趣之一。淘孩子们当日的创作之宝，就是透过一根根线条，读她们的心理、性格、情绪，使得做妈妈的，对她们的了解有更多维度。

　　俗话说，"知子莫若母"。妈妈凭借了解自己的性格达到对孩子"似己"性格的认知，以及凭着生活中点滴的互动加深对孩子"非己"部分的认知，才能真正做到"知子莫若母"。

　　特别是对"非己"部分的认知，非常非常重要，可以说隐藏着孩子未来独特心理、性格、情绪的所有蛛丝马迹。

　　经常记录下来，在孩子们长大以后，有所困惑之时，假如他们愿意，就可以看妈妈留下的这些文字。在童年里得到的本初力量，那种原发的创造性、勤勉、耐心、专注、热诚、喜悦，全部给他们存成文字包裹，收藏在电脑里。

　　爱发生在当下，而发射至未来。妈妈对孩子的爱，可以从幼年出发，一直一直随行孩子，直到即使妈妈都不在了的时光。

滚烫不改其乐

太阳散发着亘古以来的热力,无遮无拦地对大地倾诉激情。

到幼儿园接宁宁时,虽然是傍晚6点,太阳和大地恋爱的热度还在持续,四处滚烫滚烫。整个大地像条搁浅在岸上饥渴的大鱼。微风掠过,天宇之间听得到急促、炽热的巨大呼吸声。

我小心地顶着大帽子,帽檐特别大,连脖子后面都彻底遮挡,戴着墨镜,凉拖踩着火热的地面,鞋底下仿佛随时会冒出烟来。

然后我看到了宁宁。她背着书包,打扮整齐等我来接,居然也戴副小墨镜!见到我,她欢呼一声算打招呼。之后完全不管滑梯区有多晒、有多烫,径直跑过去!

"宁宁,很烫哎!很热!很晒!回家吧!姐姐在家等你!今天周五可以看电视哦!可以游泳!"我将很多词句,像昏君追岳飞的"金牌"一样,急迫地朝宁宁抛过去!

"我不是戴了墨镜吗?"她礼貌地回我一句!那意思是自己有抗热措施,完全藐视我任何的忠告和诱惑。也许过了半秒——在我感觉中只有半秒,她就登到滑梯上了。

我果断闭嘴,把自己安放进就近的阴凉处。她果然知道热,什么都不摸,就是在组合架子上走,到了滑梯,估计烫屁股,也不滑,她就噔噔噔噔,从上面险象环生地跑下来!一次!两次!兴致勃勃!

已近傍晚,可还是36摄氏度的高温,宁宁的后脖子也一绺绺的汗,但她完全和高温融洽相处,不被困扰,照常玩儿!"妈妈,滑梯哪里都很热，很好玩儿的！你得用新办法玩儿！"

她咯咯的笑声感染了我。我从阴影中走出，给她拍了几张照片，觉得热没有那么可怕了。

相反，热着的世界，有一种清凉世界没有的氛围。一种被热剥离了外界、剥离了心思、剥离了具体事物的隔绝感。

出汗的感觉，如果不去抱怨，而仔细体察，若无数小溪、泉眼沿身体发肤，汩汩潺潺，绵延而下。有盛夏的青山遇雨季的感觉，发一声喊，众流觅路，满山嘈切。

孩子们真是小禅师。他们安于当下，充满热诚，与时空共谐的能力真是惊人。

没有牙齿的小婴儿，给他们奶喝，会依赖奶长大；给他们米糊，会依赖米糊长大。在过去困难的时光，我的一些长辈，干脆是喝粥和米汤长大的。他们不会挑食，给任何吃的，都可以圆满度日，无所畏惧地长大。无论父母贫富忧喜，孩子们安之若素，不改其乐。一天天长大，在我们身边。

我的心思，热出了自由蒸腾的水蒸气。"宁宁，好玩儿吗？我也觉得很好玩儿哎！"一念及此，心生感动，扬起声来赞叹她。

嗯嗯，向孩子学习，此是要点。

"妈妈，我们走吧。我要去游泳，要去和姐姐看电视。"宁宁欢快地跑下来。原来，她把我的"催促金牌"全收到了。

妈妈是大地，爱从广袤的大地出发，托载起很多生命。大地又从所有的生命收集经验，接纳一切经验，汇总为自己的博大。爱就是等待，是兼容并蓄，是安之若素。

穿衣服大作战

宁宁两岁时,我偷拍她穿衣服。

左袖穿好后,找到右袖,并掌握好间距,一气穿好,对小孩子是特别繁复细致的工作,特别是没有弹性的格子衣服,难度指数颇高。宁宁取得阶段性胜利,笑得很开心。

立刻进入扣子的攻坚战。衣服扣子大,是这个年龄的宁宁愿意选择的原因之一。每次穿,都是玩游戏,到扣扣子阶段,就是游戏的高峰。一件开衫花了5分钟才穿好,花了两分钟扣扣子。这样子完成工作的小孩儿,充满自信,眼神炯炯,笑容可掬。

爱是欣赏,时刻发现对方的优点,保持从对方那里学习。即使是两岁的宁宁,即使是穿衣服这样细微的小事,妈妈能学到的道理,浓度一点儿也不低呢。

我们每人每天要做的事,如果能像小孩子穿衣服,不依赖人帮忙,不走捷径,耐心坚持做好,也会每天都充实满足,笑容满面吧。

现在就是明天了

两岁就去幼儿园的宁宁,早晨会和妈妈搞外交:"妈妈,我今天去幼儿园吗?"

"对啊,今天要去的。明天周六就不用去了。"

宁宁沉默三秒,爬到我身边,特别有信心地对我说:"妈妈,现在就是明天了。"

小孩子的逻辑,就这么强悍,就像一个充满信念的创业家,要力转现实,为自己所用。任何已经成形的概念、流程、预设,都会被他们自由搬动,围绕自己的意志星球,做功。

爱小孩子,就是要学习他们这种力量,扭转现实的力量。

我要糖还有巧克力

"宁宁，你穿裙子吗？"

"我要糖还有巧克力。"

"宁宁，你的头发要梳小辫吗？"

"还会给我口香糖吧？"

从小孩身上看到了我们自己。无论和人交流什么，心中永远有自己的愿望、欲望、期望挡在中间……很多时候，我们其实没有听到对方的话，只陷在自己内心的声音中。

小孩子是我们的小样呢，看到执着的小孩子，就看到自己各项小执着的出发点。一开始呢，我这样去解读这件事情，反观自省了一下自己的行止。但是对糖和巧克力充满渴望，并可以勇敢地表达自己追求的小孩子，为此而与妈妈谈条件、搞坚持、玩充耳不闻，也是一心一意实现自己的力量呢。

任何事情都一体两面。妈妈会用阴面反省自己，却用阳面去赏识孩子。这就是爱的姿势，严于律己，宽以待人。

天上放了一个屁

宁宁两岁多时,每天都说:"天上放了一个屁!噗噗!"然后哈哈大笑。或者:"给你一个大便!"姐姐和她玩词汇竞技,一口气说:"我爱蓝天、白云、大树、草地、妈妈、爸爸、爷爷、奶奶、哥哥、面包、苹果……"

宁宁也说:"我爱松鼠、大鹅、太阳、月亮、星星、天上的屁、大便!"然后乐不可支。我经常一把抱住她,在地上揉她这个肉团,和她一起嗨!

我们成年人,不也喜欢语出惊人吗?喜欢语不惊人死不休,喜欢语言和表达的标新立异。这么小的孩子,敏锐地发现"屎尿屁"这样的语言具有某种魔幻的力量,无论何时出口,都像一个按钮,使得环境氛围发生喜剧性变化,或者极大地调动旁人的注意力。

真是聪明的小孩,她时刻在寻找力量——像爸爸不能自控地把大皮卡开回家;像哥哥万圣节明明可以扮成任何鬼怪,却偏偏扮成一只谁都意想不到的香蕉;像姐姐老是偷偷摸摸穿上妈妈的高跟鞋——宁宁也在寻找这种力量,出人意料,又在人前显眼的这种神秘无形的力量。

天上的一个屁!哈哈,一切我们追求的、孜孜不倦的,不过是"天上的一个屁"。哈哈。感谢丫头,你让我知道。

爱是镇定的接纳,是透过人生的五花八门,温柔地看到某种事实,而因为孩子们直率地演出真相,心生感激。

一见钟情的芭蕾舞鞋

一觉醒来,翻身,看到宁宁酣睡时的小脸。再一调整身形,两只粉色的芭蕾舞鞋从我后背冒了出来。

宁宁昨晚搂着睡的芭蕾舞鞋,夜里不知怎么翻滚到了我的身下。这小孩爱极了这双鞋,简直要挂在脖子上,呵护着过日子了。

她是昨天晚上发现这双鞋子的。姐姐心心从楼梯上跑下来,非常惊喜地拿着这双芭蕾舞鞋,激动地问我:"妈妈你看,我小时候的鞋啊,现在穿不下了。"从那一刻,宁宁就不错眼地看住了这双鞋。她很有策略地守在姐姐的周围,等姐姐把穿不下的舞鞋放下,立刻接管过来。

然后,我们就再没有看见不携带着这双粉色舞鞋的宁宁了。

吃水果,刷牙,屋子里来回跑,听故事,淘气,手里都攥着舞鞋,还穿了一会儿,又脱下来,抓着。直到晚上,上床了,躺在我身边,把舞鞋放在了枕头上,还给舞鞋盖上了枕巾。

她给粉色鞋子唱催眠曲,把它们当一对儿小宝宝哄。歌唱完了,她拎着一只鞋子出来,咻咻飞驰起来,她温柔地劝说那只鞋子:"现在是晚上啦,要睡觉了,可以去梦里面玩啦。"可是,那只顽皮的鞋子不听话,和宁宁一只手配合,一下子就飞到床下去了。搞得宁宁也身不由己地跟着飞到床下,边飞奔边气喘吁吁地告诫那只鞋子:"你看,那一个就睡着了,只有你最顽皮了。走啦,我陪你回去吧,我们搂着睡吧。"

宁宁就这样用我日常跟她和姐姐说过的话,和鞋子沟通着,搞得我只好看着她闭嘴不言。那时候心心已经睡得很熟，只有宁宁和一只不肯循规蹈矩的鞋子，在屋子里跑来跑去。一会儿到天上去，一会儿去看一下月亮，一会儿采了几颗小星星，反正感觉把整个卧室都扩展成了太阳系。

她们终于回到床上了。两只鞋子安安静静成了一对儿，宁宁睡眼惺忪，被鞋子累得不轻，我也被鞋子的花活儿晃得困倦起来。我们四个，我、宁宁和两只鞋子，毫无芥蒂地睡在大床上。

现在，我们都醒了。鞋子又回到了宁宁手里。宁宁要求，穿上粉红芭蕾裙去上学。

"我能穿这个鞋子去上学吗？"

"不能，这个是舞鞋啊，底子很薄，脚会得不到保护的。"我给她展示。

"妈妈下午接我的时候，我能穿上这个鞋坐车回家吗？"

"那可以的。"

宁宁喜滋滋地把鞋放到我面前，要求拍照，还带着鞋子帮我拉开了窗帘。这双旧芭蕾舞鞋挂在胸前，跟着她去幼儿园啦。

心中觉得很温柔暖和。我们每个人，也都曾这样用力爱过什么吧。爱赋予了被爱的事物太多的意义，爱就是陪伴、经历和创造故事。

3岁半的宁宁懂得的爱，比我们任何成年人都不少。即使这种爱也有期限和时段，但因着什么体会过爱和珍惜，体会过想象力和内心世界的化学作用，是多么好的事情。

亲爱的宁宁，妈妈还可以陪你一起和鞋子们同睡。等你的爱移转了，妈妈还可以珍重地把小鞋子保存起来，让你的3岁半刻印在其中，镶框留存。

爱就是，你爱的，我也爱。

小棉袄

突然，心心哭了起来，她在地上玩儿，摔了一跤，看来摔疼了。

"宁宁，我们谁去安慰姐姐？要不妈妈去吧？"我边行动边征求宁宁的意见。

宁宁顾不上回答，在妈妈之前跑过去安慰姐姐。只见她蹲到姐姐面前，摸着姐姐的头，贴着姐姐的脸。我插不进缝，只有口头安慰：

"心心平时都很坚强，看来这次真磕疼了。疼这种感觉有个秘密，它坚持不了多长时间，一会儿就会好的。"

我边说边低下头去，也想抱一下姐俩。Duang！正赶上宁宁起身，一下子悲剧了，把我的嘴唇撞得不轻，火辣辣地疼，我一下子捂住了嘴。宁宁边眨眼，边揉着自己肇事的头，看来也疼！

"啊，一个疼分成三个了，心心，你是不是好点啦？"

宁宁关切地看着我，边揉头边道歉："妈妈，对不起。"心心也关切地看着我，她站起来，坐到沙发上。这样子一乱，她看样子好多了。

少顷，宁宁在厨房里一通忙活。儿子通知我："哎，宁宁弄冰呢！"我正在看书，随口说："嗯，不管她，让她弄吧。"

过了一会儿，宁宁在食品袋中装了一点冰，来到我跟前。我诧异地问："哎，宁宁，你把冰放在袋子里干什么？"

这孩子不由分说，直接挤了个小角，把冰举到我的嘴唇上！啊，原来她在给妈妈用冰敷嘴唇。

"谢谢宁宁，你心真细。妈妈好多了。"刚说完，宁宁一转身，把给我敷完的冰袋送给姐姐敷脚。哈哈，好险，她知道先给妈妈敷嘴巴，再给姐姐敷脚，此处默默流汗和泪各三行。

冰袋给了姐姐，宁宁自言自语道："还要弄个冰袋给我自己敷敷头。"她再次开始行动。

她打开了大储物柜，根据平时的观察，准确找到了塑料封口袋，然后到冰箱去接冰。因为她还不够老练的缘故，包装袋盒子被扔在地上，储物柜大大地打开，门都未关。

我趁机培训她："宁宁，你是不是最后要把盒子放回原位，把储物柜的门关好啊？它们都在等你吧？"

小行动家立刻欣然照做。

小孩子的学习有观有察，有思有谋，有条有理，有始有终。这些能力不在口头上，都在行动中。

亲爱的宁宁，你是妈妈和姐姐的小棉袄。从你身上，妈妈学到，爱不是挂在心头，不是挂在嘴上，而是行动。

幼儿园骑马日

全副武装,牛仔衣、小皮靴,去幼儿园参加骑马日的宁宁,并没有骑马。轮到她们班骑马时,本来温顺的小矮马,突然"咴咴咴"地大叫一声,半颠着跑起来,把马背上的小朋友吓得直哭。

宁宁就不肯骑了。

也有别的小朋友不肯骑的,妈妈爸爸在旁边极力劝慰,期望孩子能回心转意。甚至有一个妈妈不尊重孩子的意见,试图直接把孩子抱到马背上,孩子奋力反抗,哭泣狂叫,才得以幸免。

我蹲下身,让靠墙根观察的宁宁靠坐在我腿上,和她同一高度,观察那些小马。确实,从孩子的高度看,对大人来说那么小的小马,也是大马啊。

我和她一起警惕地看着小马,轻轻在她耳边问道:"宁宁,你想骑吗?"

宁宁坚决摇头:"妈妈,我不想骑,我觉得有点危险。"

"好吧,那就不骑了,等下次宁宁想骑的时候,妈妈带你去马场骑,好吗?"

"嗯。"

"那我们说好了,以后宁宁和妈妈觉得有点危险的事,我们都可以不做,好吗?"

这时候,旁边一个苦口婆心劝孩子骑马的大人,正厉声批评那个孩子说:"你胆子这么小,怎么可以?"

宁宁遂用低低的声音问我:"妈妈,我胆子小吗?"

我用同样低、同样小的声音对她说:"宁宁,能够坚持不做自己不愿意做的事情,不是胆子小,是一种勇敢。"

其实,宁宁两岁时,很喜欢骑这种矮马,但是长大一点后,我们去农场玩,姐姐骑得很欢,她却一次也不敢骑了。

孩子对事物的认识,在不同的年龄,有不同的量度,我们只需要等待。这与勇敢无关,能够致力于自我保全,远离危险,也是一种重要的生存能力。显然,两岁时,她还不具备这种能力。

我很想劝那些逼迫孩子上马背的父母,尊重孩子们的意见和感觉。但是,我没有,那些父母理直气壮的强势,也让我有点畏缩。

我能够做的,就是带着有一点点遗憾的心情,跑到幼儿园的临时马场中间,把一大泡新鲜的、被一个爸爸踩了一脚的马粪,及时用铲子和扫帚清除出去。

很多时候,我知道,我们在做,孩子在看。要想让孩子在任何场合建立责任心,爸爸妈妈就得现场示范,当仁不让。

不骑马,也可以得到很多。

亲爱的宁宁,谢谢你这么勇敢地拒绝,不参与也是一种态度,我要向你学习。

爱是不强人所难,是深度的支持和理解。爱是尊重孩子说"不"的权利。

有一种"早晨杀手",叫幼儿园小朋友

中班的宁宁对妈妈来说,就是"早晨杀手"。每一天,她都要选三四身衣服,还不断改变主意,力图精益求精。

这一天,她先是要穿公主裙、白色裤袜,然后变为要穿黑色花边裤子,并且泡泡底裤要换成火烈鸟的小内裤,还要姐姐星期天穿的裙子和上衣。我稍微提出异议,她就大哭抗议。顶着妈妈已经很不高兴的压力,最后还是坚决地把脚上的粉色袜子换成了淡蓝色的。

她对细节特别关注,"秒杀"我的建议,然后兴冲冲去上学了。把我一个早晨破坏掉,耳朵里充满了她的抗议、哭泣、辩论。等陪她进幼儿园时,大概都快10点了。

一个早晨的穿衣拉锯大战啊!

我到幼儿园时,一副被凌虐过的颓唐相。而她却头也不回地跑进教室,开始了一天。

我开车缓缓行在路上,赴一个11点的约,好在还来得及。我开始转念。那一会儿,云很低,红灯一个接一个,都成全我停下来看天。我渐渐松口气,试着完全理解她。

是的,要在一个长长的白天,离开家,离开亲爱的家人,选择一套完全信得过、配合当天心情的衣服,就像选择了一种忠诚的陪伴。这真的是很重大的事。这个选择,造成的成果或者后果,将持续一天。真的很重大哦。

我很欣慰,没有强迫她穿上我昨晚就准备好的行头。勇敢的宁

宁,穿越了妈妈的情绪、命令、时间观念,赢得了自我选择的机会。这是多重要的事。

我很欣慰,离开幼儿园时,我抱了她,还在她耳边低语了一句:"明天宁宁还自己选衣服,但是要快一点。"就这么约定吧。一个自己有主心骨的孩子,当然胜过一个言听计从的孩子。

妈妈是大地啊,爱是堪忍,爱是让孩子自由。

超级臭美的宁宁

就这样，宁宁每天早上的装扮越来越挑剔，变本加厉。

就像这一套，宁宁戴上了沉重的装饰发卡，戴了小墨镜，长裙子外面套了小芭蕾裙子，又穿上了有蕾丝边的毛背心，整个一洛可可过度修饰风格，这是她花了一个早晨，打扮成的隆重上学造型。我什么都没说，就这样让她去了。

前几天早晨，我帮她选了裤子和上衣去幼儿园时，穿好后，照了镜子，她很不开心，说：妈妈，我想穿裙子。可是我已经没有时间让她再去挑选，就劝她明天再自己选吧。她接受了。一路到幼儿园，都没说话，心事重重的。

把她送进班里，刚一进去，就听到两个女孩在欢呼：啊，宁宁，宁宁！其中一个穿着层层的纱裙，边掀起来边迫不及待地对宁宁说：你怎么才来？你看我的裙子，是纱的！

我看了看宁宁。她已经坐到座位上，那一会儿，我为她穿着的朴素感到抱歉了。

这么小的孩子，每天早晨对着衣橱挑来挑去，不过是为了面对汹涌的同伴压力。当每个女孩子都华衣美服，裙摆重重，如烟似雾，这么小的孩子，穿上干练、简约的衣服，会意难平吧？

宁宁很平静地对我摆手再见时，我别过头去，越来越深地感到抱歉。我就这样开车离开亲爱的宁宁，留下她一天面对别人的裙边、烟雾、华美来比对自己。一整天处于"丑小鸭"和"民女"的心态之中，观瞻着"天鹅"和"公主"。

同伴压力，我们也有啊。当别人花了半年去旅游，一直在路上；当邻居送给太太私人定制的钻戒；当姐姐的孩子同时收到斯坦福、哈佛、耶鲁抛来的橄榄枝；当一个同班同学创业成功，公司上市……甚至细微到，当季的香奈儿，闺密穿上了，邻居也穿上了；甚至同学的先生对她一个柔情的笑脸，一早被阳光打亮了发到朋友圈……

很多时候，觉得不幸福，不是因为自己缺什么，而是别人有的我没有。

即便这样，也会慢慢长大的。就这样天天被外界侵略，都来不及盘点自己的粮草。仓皇着，不满着，失落着，也会长大的。人间的心念就像重重的关山，要一岭一岭地爬过去，渐渐抱朴守拙。

日渐成熟，才开始认识到，自己和别人没有区别。那些在别人身上实现了的欲望，完全可以共振为自己的实现来随喜。渐渐可以只穿一袭布衣，已经不被"穿"这个心念打扰，只需要干净舒适，就是最佳的自我尊重。所有的欲求已经放缓，像潺潺流淌的小溪，清脆地淌过五光十色的河谷。

因为宁宁，我回头看清了自己的成长。想到青春期的自己，气急败坏、穷凶极恶地每天把衣服换来换去。哪里是给人看的？就是给自己安放灵魂碎片的。

而现在，已经自然得像一棵树。不需要在树皮上做些额外的功夫，只是忙着吸风饮露，伸展树枝，给小鸟们来唱歌。

这样一路走过来，宁宁还有好长的路啊。

亲爱的孩子，每天都选好自己的盔甲吧！妈妈一定支持你，那是孩子面对一天的装备，不可不慎。

真正的自信，是通过大量的自我抉择来建立的，哪怕是大人看起来荒唐的。小孩子的自我抉择，相当重要啊，人都是通过不断抉择，哪怕是荒腔走板的抉择，慢慢学会抉择的。

抉择能力，是和不放弃、不忍耐、不屈服相关的。小女孩的自信，从穿着打扮，到注意力升级，需要时间。每一个环节，如果缺失，她们就会像罗素说的："典型的不快乐的人，都是一些年轻时候被剥夺过一些正常满足的人，他会因此更看重这类满足而不是别的。"

很多女子，即使成长成熟了，经济条件好了，时间从容了，大量心思仍然放在穿着打扮上，所有的愉快就是买买买，不能升级自己的注意力，可能和幼时缺失相关。而且，这种被购买牵制的动机后面，就是深深的自信缺乏。自信的混凝土，要从儿时就浇筑在自信的钢筋上，构建出关于自信的稳定基础。

幼儿的自信，还在于母亲的注目。在孩子三四岁的时候，每一个晚上，他们经常会切入妈妈的家务、杂事或者正事中，毫不客气地大声说：妈妈，看我！妈妈，看我！

这种时候，就是妈妈世界停顿的时候。时间消失，妈妈手里和脑子里的一切，像按下了休止符。这种时候，要认真看孩子。

孩子喊我们看的时候，就要扎扎实实、不折不扣地看他。这样不缺乏关注地长大了，才不会在成年以后，一直于各种场合做出"看我、看我"的潜意识求关注举止。

公众场合的"语不惊人死不休""反驳辩论综合征""反问恶习""表现情结""倾诉狂"，都是如此，是"看我、看我"阶段缺乏关注的持续放大效应。整个人生就是不断缩放的童年。

一个在需要的时候能够被妈妈注目的孩子，能够成功吸引妈妈注意的孩子，才是以后有自信、清楚、自由、毫不羞涩表达自己想法的孩子，才不会因为缺乏被关注的自信，而长成扭曲表达自己的人。

做人父母，兹事体大。

不要让孩子和我们芜杂的注意力竞争，在他们生命的早期，要让他们在妈妈的目光舞台上做主角。

要想帮助孩子建立自信，就要及时接纳孩子的决策，用目光追随和拥戴他们，不随意按照大人的准则粗暴地评价他们，正面肯定，还要学会放手和不把持。

宁宁两岁时，家里淘来个大木马，比她个子都高，她努力地去攀爬。我一直在她周围观察，既不去喊"加油"，也不去提醒"小心"之类的，对于一个内在要攀爬的小孩，我要特别节制，不让外在的激励混进她的内在诉求里，也不用"小心"这种貌似关心的语言去惊动她。我边袖手旁观边顾虑着她，进行"保护性围观"。我不用任何语言去惊动她，让她专注、反复、不受打扰地去和木马进行数十次的博弈。就这样练习数日，不断地爬到一半，掉下来，再爬，再爬。

我在孩子身上看到的这种百折不挠的力量，是自信的材料，是细细磨出的水泥一样的坚韧粉末，竖起是高楼，躺下是公路。值得赞叹啊！

超级臭美的宁宁，不过是在超级努力地建立自信罢了。

一定是要支持的啊。

小慢鱼

3岁，宁宁是个有点不一样的小孩。

周五的时候，宁宁参加幼儿园的演出，她出演三条游动的"小鱼"中的一条。班里其他的孩子都是在原地扭动的小鱼。

非常好玩儿的一幕出现了，十几条"小鱼"就地扭动后，三条游动的"小鱼"出发了！宁宁也是其中一条！极其欢快的节奏下，众多父母亲友观众也在扭动！

两条"小鱼"欢快地冲了出来，我们伸长脖子找宁宁。

找着找着，我们看到了宁宁。全场都很意外，在10秒钟后，她成了最被注意的"小鱼"。

作为一条游动的鱼，她太慢太慢，一步步像在慢慢凝固般，慢到不可思议。满场的喧哗和快节奏，到了她身上一下子被吸收凝结了，她成为全场数百人的一个很慢很慢的漩涡中心。

所有人都被她吸引了，我听到左右前后的家长们笑声连连，纷纷议论："那条最慢的小鱼，好懒的小鱼，lazyfish，好可爱的小慢鱼，好玩啊，好玩啊，看那条小鱼……"

这个很慢很慢的注意力中心，这个宁宁，完全不理会所有的哄笑、注意、节奏，面无表情地慢慢走着，在鱼的队列中很慢很慢地穿行，和另外两条飞快游动的"小鱼"，形成了鲜明对比，足足十来分钟的节目，就这样一直坚持着。

我很惊讶，心想，老师们居然能找到愿意践行这个极慢角色的宁宁，形成了强大的喜剧演出效果。怪不得排练中宁宁发烧时，老师发微信给我说，千万保护好他们演出的"中流砥柱"。老师太强大了，居然知道，宁宁能这样子定得住。

演出结束后，早就看得心痒难熬的哥哥一下子冲上去，大大地亲了宁宁一口。我冲上去，问老师："你们真的太棒了，特意安排的吗，让宁宁跑得这么慢？"

没想到老师回答我："给你看看我们排练的录像，她跑得飞快。不过她今天要这样演啊，看起来慢的效果也不错，他们自己掌握呗。"

我乐死了，转头问宁宁："你为什么跑得这么慢？"

"妈妈，"她用很细很细的声音对我说，"这样子很节省力气。"

我的闺女，亏得她，平均每5个节奏走一步，用意志消除音乐的袭击，抵挡住观众的笑声，她居然说节省力气。老是有点不一样的宁宁，这个小孩，慢慢长大，会长成多特立独行的一个人呢？

每个小孩子，假如我们仔细观察，从3岁起，就会清清楚楚地透露出他们的个性，每一种个性都值得尊重。

包括妈妈自己，我们的个性也值得尊重。我们都是有点不一样的小孩，就这一点不一样，使得我们成为自己。爱呢，就是真心欣赏对方的独特性。

吃糖七计

宁宁从幼儿园回来,手里拿着一袋糖,大概是幼儿园的奖品。宁宁问爸爸:"爸爸,我能吃糖吗?"爸爸当然领略够了她百折不挠的劲头儿,立刻一记云手,把这烫手小山芋推出来:"问妈妈吧。"

完了,我被大佬宁缠上了。接下来的半小时,她围绕着是不是打开这袋糖,用了各种心思,征求我的同意。她至少用了三十六计中的七计:

第一:苦肉计。眼巴巴地看着我,可怜兮兮地说:"妈妈,我真的真的很想吃糖哦。"

第二:反间计。"妈妈,爸爸不让我吃,可是妈妈爱我,让我吃,对吗?"

第三:趁火打劫。"妈妈,你喝水。"从遥远的楼下帮我搬了一杯水来,之后问,"我可以吃糖吗?"

第四:瞒天过海。我说:"宁宁张开嘴巴,让我看看你的小虫牙。"她紧紧闭着嘴巴,边摇头边发出鼻音:"妈妈,不给牙齿吃,给舌头吃。"

第五:暗度陈仓。下了决心撕开糖袋子,拿出一块在嘴唇上厮磨,然后说:"啊,妈妈,这袋子都开了,糖都出来了,就吃一下吧。"

第六:美人计。各种萌表情,各种樱桃小丸子和奈良美智小人儿合集。我咬紧牙关,意志坚定,只是说:"妈妈不同意你吃,但是,

043

你自己决定。"她最后下定决心，"走为上计"，直接下楼了，大概自行吃糖去了，不提。

一会儿，我下楼，她正眼泪汪汪的。我一问，牙疼了。宁宁从来没有牙疼过，这次用尽浑身解数，顶着压力吃了糖，不料龋齿敏感，疼起来了，正哭呢。

大两岁的姐姐心心正在念叨妹妹："就说不让你吃糖，你非得吃，看现在疼起来了吧？"我知道心心讲这个话的出处，她自从换了新牙，几乎不怎么吃糖，颇为自律。她现在像所有颇为自律的人，对不能自律而出现后患的人展现出一种"道德优越感"。我抱起泪水涟涟的宁宁，放在自己腿上。

我看着心心，不动声色地给了她不赞同的神色。接下来不需要语言，只需要行动。我抱着宁宁，问她："宝贝，你吃糖了，所以牙疼了？"她边啜泣边点头。

我无限同情："啊，亲爱的，对不起，妈妈刚才应该坚持不让你吃糖的，就是怕你像姐姐以前一样牙疼，要知道你已经有虫牙了。但是，看你太想吃了，妈妈就没有坚持，让你自己决定了。忍耐一下，我们去约牙医。"我抱着她，拍着，想办法："那么吃一块冰吧。"她不要，然后上去刷牙，下来时好多了。

家人的意思就是，当对方无论因为什么，哪怕就是因为精神脆弱，抵挡不了诱惑，而不得不遭受挫折、痛苦、恶果时，也不应该趁机教育，不应该趁机讽刺，不应该痛打落水狗。因为痛苦本身已经是最直接的教育，此处可以留白。

要理解、包涵对方的痛苦。爱是承载，不是权力。爱是船，不是波涛。然后，我抱了抱姐姐心心，因她的略惭愧，给她充点电。

"亲爱的心心，我知道你想帮助小妹，让她不牙疼，但是她已经牙疼了，就要同情她、爱护她。这会儿不要急着去说她啦，疼已经给她教训啦。"

真的，谁都不是故意去伤害爱的人，不是坏心眼去撒盐。我也是长到很大后，才逐渐知道，自己做某事做得好，并不意味着获得了权力，可以去指责做得不好的人。

个人的自我控制和有效行动，经常会如影随形跟着一个叫作"道德优越感"的副产品。我们要裁割一下，这才是完整的自律。做父母的，哪一天不是在言传身教？

爱和关心，既需要宽容，也需要纪律，共情先于教育。

宁宁惩戒官

"宁宁，对不起。上次洗草莓时，你在妈妈洗的草莓上面冲你打了泡泡的手，我当时喊你的声音太大了。我一直想着这事。当时，确实特别生气。后来想了想，你其实可能不知道在水果上面不能径自洗手，应该耐心等妈妈洗完。这个是你不懂，因为我们没遇到过这种情况。亲爱的，无论如何，我当时嚷你了，对不起。"我亲亲她的小脸。

"嗯，妈妈，我当时就觉得你声音太大了，都吓到我了。"这个胆大的小姑娘，那时确实被我的高音波震慑住了。

"以后，妈妈如果说话声音大，你就提醒我，好吗？我会小声好好说的。有些不能做的事情，我会好好提醒你的。"

"好的，妈妈。"

令人意想不到的是，宁宁获得了这项权利，经常会"上纲上线"妄议裁夺。比如昨晚，我在讲故事的时候，讲到激动处，声音高亢一点，她果断地提醒我："妈咪，小点声。你声音太大，会吓到书里面的小朋友。"

还有刚才，我在抽油烟机的隆隆声中，朝大家喊："吃饭了。"宁宁跑来，严肃认真地跟我轻轻嘘了一声，嘴前竖起一根手指头。

眼瞅着我都要被宁宁熏习成无敌小声低调妈了。

不过，每次被她提醒，我都立刻服从管理，乖乖调低音量。

其实我很惭愧，冲洗草莓时，对突然伸手在上面冲泡泡的她大喊大叫："啊，不要这样！宁宁！你怎么能这样呢！这样我就白洗了！

还要再冲很久！这个水龙头很重，好不容易按下来的！你就不能等一会儿吗？"吓了她一大跳。

实际情况是，公园里的按压水龙头特别沉重，我一边单手用力按压，一边洗草莓，按得手都酸了。那水龙头大约得用三斤的力气保持压住，洗得特别吃力，然而差不多的时候，从宁宁手上冲下来的泡泡又使我前功尽弃。

手疼又被"捣乱"，完全没考虑到宁宁其实也按不动旁边的水龙头，又心急洗手。而且心心在草莓上面冲洗没有泡泡的手时，我也没说什么，很自然地让心心冲了。

在旁边有样学样的宁宁，怎么会知道有了肥皂泡泡的手，和姐姐冲清水的性质完全不一样呢？

事后我有点惭愧。我们会遇到很多事情，小孩子的处理方法，和我们约定俗成的完全不同。他们就是观察别人，勇于试探，而且行动快。这些都是优点啊，是成人往往丧失了的优点。

可是，这样的优点，也可能因为不懂规则，完全没有类似"不能在洗水果的自来水上游冲洗手上的肥皂泡泡"这种经验，而做出莽撞甚至被我们定性为"捣乱"的行径。

我们大喊大叫，孩子们默默承受。任何一条简单的规则和社会经验的获得，都有可能来之不易。孩子们有多少规范，是在大人们的厉声喝止，以及恼怒的眼神风暴中界定的？

每当我想起当时被我喝止时宁宁瑟缩的表情，举着有泡泡的手，一副不知其可的样子，就心里微酸。是，当妈妈承受着疲惫、透支体力、心中有事时，即使对最爱的孩子，我们也很难保持心平气和。相反，他们最接近我们，最能够直接感知我们纷飞的情绪弹片，他们笨拙、勇敢又灵机一动的解决方案，也经常给我们的粗暴制止提供

047

借口。

所以，我就这样甘心被她执法，哪怕过度执行。我知道，每一次我的高声调降下来，每一次说："好的，好的，宁宁管得对。抽油烟机声音大，我也不该喊，应该让宁宁帮妈妈去通知大家。"这样，在宁宁和妈妈之间的小小强权裂缝，才会被慢慢修复。宁宁会知道，妈妈会犯错，犯错也会道歉，而且不仅道歉，还会服从管理，进一步提升修养。

这种不断修复的交流规程，也是孩子安全感建设的重要一环，因为有了规则，最小的孩子也能做大人行为方式的小小纠察。这种安全感，甚至比"你是我妈妈，所以你爱我"这么毋庸置疑的原发安全感还重要。

这是不妄自菲薄，不多愁善感，不垂头丧气，不无力改变，而自尊自爱，自律自治，有容纳力，允许自己和爱的人失误——所有这些健康心理运作机制的小小萌芽。

"好吧，妈妈，我睡了。你今天没有一次声音大哦。我想你这个声音大的病应该好了。"睡前，她惺忪着双眼还不忘记鼓励我。

在小孩子心中，妈妈高声高调、心浮气躁地喊就是病，像所有的病一样，天天服药（指出提醒），三五天就会退烧，会好。

谢谢亲爱的女儿。音调连着人的情绪，情绪后面是心情，心情后面是滚滚红尘中的各种事情、各种行程、各种变化。

而你帮助妈妈，从一个音调起，终止一个负面信息流转的通路。因为有你来给妈妈爱，让妈妈从各种无意识中苏醒了不知多少次。爱就是愿意被你照亮。

幼儿园的"黑市交易"

一直观察心心和宁宁,相差两岁的小姐妹。

幼儿园也是小小丛林社会。姐姐心心每天在班里都会搞些"黑市交易",下午从不同的班里被接出来的小姐俩,一见面,姐姐会立刻把当日的成果拿出来分享,一块捏成泥的巧克力、半块饼干、几粒糖豆、一小瓶喝的……今天是一袋小鱼饼干。

宁宁每天见到姐姐,就开始咔哧咔哧狂吃。姐姐在宁宁心里一定是极为重要的人物,有能力、有办法。其实宁宁自从初次上幼儿园就有个误区。每晚临走,老师都会奖励她一点零食,以至于我觉得宁宁产生了一种心理,她去幼儿园就是为了得到晚上这个报酬。

有一次,我接她时,给糖的老师不在,宁宁一直踮脚在放糖的方向找,哭丧着脸不肯走。

在一旁等待小妹的心心说:"宁宁,别等老师的糖啦。明天起,姐姐给你,你跟姐姐要。"她亲了亲妹妹,拉着妹妹的手扬长而去。

从此,每天早晨,心心会从家里拿些零食和小玩意儿去学校,有时也不拿,但每天放学,心心手里都有给宁宁的小吃。

有时候我眼睛都湿润了,看着心心给宁宁一块特别脏、支离破碎、形散神也散、不明出处、不明身世的饼干。

我不知道心心采取了什么交易策略、公关策略、行动方案,每天和哪些小朋友交易。我只看到姐姐对妹妹的承诺,每天都在兑现。顺便说,这样的饼干,我从来没有禁止宁宁吃。

别用脏啊、过期啊这种种世俗的理由看它。姐姐给的，吃吧，妹妹。这是世上最甜美的心意。

妈妈是大地，大地用最不动声色的方式，让爱生长。

森林中的育儿冲突

春假，全家去森林中远足。本来森林是行不言之教的，可是我家责任心极强的哥哥，有时把握不了分寸，时刻要言教小妹。

一开始哥哥在后面，我和心心、宁宁先上山，心心一马当先，宁宁紧随其后，我完全断后，一派无忧无虑。

哥哥后发制人掠上来，立刻对遥遥领先的心心进行监控："心心，你慢点。前面有狼怎么办？来，不要离开哥哥五步远。"

就这么一句话，一句很好的、无可挑剔的、为妹妹着想的话，一下子，心心立刻由勇气十足的引路人、探索者、带头大姐的角色，变为被保护者、害怕者、依赖者了。她止步不前，缩回哥哥身边，哥哥成了一个保护壳，心心成了一只在壳里探着一点触角、怯生生的小蜗牛。

她的无知无畏、天然自足的勇气，一下子消失了。我走在后面，开始慢慢窝火起来。

哥哥又开始和心心说："你注意这个树枝，看着脚下，不要划了手……"各种唠叨。

我本来一直发出赞叹声、惊奇声的，我会喊："啊，心心，你像个森林精灵。哇！这里有蘑菇哎！啊！这棵树太大了！"如是如是。

这时候，看心心和宁宁都缩头缩脑的样子，我不禁皱着眉头大声对哥哥说：

"我不赞成你这样做，用狼来吓小妹，让她畏首畏尾。"

"可是，我真的担心她有危险啊。"

"你对小妹有保护的念头，你用行动来积极地阻挡可能的危险，这是对的。但是，当你是哥哥，或者是大人集团的成员时，对于小孩子，保护有很多层意思，不仅要让她身体免于危险，还要让她的心灵免于胆怯、依赖。你过度强调了危险，使得她虽然貌似安全，却弃勇气、亲胆怯了。这就得不偿失了。"

"但是，如果真的有危险怎么办？"哥哥不忿地说，"你太放手了，妈妈。你完全不考虑危险吗？"

我立刻反驳："就像你小时候一样。从你4岁起，我们周末就在山上行走，你总是一马当先，生气勃勃地探路，急于探索寻找让人惊叹的事物。我却从来没有用可能有蛇、可能有狼来恫吓你，使你紧紧贴着我走。有一个办法，可以既放任孩子的探索，又紧紧地保护。"

"什么办法？"

"就是你追随着小妹，而不是让她追随你！"

好的大人，总是追随着小的孩子，而不是让孩子总待在父母哥哥所框定的安全地带。

"一个大人，一点儿也不能偷懒。对孩子原初的勇气，应该想尽方法保护，而不是以保护为名去除孩子们探索的自由。这里是国家森林公园的步行路线，有哪些野生动物，都被标注得好好的。没有标注，就是没有发现有哪种危险动物。那么，我们就不应该过于谨慎，追随就好。自己特别注意，却能保护孩子的勇气，这才是大人啊。"

哥哥不说话了。他捡起一根树枝，开始击打树干和石头，玩打击乐。我了解他，这就是知道了、接受了的意思。我收住话题，点到为止。哈哈，其实，他还不是大人呢。跟妹妹们相比，只是在装出大人的样子。

与人交往，包括与小孩子交往，为人着想，是很难的题目。因为，为人着想，有很多需要厘清的：有身、心两个方面，有现在、未来两种维度，有一时和长远不同的考虑。

　　还有，作为女孩子，虽然有爸爸、哥哥、妈妈可以依赖一时，但怎么可以不培养她们自己探索的勇气？要警觉哦，如果能够无条件依赖，她们可能成为人生的依赖症患者呢。

　　如果不经常提醒，强势的哥哥很可能培养出柔弱依赖型的妹妹。大树之下固然能遮风挡雨，但也会遮挡住阳光，只生长小灌木丛。

　　不是我小题大做啊，因为人生本来就是由小窥大，积跬步成千里。

　　而且如果不提醒哥哥，他会养成一种"我是为你好"的过度责任心。为小妹们做得越多，越不放心，越不放手，像一个忧虑重重的家长，被自己不恰当的关注锁在大人集团的爵位上，却把小孩子的能力禁锢了。

　　两个小妹真的是给哥哥最好的礼物，使得他不仅能够提升爱，还能在帮助、统领的能力得到建设的同时，也学习爱的分解动作。

　　真正的爱，不是监控、警告、制止，而是观察、追随、鼓励。真正的爱，不是削弱被爱人的勇气，而是建设、巩固、完善它。

心心的小点点

每次心心低能量运行时,我就会听到她的负面思绪。

一次她哭哭啼啼地说:"妈妈,我不喜欢自己,觉得自己长得很丑。"

"啊,那你的看法跟妈妈的完全不一样啊。我一直觉得你长得很漂亮呢。"

没想到她呜呜咽咽地说:"我觉得那些脸上很干净,什么都没有的女孩长得漂亮。"

我诧异了,问:"你脸上有什么?"

"我有个小点点啊,妈妈,好难看。"

啊,我想到她左侧脸上的一个小点点。

"啊,心心你是说这个啊。这个小点点很多人还没有呢。这个代表你的美更多一点!"我试图巧舌如簧来引导她。

唉,女孩子就有这种敏感。对自己的容颜身材,从开始注意,到开始挑剔,到逐渐想解决方案,到逐渐接纳和不接纳。

果然开始了,心心。我心里说。

这是一个标志,开始自觉的标志。我当年约发生在十一二岁,忽然觉得自己鼻子大,小腿弯。在早晨阳光灿烂时找墙,试图观察自己的侧影,发现自己不像别的女生那样拥有直直的鼻线。我的是有点翘的鼻头,所以是曲线,活活把自己烦恼死,这是"我之烦恼"。

心心的"我之烦恼"来得比妈妈早。

"妈妈，我不觉得我的美多一点。我不喜欢这个点。"她继续哭哭啼啼。

因为想到了自己也吹毛求疵过的少女时期，我心里安然。

"其实，你可以选择要或者不要这个点点。"我说。

"那怎么办？"果然心心停止了哭，瞪着眼睛看着我。

"现在医院里有激光，可以直接把这个小点打掉。不过打掉后就没有啦。"

"那，妈妈，疼吗？"

"应该不会太疼。也许像让蚊子叮一下？我猜。"

心心的抽泣停止了。如果一个宿命变成一道选择题，理智就开始上升，情感情绪开始后撤。

"那，妈妈，我可以想想再说吗？"

我立刻打蛇随棍上："啊，你不是不喜欢吗？妈妈直接带你去医院吧。"

"不要，妈妈。我要再考虑考虑。"她很快冷静下来。

"哈哈，不错，你可以有两个选择：留着小点点，或者去掉它。多一个选择，就是富一点哦。你是小富婆心心。"

"也许小点点不想离开我呢。"这时候，她忽然恢复成了童话心心。

"我觉得看你喜欢啦。如果你喜欢，就和小点点在一起；如果不喜欢，就把它送走。反正可以送走的。"

"妈妈，等我长大再说吧。"心心说。

"好主意。不过，你现在还觉得自己丑吗？"我刮她鼻子。"带着一个小点点的心心，就像带着一个小逗号的心心哦，好可爱。"

心心做了个鬼脸，负面情绪的牌子翻过去了。我呼的一声，也松了口气。

一个女孩子长大，要经过多少轮的自我接纳，就这样一次次，从认识自己，到发现自己，到改变可改变的，接纳不能改变的。

我们这辈子最大的功课，不是爱上别人，而是彻彻底底地接纳自己，与自己协调，宽容自己，爱上自己。

爱自己，是爱别人、爱生活、爱世界的前提。

妈妈是大地，大地妈妈对自己孩子的接纳与喜欢，会帮助孩子接纳与喜欢自己。

所有的爱，都有重量

一个多年的"槽点"，今天在兄妹视频中，终于被妈妈吐出来了。

心心和哥哥视频的时候，她一直偷偷和我"吐槽"哥哥的事情被我说了出来。

自从回到北京，当心心饿了、困了，各种情绪失衡时，说起哥哥就会"吐槽"："妈妈，你知道吗？我小的时候，我3岁的时候，哥哥很爱我，任何时候看到我，都会说我很可爱。有一次我从楼梯上摔到地毯上，哥哥特别着急，一直抱着我，哄我，问我疼不疼，特别爱我。本来地毯就很厚，其实没有摔疼，可是哥哥抱着我，我特别喜欢他着急的样子，就小声哭了一会儿，其实心里很高兴。那是我第一次骗哥哥。"心心幽幽地说，然后话锋突变："后来，哥哥就开始对我严厉起来。有一次，宁宁和我在一起，碰碎了一个瓶子，哥哥问是谁干的，我就说是宁宁。其实真的是宁宁。可是哥哥责怪我，说我自己不承担责任，批评了我很久。后来，我发现，每次宁宁破坏了什么，我一定要跟哥哥说是我做的。如果说是宁宁，一定会挨批评。如果说是我，那么哥哥就会摸着我的头说：'好的，心心，没事的，下次注意点啊。哥哥就喜欢你说真话。'就这样，我就得不断地说谎话。"心心的表情，像一个委屈包，大眼睛忽闪忽闪看着我，一副"我现在有发言权了，终于可以'吐槽'给妈妈了，反正现在我是妈妈身边唯一的小棉袄，此时不说更待何时"的水灵灵的样子。

我听后，一时控制不住，哈哈哈哈哈，不厚道地大笑起来。

哎呀哎呀，这世界上，真的没有绝对的公正。兄妹三个就是江湖。当时管妹妹的哥哥，也不过十四五岁吧。宁宁更小更萌，姐妹俩在一起玩儿，妈妈爸爸都不在场的种种瞬间，心心自然被哥哥当成了两人组合的负责人。妈妈爸爸缺席的这些瞬间，哥哥也成了妹妹们天一样的裁夺官。

2016年下半年，18岁的哥哥已经在大学求学。小妹心心和哥哥隔了整个太平洋。小小妹宁宁和住在学校附近公寓的哥哥隔了每周六七天的时间距离，也就是说，哥哥基本上周末才能匀出时间去看看宁宁。哥哥可真是个忙人呢。

跨洋呢，就只能视频啦。哥哥非常惦记心心。从洛杉矶到北京读书的小妹，是不是适应这里的人文、学习、习惯，都是哥哥关心的。哥哥很像妈妈，一视频就会用自己正在做的事情来感召小妹：

"心心，你看，哥哥明天要演讲啊。我们的主题是肥胖问题。我画了个大纲。一般人都会说，肥胖是个问题，什么原因造成肥胖之类的。可是我切入了一个角度，用画稿表现了出来。"然后哥哥指着他的一大幅由小画组成的画稿，用视频直播给心心。

"第一幅，是一个超大的胖子，沉重的呼吸，负担很重的一身肉，正在看电视。能看到啊，他很胖。第二幅，就是从胖子半个后脑勺的角度，看到的一台电视。电视上是美国著名的海滩真人秀，很多肌肉男和身材女走来走去。第三幅，门铃响了，是个特写。第四幅，胖子开始移动，费劲地登上轮椅，轮椅发出吱嘎的声音。下一幅，门开了，一打比萨盒子的特写和大瓶的碳酸饮料，占满画面。再下一幅，胖子费劲地坐回沙发，开始吃巨量的餐食，依然看着电视上俊男美女秀的节目。这就是肥胖的事实吧。看到的，喜欢的，和自己的欲望不能够平衡。"

心心颇有兴味地仔细看着。

这时,我情不自禁地插嘴:"啊,吾儿,我觉得你很适合做导演,再修个导演系,这组灰暗调子的分镜头,组织得真好。"

"啊,妈妈,学导演很累,也很贵,完成每个作业都要几千美元。我先不考虑。"儿子一副精明算计的嘴脸。

"喜欢就可以考虑,反正我们都会努力支持你啦。当然,也可以你自己慢慢赚钱,慢慢学。看你自己啦!"我从一开始的中国式父母,跳跃成美国式父母。

18岁的人,要考虑经济,顾忌资源,这是好事啊。父母在这个时候,不是全线扩张,而是要适度收缩。我看着镜头里面他长大了却依然稚气的脸,各种不同时期的他的脸开始晃来晃去,像俄罗斯套娃一样想要重叠起来。

我还琢磨着呢,哥哥笑眯眯地继续问:"心心,你现在学习都跟得上吗?"

"语文差一些,很多字还不认识。数学学到乘法了,觉得简单多了。"心心老老实实地说。

我笑嘻嘻地插了一嘴:"刚开始学的课文全能背诵下来,现在新学的都没听到心心背,还在背之前的呢。"心心被我兜了底,有点尴尬地看着哥哥。"后面的,也有会背的。"心心说着,就背了起来。

哥哥在那边笑了:"哈哈,心心真像哥哥。每个学期,一开始特别认真,什么都特别用心,尽善尽美。慢慢地,就不太在意啦,因为更多的事情转移注意力啦。太像哥哥了,心心。"哥哥笑得特别欢畅,看到自己的特点在妹妹身上有所体现,简直比妹妹是个学霸更让哥哥开心。

"心心,哥哥给你买了一盒彩铅,最近会给你捎回去。这是最好用的彩铅,哥哥就是用这样的彩铅画画,才被大学录取的。哥哥到了高中后期,才接触到这种彩铅呢。可是心心小学二年级就开始用了,你要细细地画,会画得特别美。这是特别好用的铅笔,等你假期来美国的时候,带一幅画给哥哥吧。"哥哥煽动的口气,要是大家在现场听了,我相信每个人都会买一盒彩铅的。然后,意识到自己给妹妹布置了一个任务,哥哥又随和地说:"也不用,如果你不给哥哥画,也没关系,回到美国再画哈。"

"好的,哥哥。"心心温顺地说,挺高兴。

"心心,你还想要什么?哥哥再去给你买,你想要什么就跟哥哥说。"哎,这是我这一辈子都没听到过的话——一个人说:你想要什么就跟我说——这种完全开放的依靠感。

心心看着哥哥:"哥哥,我想你了,我什么都不想要。我想哥哥。"

"啊,哥哥12月份有一个月假期,心心回来度假,哥哥正好带着你出去玩儿,你喜欢去哪里就开车带你去。哥哥带你去迪士尼。"

"好的,哥哥,我很想去迪士尼。"

话说这两兄妹,正你侬我侬,我忽然灵光一闪,决定把心心的吐槽告诉哥哥。

"哎,哥哥你知道吗?你现在虽然对心心很好,但是心心说你以前对她很凶。"然后,我就吧啦吧啦把上文心心"吐槽"的内容说给了哥哥。

果不其然,哥哥一点也没觉得惭愧,笑得哗哗的。

"哈哈哈哈,心心,虽然被冤枉了,但这就是锻炼你,有的时候不是有一是一,不是一定客观真实,而是要考虑环境,有所担当,做出选择。哈哈哈哈哈。"哥哥笑得上气不接下气。

哎，还真是适者生存呢。不过心心呢，听了妈妈对哥哥说的这些她反复跟妈妈吐槽过的话，一下子很轻松的感觉，仿佛一个结解开了呢。

是啊，暗暗藏在心中的小小阴影，只要找准机会拿出来在大地上晒一晒，在特别融洽、特别亲爱的时候，就像一小块寒冰，一会儿就化作一小滩水，融入大地，无形无相啦。

即使是家人之间，也要养成这种"我知道你爱我，可是你最好学习怎么爱我，你最好用我喜欢的方式爱我"的情感使用习惯，或者"我知道你曾误会我，你不公平地对待过我，可是我呢，会找机会勇敢地和你谈我的想法，我也会适应你爱我的这种方式"的心胸接纳能力。

反正，我们彼此在一起相处，就是为未来世界的一切运行轨迹在开天辟地。

兄弟姐妹就这样相伴着，互相演绎爱的界限、爱的样子、爱的过程。尽管在爱中含有委屈，在信任中含有疑虑，在温暖中偶尔也会掺杂小小的寒流，可是爱就是这样，不是全部吻合，而是渐渐相洽，彼此随形。

我心中升起了很暖很暖的感觉，好像我自己有哥哥有妹妹的感觉，好像天下人都是我的哥哥和妹妹的感觉。人们彼此误会，就是因为没有沟通。假如像这样，坐下来，慢慢聊，问问彼，聊聊此，不急不慌地说出自己的想法、自己的忧虑、自己的喜欢，这个世界会变得同理而柔软吧。

人们不再互相吐槽、好勇斗狠，而是谋求对话理解，这会是多么好的世界。

好吧，我得意的就是，幸亏我把握机会，帮心心向哥哥"吐槽"

啦,"妈妈第三方"就是要起到这样"和稀泥"的作用呢,嘿。

还有,兄弟姐妹之间,各种蜿蜒曲折的冤枉委屈,其实都是帮助孩子撑大心量的。越是反复"吐槽",越是难以磨灭,就越说明,在这个点位上要面对和拓宽。

否则,长大了之后,面对委屈冤枉时,可能要一而再、再而三诉求于心理医生。而我现在,就是应急执行了防疫针工作呢。

即使有爱,有很多爱,也可能并存冤枉委屈呢。我们担得起多重,便能承受多少。用爱撑大心量,历练承担力,然而关键是担不起就放下。兄弟姐妹,亲戚朋友,概莫能外。没有谁,需要一直独自担待。

所有的爱,都有它的重量。

第二篇

妈妈是太阳·性格与情感

"我觉得妈妈是太阳。"宁宁在纸上画下一个大饼脸,四周开始发射弯弯曲曲的光芒。她的小翘嘴唇用力往前探,先要用嘴巴朝虚空中画出光芒来,才能给握着笔的手同样趋向的力量。我暗暗笑了起来,儿子童年拼乐高时,也是如此,力气未至,嘴巴先行,上嘴唇永远是个小先锋官,在动作之前,暴露了他的意图和心理活动。心心不这样,心心嘴唇薄一点,她用力的方式,不是张着嘴,而是紧紧地抿着,眼睛因为专注显得特别黑、特别亮,那是她施展力气的辅助。

孩子在妈妈眼里别具风格,每一刻都值得专心凝视。

宁宁说得有道理哦,妈妈真的像太阳,不仅观察,而且接纳,观察就是接纳,观察到的样子就是孩子本来的样子,观察到就了解接纳了,不会将每个孩子削足适履,让他们大小适中。

太阳是伟大的恒星,它照耀着万物,不索取回报。太阳和大地不一样。大地上有循环,大地没有索取,我们却自然会把生活中的所有重量,任何生活碎屑、代谢物,甚至老去的我们自己,纳入大地的循环系统。大地帮助我们吐故纳新,给我们驻足之地,我们和大地紧密地结合在一起,就像被孕育和养育早期的孩子,离不开妈妈。太阳和我们保持距离,给我们空间,它用光明和热力抵达我们。在地球上的不同地区,太阳照耀的时长、方式、角度造成的力度,使得当地的气候条件、植被面貌、人们的身心结构都受到巨大影响。它不受人类活动的影响,我们根本没有那种能力,我们连把一罐垃圾留在太阳上面的能力都没有。太阳恒定地提供光和热,它不作区别,无论是一块露出可爱绿意的翡翠原石,还是被蚱蜢盘踞的乱河滩的野石头,太阳都均匀地把光洒在其上。

至于高山和深谷,接触日光的能力不同,不是太阳的区别,而是受光体自己的体貌特性不同。就像妈妈和孩子,妈妈像太阳的应有之义，就是把光和热不加区别地照耀在孩子们身上；孩子们性格不同，每个人按照自己的禀赋，接收到了光和热的不同当量。

经常被问："三个孩子，你最爱哪个？和哪个最投缘？"这样提问的人，一定没有思考过太阳。妈妈对待任何孩子的出发点都是一致的，都像太阳一样。但是，在具体的生活情境中，孩子的个性不同，就像深谷和山峰的区别，会显现出受光面的区别。这就是妈妈像太阳一样慈心抚爱的另一个角度。同样强度、同样时长的照耀，对于不同年龄、不同性格的孩子，折射率不同。太阳不像大地一样具备和孩子亲密无间的属性，大地之爱属于心与心的贴近，太阳之爱属于灵，是性灵、情绪、意志的交融。

太阳的爱，是保持距离，给孩子空间，然而又不缺席，是一种无条件的爱。这种爱，是对成长着的孩子自己的空间、自己的时间、自己的活跃能力的一种认同和普照。

在无意中，我们可以观察到自己像太阳的一面。比如我，有一次带着注目孩子的神情，无意间掠过镜子，非常惊讶地看到一个从未看到过的自己。放松、欣赏、愉悦、光明，那一刻邂逅了史上最美的自己。原来爱和欣赏可以让我们如此光芒四射，像太阳一样。慢慢延展这种心情，和自己、孩子、他人相处，这是来自太阳的力量和传承。

澡盆聊天记

那天，和心心一起洗澡。宁宁在楼下傻玩儿，我们没有喊她。我们两个偷偷先洗，有点"偷情"的感觉。妈妈的太阳属性，就是知道每一个孩子的性格特点——受光面、折射率，而行动。老是有个宁宁小妹夹在妈妈和自己之间的心心，当然非常享受这个私密安排啦。

心心积极性很高，哼着小曲，操持放水，准备浴巾，脱衣服快到只耗时"眨眼"，我们边互相帮助给后背打泡泡，边聊天。

"亲爱的，刚才你组织宁宁一起听CD，你做姐姐的能力越来越强啦！"

"妈妈，你做过姐姐吗？"

"当然，澳大利亚不是有你小姨吗？我可是资深姐姐。"

"那你是怎么做姐姐的？"

"大部分时间，我做姐姐和你一样，和小姨一起玩儿，一块儿看书、画画、玩游戏。但有时候，当小姨玩游戏，想抢我的玩具时，我是特别有谋略的姐姐。我不会和她抢。"

"那你会直接让给她吗？"

"也不是，我有我的方法，也就是我的计策、我的谋略。我会立刻给她，然后，我会集中注意力。"我卖个关子，顿了一下。果然心心更专心了。

在和孩子讲话时，在简练的语言外，我经常故意用书面语言。孩子生活在海外，中文环境珍贵，我必须珍惜所有中文沟通的机会，盘活更多的词汇，进行复杂周致的交流。这就是典型的太阳属性啊：供给光和热，源源不断。

"我会集中注意力，选择另外一个玩的，专心玩儿，边玩边描述：我太喜欢这个啦，这个真好玩儿啊。当你全心全意赞美、享受、喜欢一个玩具时，立刻会吸引小妹，让她也喜欢这个玩具！过一会儿，她就会被这个玩具吸引，和我商量：姐姐，我也想玩儿那个。这个时候，你就把第一个让给她的换回来啦！"

哈哈，我传递给了心心太阳的秘密。

不是有一个耳熟能详的故事吗？太阳和北风比赛，谁能让一个穿了棉大衣的人脱掉衣服。北风用尽力气吹啊吹，可是越冷，那人把衣服裹得越紧。太阳出马的时候，它用光播撒越来越多的温暖，那人觉得热了，就自然地脱下了棉衣。太阳赢了！

"嗯嗯，好主意。可是，这样我也很不舍得和后面一个玩具分开呢。"

"对啊，这是很关键的体验！喜欢就是这么回事儿。喜欢着就不想分开，哪怕假装喜欢，也会真喜欢上。喜欢的感觉也不会一直在，就是会持续一阵子。在这一阵子中，如果被小妹要走，就会特别不舒服。而且，会被小妹喜欢的东西，自己会喜欢得更久点儿。"

"嗯，"心心被我绕晕了，"妈妈，那就是说，喜欢也会变化？"

"会啊。等你到了妈妈这么大，你就知道，我们这个突然喜欢这、喜欢那，来回变化的性情，就是我们来来回回不断变化的生活的原因。"

"那喜欢会怎么变化呢？"心心问我。

"你猜呢？"孩子抽象思维起来，我立刻乘胜追击。

"会不喜欢，会更喜欢？"心心边冲水边说。

"是。会不喜欢，会更喜欢，也可能谈不上喜欢不喜欢，就是无所谓了。也可能忘记，之后，某天再玩了又会重新喜欢。"

"嗯，我早就不玩儿了的东西，有时候宁宁玩起来，我又会重新觉得喜欢的。"

"到妈妈这么大，已经发现了：最重要的事情就是区分自己对一件东西、一件事，是真的内心喜欢，还是因为别人都有，或者别人喜欢而被带动着喜欢。"

"那么，不能因为别人喜欢就喜欢吗？"心心一针见血。

"那倒不是。主要是知道自己喜欢的来源，对于认识自己到底有多喜欢，以及喜欢的性质，有意义。"

"性质？"心心把泡泡打得浑身都是。

"性质就好像，不同的沐浴泡泡，有不一样的香味、不一样的大小、不一样的感觉。你和宁宁既一样，又不一样。"

边聊边洗澡，很快两个人就都裹上了浴巾，热气腾腾地坐在外面了。

"妈妈，我知道怎么和宁宁玩了。就是她想要我的东西时，我用喜欢别的逗她。如果不能逗她，就逗自己喜欢别的。"心心愉快地说。

"对，因为妈妈也是姐姐，妈妈知道这些事。"

其实，还有更复杂的境界：不争而天下莫能与之争。这个就先不聊啦。这个连我这岁数都得好好揣摩呢。

这就是趁大佬宁不在，心心和我私密地、云山雾罩地畅聊的那一次。不求聊的东西她全能听懂，只知道聊这件事，会使妈妈成为心心在这个时刻的亲密同党。

浴室沟通的母女，因为特殊的状态，赤裸裸沟通，心灵也最赤裸，是最好的聊天时机哦。要知道，不只妈妈知道，在最私人的状态去播撒爱和热力，太阳也知道的。难道秘密花园特别人迹罕至，太阳就不去照耀吗？

假如说我是个有育儿技巧的妈妈，和孩子们聊天绝对是其中一项，聊天就是妈妈太阳属性的一部分。我们和孩子的心虽然各自安放，但是有趣、活泼、有些小思考的语言就会像光线一样，去传输光和热给孩子。

我很少正襟危坐地和他们聊天，那样太严肃、太暴露了，我怕把我们之间的关系灼伤。我们都是选择小小的秘密空间，在车里，在被窝里，在浴室里，在衣橱里，在刚醒的早晨，或者临睡的夜晚，润物细无声地聊起来。聊天风格从来不像传统母女或者母子。跟女儿们呢，像是闺密似的；跟儿子呢，像是哥们儿，都是出主意似的，每一个问题回答出来，都相互做功，有光的发射，也等待反射和折射、散射。我不会用一个高大上的结论来定性问题，把问题推向闭合。聊天中提出的所有问题都是开放的，绝不会像说教那样有一个刚硬的结论——"你这样做，才是对的"，而是"我曾经这样做过，你想想还有没有更好的做法"。

这世界，活到40岁的我，也基本上很难完成"不惑"的目标，何况几岁的孩子？就是这么聊着，一起认识人生呗。

妈妈是太阳，太阳照耀着，光合作用就会发生。这不是太阳自己的工作，也不是植物自己的操劳。

被窝学术会

心心早上滚进我的被窝,温柔地蹭我的胳膊,继续和我聊心事。

"妈妈,我很喜欢这样和你聊天,在你被窝里。"

"心心,我也喜欢。"

"大人们也在被窝里聊天吗?"

"非常非常爱的才会,不太熟的大部分在咖啡馆里聊,熟一点的在各自家里。"太阳一样的妈妈,是很镇定的妈妈,主要能力为不管孩子问什么问题,都尽量逻辑化、发散化。

"非常爱也会到咖啡馆和家里吗?"她问了个好问题。

这个问题的核心是包含关系。

非常爱,包含了所有,是一切关系的核心。我随手给心心画了个图,形象表达。核心圈子里是"非常爱",圈外有中圈,是"熟悉",外面最大的一圈是"半熟",最大的外圈是"陌生"。

"因此,有几件非常特殊的事情,被锁在非常爱的小空间里,比如,被窝聊天。但是从熟、半熟,到陌生,可一起做的事情也非常广阔。要珍惜爱,也不要被爱锁住。因为爱以外,也海阔天空。"她很喜欢听。

"那很多陌生人也会变成半熟、熟悉和爱吗?"她问出个很智慧的问题。

"会的,心心。"我真想画细胞图给她。一个细胞核,就是一份最有质量的爱的集成。一个大爱、慈悲的人,应该不会被单细胞的生活框定。会有很多很多这样的细胞，对于一个内心有很多很多爱的人，每一个细胞都饱满、活泼，充满能量。

"我很爱妈妈，很爱爸爸，很爱哥哥，很爱宁宁。"

她立刻表态，表明她的细胞们很活跃，多中心。

"所以，你是很有能力的孩子，你可以爱很多人，你还可以爱更多。但是，被窝聊天，就只有家人。"

地点：被窝。多狭小、多私密、门槛多高的设置啊。一次次地，趁着小，在哪里我都照耀你。

我在心心的小肥脸蛋上亲了亲，弹唇，一股小女生的味道。

早晨真好，和女儿的"被窝学术会"。

太阳妈妈还不仅是这样，还有大量的不分别而照耀，不用自己当下的价值观去界定万物。

"被窝学术会"次日，等姐姐和妹妹两个穿衣服。心心系一排扣子，扣子很紧，每粒都花了两分钟。宁宁把小裤子穿倒了，倒过来又穿反，然后袜子脚跟儿穿脚背上，反复重穿，早晨一小时，扎实穿衣服。问我不耐烦没有？没。假如孩子没有不耐烦，一直努力，一直做，我们唯一要做的就是等待。防止她们成为不耐烦的成人的方法，就是好好等待。因为，从来没有听到过太阳高声喊："快起床啦，快穿衣服啦！我都照你屁股啦！"

很多问题都是一过性的，孩子们穿衣服慢吞吞的时候，需要的光和热，就是等待，在这个时候讨论效率，讨论拖延症的预防，是一种粗暴。学习穿衣服，掌握手脑协调能力的孩子们，需要时间，像学英语、钢琴、数学、舞蹈一样需要时间。把基础的自理能力建立起来，这个急不得，不去催促，做时间上的支付，是必须的。成长是个过程，最终每一个正常的孩子都将学会得心应手地穿脱衣服。

但是，如果仔细分析，即使穿脱衣服这样的小事，也因为掌握过程中不同的感受，形成不一样的因果。

被耐心等待过的孩子，会自信，会更有主动性，总是对挑战保持兴趣，对待自己和外界更友善；被不断催促、嫌弃慢的孩子，会怀疑自己，还常怀莫名的愤怒与不满，缺乏主动性，对新挑战感觉焦虑，心里对自己和外界负面评价多；被一直代劳的孩子，会有极强的依赖性，缺乏主动性，克服困难的心理机制难以建立，缺乏热情，一直习惯索取。

光和热一旦支付，就会形成能量球，把正面的能量传递给孩子。他们会让能量滚动，强健身心后，再把球传递给兄弟姐妹、爸爸妈妈、同学朋友。太阳的能量，就是这样盘活地球的。

传递光的能量球

早晨,宁宁给自己头上戴了三朵绢花,一朵暗红色的玫瑰,一朵小黄芯子大白瓣的鸡蛋花,一朵白芯黄玫瑰。心心就瞥了一眼,看着得意扬扬的小妹,不悦地报告:"嗯,妈妈,宁宁太臭美了。"

我立刻猫下身子亲了亲心心:"亲爱的,你像宁宁这么大的时候也很臭美哦。但你长大了两岁,审美观也长大了些,觉得这样子打扮有点幼稚,有点不成熟了。所以你把这个叫作臭美。哈哈,不用这样。咱们女生真正美起来都是通过臭美来练习的。我们得让宁宁勇敢地探索啊,像你小时候一样。"

心心立刻不好意思地笑了。

第一,小时候的"马脚"被妈妈拎了出来,好柔软。第二,本来看到臭美的宁宁,多少产生了一种被抢夺了注意力、被倾轧的暗能量。随意指责宁宁,给予对方"臭美"的负评标签,是想在心理上获得一点点的优越感。

然而,被巧舌如簧的妈妈,化暗能量为绕指柔。被妈妈肯定了自己也是这样过来的,而且肯定了自己已经有更成熟的审美观。所以心心也能在心里容纳:一个臭美的宁宁,不是自己的参照物,反而自己是宁宁的参照物——这个扭转了的立场。

立刻,她回到了姐姐和妈妈的立场,主动跑过去帮助宁宁:"来啊,宁宁,这个样子弄花更漂亮。"

噢,当我们有哪怕一点点嫉妒不安的时候,当我们用简单粗暴的负面评价试图抹黑"参照物"和贴标签时,正是我们内心能量虚弱的时候。这种时候,要警觉;要及时观照自己,看到自己心念运转的"暗能量"属性,及时调整。

为自己,也为孩子做这样的事情。每次它们发生时都及时意识到,及时调整。

诀窍是推己及人。不去比较,只去理解,只去接纳,这是太阳属性哦。这些小事积累的心理习惯,会使我们一生受益,这也是现在广受关注的情商呢。

大家小时候都有过莫名其妙的不愉快吧?同桌穿了新衣服,有新玩具,自己会有失落感,恨人有怨己无,羡慕乃至嫉妒。

就是要一直就这些暗暗转起的念头做工作。比如,同桌有了一部自己非常羡慕的手机,可是自己没有机会拥有。既可以郁闷地说我没有,暗暗嫉妒对方,也可以为之兴奋。啊,同桌有,意味着我虽然没有,却有更多的机会接触了解这部手机。所以要感谢,周围人的拥有也直观地丰富了我们的认知。

就像我刚刚从好友的度假屋度了一个最美的春假回来,我有两个选择:1. 嫉妒她有度假屋,我没有;2. 好友拥有,就像我有一样高兴,我们是好朋友,彼此的资源都有可能分享。我是绝对会选 2 号的人,所以好友买了度假屋,我会欢呼雀跃。我每个朋友买了好的车子、房子或其他物品,我都会欢呼雀跃,即使我没有机会分享,但是要感谢朋友们让我"见过即拥有",给我心态富足的机会。

心态是个人幸福的基石,也是健康、成熟、美好的人际关系的梁柱。所以,心心说臭美,我千斤拨四两地去重视、去柔化,而不是四两拨千斤地随意说一句:"她还小,你不要这样说妹妹。"

这种对情绪虚弱方的简单制止,并不会给她的暗能量一个出口、一次转化，暗能量会因被压制而蓄积，积少成多。如果我那样讲话，心心可能会想："啊，妈妈根本不理解我，也没想理解我。"她会被压抑，有怨念。这种暗能量沉积起来，暗思维模式也会固化，以后就更难跳出负面思维模型的轮回了。

细心的妈妈会学习太阳，照见孩子的冷暗狭窄，转为光明、温暖、广阔。

我们要时时提防自己培养出褊狭的孩子。这些孩子长大后，会成为"负评党"，每天用数量庞大的负评，来支撑自己浮萍般的自尊心。这个不行，那个也不行；这个看不惯，那个也看不惯。当然还得厘清"负评"和"批评"。负评和严肃的批评，是不一样的。"负评"发乎主观，以不良情绪为能量；"批评"逻辑缜密，以严密的客观依据为能量。引导孩子不去主观负评，不是不给孩子们客观批评的权利。

妈妈不是天才，然而取自太阳的光明，使得我们在养育的过程中，阅历越多，观察越透，温暖越深。当我们非常明晰，小中见大的能力、由近及远的能力，就会成为妈妈们的神通。

不虑十年，不足以安当下。子女每个细小的心念运转，都是小的人生试机，需要轻柔调整，果断引导。

做自己小时候最想要的那种妈妈，像太阳一样明亮，洞悉一切。

女孩子的逻辑

最近心心有个习惯,叫作"睡前清算的心心"。她会在每天睡前,把负面情绪打包展示出来,清理干净才睡。每天晚上一定要和妈妈进行完"思想政治谈话"才睡。

前些天,姑姑送了心心、宁宁最喜欢的芭蕾裙子。晚上,小姐俩迫不及待地拉开包装,一人裹一条,心心立刻领导宁宁在浴缸中玩起水来。我背对她们开始晚间洗漱,镜子中能看到她们的一举一动。亲爱的心心忽然跑出浴缸,对着镜子摆了个芭蕾姿势。

她注意到镜子中我关注的眼神,幽幽地说:"妈妈,我小的时候特别漂亮。"

"那现在呢?"一听到她都开始追忆小时候,我不禁笑吟吟地问她。

没想到她说:"现在不漂亮了。"语气很惆怅,老气横秋的。

我有点吃惊,脑子飞速运转,想知道她的论调从何而来。正在我准备下个问题之际,宁宁在浴缸里欢乐地喊:"姐姐!"心心立即变脸,乐不可支地蹿回浴缸中。

我只能大声问她:"你好看不好看,有关系吗?"

"哈哈哈哈,没关系啊。"她说。

我松了口气,以为这个话题结束了,便又开始洗漱。其实,我不知道,对于这个晚上,这个话题只是揭幕。

我们仨都洗漱好了,进入睡前故事环节,一切如常,都很平静。

没啥心事的宁宁很快睡着了。这时候，心心忽然开始啜泣，嗯嗯嘤嘤地，眼里涌出大滴大滴的眼泪。

进入半睡眠状态的我赶紧打起精神问："怎么啦，亲爱的？"

"妈妈，我可以和你说悄悄话吗？"

"可以啊。"

当时屋子里只有熟睡的宁宁，但是心心要说悄悄话，我把耳朵凑过去。

她说："妈妈，你记得感恩节吗？那个时候我的同学都穿得特别漂亮，她们都穿着五颜六色的公主衣服，还有花边长纱裙，还戴着公主的长头发，有的同学还有公主的小辫子。可是，我穿的却是小猴子的衣服，同学们都说我像个小猴子，我也觉得我像个小猴子。然后，我每天都觉得自己像个小猴子。"

天，感恩节都过去3个月了，她居然才和我开始清算。

"妈妈不知道你那么在意，那下次感恩节，我们一起提前去选公主服装吧。亲爱的，选你喜欢的，好吗？"

心心把嘴从我的耳朵边移开，答应道："好。"然后继续眼泪汪汪地说，"我的长头发不见了，变得这么短，现在宁宁的都很长了，妈妈的也很长，我觉得自己不如小时候漂亮了。头发长得很慢很慢。"

"啊，心心。"这是浴缸那会儿开头的延续啊，我赶紧说，"其实，短发有短发的美。再说，好看不好看哪里有那么重要？你不在意，就不重要，妈妈就不在意那么多。"

"你怎么不在意，你不是还涂口唇吗？"心心立刻反问我，她一直把口红叫作口唇。

"假如你不喜欢，我可以不涂。"我故意说。

"不，我喜欢妈妈涂口唇，但我也喜欢涂。"

"短发不是伯伯带你去剪的吗？伯伯带你去，我也不知道会剪这么短，本来想剪个刘海的。"我只好说。

"那也是你让伯伯带我去的！"心心追本溯源！

我开始觉得她是个小小的我，口才和反应都很像。

"我现在都没有朋友，觉得自己很丑，在幼儿园里不愿意说话。我很寂寞。"她说。

我开始慎重地和她说话，睡意荡然无存。

"亲爱的，第一，你不丑，你很可爱。第二，幼儿园的小朋友都是很简单地在一起玩儿，大家都是小孩子。很多小孩子，不如你考虑得多，所以你会觉得寂寞。当你想的东西多，你会寂寞一点，但你的想法可以是你的朋友，这些想法会陪伴你。"

我真的不知道，4岁的心心，居然听得懂我说这样的话了。她的思维成长得很快，令我不能像小孩子一样哄她。

"我喜欢哥哥的同学杰弗瑞，我喜欢和他讲话，可是，最近杰弗瑞好久没来我们家里了。"心心的怨艾还在继续。

"但是，哥哥是你的朋友啊，哥哥喜欢陪你玩，听你讲话，像妈妈一样。"

"可是，哥哥没有杰弗瑞帅。我想要杰弗瑞做我的男朋友。"我被"雷"翻了，浑身都"煳"了。然而，作为妈妈，我们必须适应子女的任何想法。

于是，我举重若轻地说："我也很喜欢杰弗瑞，咱们两个都选他做一阵子的男朋友吧。不过，我也想选哥哥，哥哥也帅，而且哥哥有更多时间陪我们。"

心心终于躺了下来，上眼皮和下眼皮开始开会，我松了口气。

4岁的心心，她的智识和情感系统正在飞快地排列组合。一想到她把所有的小小念头，都那么信任地袒露给我，她的欲望和要求，也都要通过我来实现，虽然我很累，已经到了一天的强弩之末，但还是想和夜晚说声谢谢。

这大滴大滴的眼泪，这抽泣的夜晚，我家一个小小的女孩儿，这么依赖我。我对她的哺乳，远未完成，还在持续。

做妈妈，是比较有挑战性的事情。孩子们会大喊大叫，愤怒、悲伤、欲求不满，但是，那个时候，也可以使我们反观自己童年不足的部分，通过安慰孩子，实现对自己童年的远程抚慰。

这些发生的，都不那么重要，只要有妈妈在倾听、在陪伴。来到这个世界，适应所有的比较、变化、规则，得有多少琐碎的挫折啊。亲爱的心心，妈妈能给你的全部，就是倾听和接纳。

事情都是一环扣一环，心心遗憾的头发事件，终于在一年以后，又带来了宁宁的头发事件。

宁宁的头发事件

一天晚上,儿子、孩子爸爸和我一起回家。在家里和爷爷奶奶玩儿的心心、宁宁如常迎了出来。

我们三个全呆住了,泥雕木塑一般,一同扯开嗓子,大喊:"宁宁,你的头发怎么啦?"

心心像被喊了"木头人","唰"地定住了,怯生生地说:"我给她剪了。"

"你怎么能给小妹剪头发?""心心,你不知道这样不对吗?""心心,你为什么给小妹剪头发?"急促的话语,严厉的责问,兵分三路,像投标枪一样,朝心心掷过去。

这时,宁宁大吼一声:"我喜欢这样!"看到我们三个脸上都很严肃,宁宁不断地大声重复着:"我喜欢这个头发!我喜欢!我喜欢!"声震寰宇地哭开了!

心心还定在那儿,低低地说:"是小妹让我给她剪的。"

"你知道拿剪子多危险吗?碰到小妹眼睛怎么办?"儿子立刻找到重点,新一轮喊话!

孩子爸爸的脸上,也折射出了我的脸色,非常难看,非常铁青,非常板结。

我们都火了。可是,又没有办法由着性子来,都在尽量克制。每个人的情绪都蓄起了大洪水,流露出的情绪,是不小心从堤坝中流窜出的小洪流。

此时此刻，被宁宁强调好看的造型实在太像落水狗了。从百天光头开始精心养护起来的、自来卷的一头柔软秀发，局部变成了齐耳短发，局部齐脖，局部还露出一两丝小卷！

我们三个人，哥哥、孩子爸爸和我的心情就像最珍贵的东西遭到了毁坏，全都有情感上负重伤的感觉。忽然浮现一句话：身体发肤，受之父母。我难道能和她们讲这个吗？

哥哥的话惊醒了我。是的，如果用剪子不小心，两个人都可能受伤。但是，感谢老天，没有。这是个成长中的意外，但已经是非常温和的意外。

我心里开始响彻画外音：这个意外的性质是，我们还有能量用沮丧、愤怒、指责来代谢它，而不是深深的如黑洞一样的绝望，比如她们真的因为用剪子而受伤。所以，应该感谢这样的意外。

但不管想成什么样，怎么疏导情绪，极力号召自己平静，我的内在愤怒还是引领我发泄，我仍然说了些不理智的话。我对着心心开口：

"心心，要不你把剪子给妈妈找过来，我也帮你剪一个宁宁这样的头发。"

"我不要，我想要长头发。"心心难过地摇头。

"那你为什么给小妹剪掉？"

"我像宁宁这么大，你也让伯伯带我去剪短了头发。"

"你不是不喜欢剪短吗？你不记得吗？后来留了很久才长起来。你不知道头发会很慢很慢才长回来吗？这样吧，我帮你剪短，你和宁宁一起长头发吧。"

"我不要！"心心极力忍着不哭，想说服我，"可是，我不知道听小妹的话给她剪头发是不对的。你如果告诉我，下次我就不这么做了。"

我心中觉得她的应辩很对,心内有掌声,但是我的情绪依然没办法吞回去。正踌躇间,哥哥说:"小妹让你做的事情,你就都会做吗?你自己不会判断吗?你就是也觉得好玩儿,还推卸责任!"

掌声给哥哥。我内心的怒火小兽,没有熄灭。再面对她们,也许我要说出很多不理智的话来。那些说时会痛快,说后会后悔的语言,在我理智的堤坝里,排成了急不可耐的队列,就等我放松警惕,冲锋陷阵。

孩子的奶奶说:"她们两个在楼上自己玩儿,下来,宁宁头发就给剪了。"

孩子爸爸率先开始和稀泥:"还好还好,就这样吧,下次要和妈妈商量。"

我知道,他和儿子一样也极力忍耐住一个评价,那就是宁宁的头发好难看!我的怒火也源于此!没有办法接受宁宁的新造型,又不敢说出真相,怕宁宁在意。

而宁宁还在护卫姐姐,不断喊:"我喜欢这样,我喜欢这样。"

心心也抽泣起来。

宁宁大喊:"你们给姐姐说 sorry!你们给我说 sorry!"

我噌噌噌跑上楼去,把自己关在卧室里。瞬间头晕、恶心、四肢痛,从没有体会过的疲惫。

这种感觉吓到我了,我开始更深地思索我们三个的反应,我的反应;通过一些难以控制情绪的事情,观察事情的真相,细细致致地剖析自己。

我的灵魂飞到了体外,开始看瘫在床上、不能平静的自己。

我开始问自己:是因为关于宁宁的一种"美"的元素被破坏?

可是即使短头发，宁宁也挺可爱啊。是因为心心没有好好思考，却积极协助小妹这么做？心心真的做得很好，娴熟地用了剪子，也没有伤害到宁宁。是因为整件事情完全没有预计到，伤害了作为成年人的控制欲？

父子俩都平静得比我快。可是，我还是被莫名的愤怒和沮丧控制着。我想来想去，头都痛了。庆幸自己，从面对她们的现场脱身而出了。当不能控制情绪时，唯一能做的，就是把自己暂时隔离。

后来，我疲惫不堪地睡了。睡前都没敢看姐妹俩一眼。妈妈的表现，有时真的很有杀伤力，过于高温。这种炽热也很像太阳，火辣辣地照耀下来。

那么，因为爱宁宁原来的样子，反而不接受她现在的样子，这种时候，我到底算爱孩子呢，还是爱她们如小奴隶一样听话的样子？

险些迁怒心心也让我觉得难受。我身上潜伏着的易怒习性，让我深深困扰。儿子为了安慰我，跑过来亲昵地顶了一下我的头。孩子爸爸也早就平静下来了，我成了家中唯一的受害者。这个内在逻辑是，因为宁宁擅自改变了发型，我有一种被剥夺感。

醒来时，我百思不得其解——

我到底失去了什么？

为什么一反常态地激动？

早上，她们两个都爬上了我的床，宁宁像往常一样，得意地坐在我肚子上。我不得不适应一会儿，才又认可了我的宁宁。心心则和爸爸拉钩为定：再也不偷偷给小妹剪头发。

洗漱时，看到浴室的纸笺，我发现了心心给宁宁剪下的所有头发，厚墩墩地挤在纸笺里。心心居然细心到，把地上不好清理的碎发用胶带粘了起来。

我不禁流泪了。眼泪涌出，坏情绪渐渐流走了。我把所有的头发收进一个原来装蜡烛的小木匣，封起来。封掉的，是我的执着——一个母亲不习惯孩子长大变化的执着。

"晚上，你上楼后，她们两个好团结啊。心心默默流泪，宁宁大喊大叫为姐姐辩护，把事情全揽到自己身上，说是自己让姐姐剪掉的。心心就垂泪用脸去蹭宁宁，两个人抱成一团。"孩子爸爸说。

我终于微笑了，心里还带着一丝痛楚，好留恋宁宁的头发。虽然以后还会长回来的，我亲爱的小卷毛。

这个小意外，使我和自己的情绪，电光石火间，狭路相逢。

做妈妈要能够意识到，啊，这情绪的力量太大，太不对头。作为妈妈能够有这样的体验和警觉，太重要了。这样，我们在孩子也有情绪时，才能更有理智地去识别、引导，让孩子打上防晒伞，避免灼伤。

妈妈能够及时调整情绪，才能给孩子做一个好的表率。太阳每小时每小时都在天上行走，不会固执不变地站在最高点。

妈妈是太阳，是移动的、调整的光源。

失踪的宁宁

前几天晚上,我去邻居家串门时,接到了孩子爸爸急切的电话:"你干吗去了?宁宁呢?"

三步并作两步走回家,看到儿子、心心、孩子爸爸急吼吼各屋寻找。宁宁不见了。

各屋各角落都没有,除了主卧,门紧紧锁着。爸爸开始找主卧的钥匙。平素钥匙被我们固定放在外面壁橱高处,提防主卧被孩子们误关上。

"钥匙你放哪里去了?"孩子爸爸一头汗,急促地问我。

"我没动啊,还不是一直在那里?"

"宁宁、宁宁,你在里面吗?"我们边敲门边低声喊,怕惊扰对面房间已经休息的爷爷奶奶。

主卧静无声息。

"要不然撞开门吧?"我提议。唯一重点怀疑的主卧,静悄悄的一声不出,让我们的着急又升了一级。

这时候火速下楼的儿子拿来一张硬卡片,爸爸立刻接了过去,开始从缝隙中去拨弄锁。他们爷儿俩倒有默契。

门打开了。坐在屋子中央的宁宁,看我们打开门,先是害羞地笑了一下,注意到爸爸、哥哥凶巴巴——特别着急的神情其实和特别凶恶一致呢——立刻改微笑为大哭,接着毫不客气地号哭起来。

我抱起她,她在 20 秒内已经哭得上气不接下气,完全不能回答我们的问题。

"宁宁!"哥哥严厉地低声说,"爸爸妈妈都很着急,你为什么不答应一声?"

宁宁哭得浑身是汗。一切责问都在巨大悲愤、张牙舞爪的哭声之外。

目光向地面搜寻,刚才宁宁坐着的地方有一些拼图,拼图前面有主卧的钥匙。

事件拼图似的在我脑子中还原了:宁宁必是踩着凳子到壁橱高处隔板处取了钥匙,锁了门,以防我们打开。这样她获得了一个完美踏实、不被打扰的空间,就可以单独一个人,全心全意对付从学校得来的礼物——拼图。

这样有两个好处:

1. 不会受能力比自己强的姐姐干扰。
2. 自己拼得慢、拼不好,都没有关系。

一个人没有比较,远离挫败感。听到我们找她,她静悄悄一声不吭,这件事情变成了第二个游戏——藏猫猫。直到看到我们四个急吼吼、凶巴巴地进来,她的得意变成了害怕,为保护自己,开始大哭。

我紧紧抱了她一会儿,安慰她:"亲爱的,我们知道你想自己待着。下次你想自己待着的时候,就告诉我们,这样你关好门,我们不会打扰你的。但是你锁上门,不吭声,我们找不到你,会担心你有危险的。"我时刻提醒自己,越是冷风吹、暴雨来的时候,妈妈越要提供光和热。

你永远也不知道孩子们每天能发酵出多少念头,自我指挥多少行动。她们是攻守同盟,如果不暴露,谁也不会说。宁宁的情况更特殊，她是老幺，生下来就有一大家子的社会关系，密密麻麻地压在头顶上。求独立、求空间、求私隐，就这样爆发了。家庭是小孩子的丛林啊，他们每个人，都以自己的方式，在丛林中求生。

随喜心

晚饭的时候，大概因为整整跑了一天很饿了，一碗米饭上堆了满满的菜，宁宁吃得特别快，吃完时，碗里秋风扫落叶一样干净。还觉得不够，她又盛了小半碗玉米粥喝。

我侧头转向左侧的她，乐呵呵地说："宁宁今天是真的饿了啊，吃得这么快、这么干净。"

随后，我就体察到自己这句话，这单向的赞叹和表态会造成连锁反应。

只见餐桌上，坐在我右侧的心心，已经疑虑地看着我，浓密的头发帘下，她乌黑发亮的眼神像问号一样打开，她的碗里还有半碗多饭，一口饭正在嘴里来来回回地咀嚼着。她边看着我，边做出不管三七二十一要迅速吞咽下去的样子，是要朝宁宁路线靠拢的节奏。

她果然开始问我："那么妈妈，我呢？"

我立刻制止她："慢点吃，心心，你可以慢点吃。细嚼慢咽是很好的，就像吃得快、吃得干净也很好一样。没有更好，只要是自己现在需要的，就很好。"

心心放心地放慢了，她显然胃口一般，不是特别饿，觉得妈妈理解了就释然了。

我也继续专心致志地把菜夹到碗里，一口口慢慢地吃，像心心一样。虽然我大部分时间都有很好的胃口，可以像宁宁一样吃得很快，但是这个时候，我意识到妈妈的做法可以让胃口不那么好的心心有一种陪伴感，同伙的感觉。

我慢慢吃，心中浮现出一层层警觉。

这种警觉是经常发生的，对于我不管因为什么，夸赞小姐妹中的一位时，另一位表现出来的，也想争取"妈妈赞扬"的竞争欲的一种警觉。

对于不管因为什么，别人在受到肯定和赞赏的时候，会对我们自己的心理带来因"比较"而产生的不适感甚至嫉妒感，进而在行为上影响了我们自己的节奏，产生一种盲目"追随感"的警觉。

对于如果整个社会建立了比较单一的赞扬和评价机制，我们就难以保持独立、从容的自我成长的节奏，从而妨碍我们成为比较"全然"的自我，而会成为在社会文化上、人格行为上极其均质化复制品的一种警觉。

我慢慢地吃着。

传统的餐桌发言项目开始了。

"心心，刚才妈妈肯定宁宁的时候，你是不是觉得有点不安？因为妈妈夸赞了宁宁，而你也期望妈妈夸赞你？"我准确地指出了她的感觉，同时为了避免让心心独自站在审判台上，又立刻补充道，"宁宁有时候也会这样。比如，当妈妈夸姐姐一个手工做得好的时候，宁宁也可能立刻要做个更好的手工给妈妈看，期望妈妈表扬自己。我们每个人都会这样，当别人在自己身边被夸赞、被肯定的时候，自己也渴望被夸赞。然后，就会追求像对方一样，也要做很多手工，或者也吃得很快、很干净。"

心心慢慢吃着，点点头。

宁宁呼噜噜地又喝完了粥，碗里干干净净的，说："你看我又吃得很干净啊。"

"是，你吃得很干净，这很好。"我及时响应她。

"心心，你现在应该怎么回答宁宁？"我问了一个很关键的问题。心心看着我。

为了避免心心临时曝光在被妈妈出问题的困扰里，我接着说：

"宁宁在对我们表示她吃得很干净，她自己很满意。那么我们都应该肯定她说：'呵！宁宁你吃得很干净，做得不错。'这种在别人做得不错时，能够肯定对方的态度，是一种珍贵的能力，叫作随喜心。

"亲爱的心心，如果你看到宁宁被肯定了，心里不开心，或者心里有压力，想加快吃饭，而且也想妈妈夸奖你，这就叫作嫉妒心。

"随喜心和嫉妒心相比较的话，就像漂亮的真宝石和塑料珠子相比较一样。一个非常美，非常珍贵；一个轻飘飘的，非常便宜，而且还会污染环境。

"还有特别重要的一点，当你随喜别人的时候，可以说出来，也可以心中暗暗地随喜不说出来。如果你也想这样做，一定要根据你的需要。比如今天，如果你很饿了，想快一点吃，也可以这样做；如果你不是很饿，也不要因为随喜了宁宁，就想像她一样表现。无论怎样随喜别人，我们也不要被那个随喜控制，而强行做不符合自己节奏的事情。"

心心点了点头。

我呢，也不指望关于随喜心的建设，能在这个片刻就巩固，只要看到她安心吃饭，种下这个种子就可以。三个孩子的妈妈讲一段餐桌领悟，可以相当有效率，因为听着的还有哥哥和宁宁，甚至还有我自己呢。

很多道理，我们领悟到的时候，都是种子状态，我们自己甚至也不能完全做到呢。但是我们之所以会怀抱这颗种子，就是因为，遇到的很多事，读过的很多书，来往的很多人，让我们有了这种其实是通过个人的痛、焦虑以及重重弯路而积累起来的经验。孩子的任何行为和心理模型运用，对身边的我们来讲，都像人类社会复杂多样的心智行为和运转模式中的一个小样本，简单、直接、有力，促使我们更直接地领悟。

到了晚上，宁宁伏在地上玩一个新买的拼图。她太有耐心了，一连四五十分钟都没有抬起头来；她太专注了，我们在她周围来来去去，谈笑打闹，而她浑然不觉。

当她拼好时，我看到心心在眼前，故意赞扬了宁宁。

"啊，宁宁居然可以专心这么久，把这么复杂的拼图都拼好了，而且宁宁还懂得边看总图边拼，很有方法啊。"其实，这种赞叹完全不必要，因为在玩拼图时，应对挑战，体会到全神贯注以及拼好的成就感的宁宁，本不需要用再肯定来推动。我是故意说给心心听的。

果然，心心上钩了，立刻问我：

"妈妈，我像宁宁这么大的时候，拼得如何啊？"

我笑眯眯地看她，信任地说："当然，你也拼得很认真，拼得很好。"

这时候，心心仿佛想到了什么，她仔细看着宁宁的作品，悠悠地说："不过，我小时候，妈妈给我买的拼图好像比宁宁这个简单。宁宁第一次玩拼图，这个真的很复杂。宁宁很有耐心，做得很好。"心心的记忆力真的很好很好，我也还记得她的第一盒拼图——我们不大买拼图玩具，都是偶然才买，宁宁这盒也是偶然买的，所以家里一共只有过这两盒拼图。

"是啊，亲爱的心心，妈妈才提到随喜心，你就运用得这么好了。能够看到宁宁身上的优点，是心心重要的随喜心呢。随喜心就是这样：你供应出去，你随喜宁宁，不仅不会使你自己缺乏，还表达了你的丰富，你的丰富可以赠给宁宁。就像太阳，把光照耀在万物上，使得万物温暖明亮，却不会使得自己因为缺乏而变得寒冷。它只是把温暖明亮的范围扩大啦！"

心心莞尔一笑，6岁的她在情绪对策方面已经非常老练。她拿起宁宁拼好的拼图，礼貌地问："那么我可以重新拼一次吗？"

征得了宁宁的同意，心心也席地而坐，认真地拼起来。其间，我在旁边看书，宁宁在旁边玩《愤怒的小鸟》游戏，心心仿佛消失了。

我也迅速陷入了书中，忘记了周围的世界，像被隔离在深深的海底。

直到被心心摇醒："妈妈，妈妈你看，我拼完了。"

"啊，竟然这么快？"我看看时间，也就二三十分钟，立刻拿起手机帮她拍照，"看来你拼拼图的能力，也随着年龄提升了呢！"

"对啊，姐姐拼得真快，也很好。"宁宁立刻也参与到随喜中来。

"哦，宁宁也有随喜心了哦。"

"亲爱的，明天，明天的明天，以后的一段日子，我可能都会夸心心，夸宁宁。这就像一项功课，像做题一样，看看谁的随喜心答卷答得不错。这是我们这些天的游戏哦。"

"好吧，妈妈。"心心平静地领受了作业。宁宁没啥反应，继续玩游戏。

哈哈，我已经想好了接下来的执行方式。当宁宁看到姐姐画得很好，奋勇下笔并且一张张地拿作品给妈妈看时，我会建议她："亲爱的，你看看姐姐的有多好，宁宁的有多好。"我会引导她因为爱画画而画画，而不是因为嫉妒姐姐的画被妈妈关注而画画。

人生之路上，特别是奋斗之途中，往往有很多"逆增上缘"，就是说，把困境、逆境作为帮助自己的内在动力，客观上为提升自己提供了能量。但无论是顺缘还是逆增上缘，我们都被外境力量裹挟、控制着。

真正的力量，应该来自内心，自己内在的兴趣、天赋的方位、性情的指向。一个人能够从自己出发，经过种种学习、实践，成为"全然"的自己，是最幸福的事情，是一生的得其所哉。

这是我对自己，对孩子们，对所有人的祝福：成为全然的自己。

这里面有一种剥离，就是对成为"最好的自己"的剥离。"全然"的概念，应该能够超越"最好"，因为"最好"这种定义，是外在定义，也许意味着一种危险，意味着自己的内在定义会被外在定义左右。

而"全然"，才是内在自足、自我实现的圆满境界，是我们追求的方向。

因此，最近一些日子，家里面的精神文明建设，是"随喜心"的建设。哈哈，不仅是当前，这也是我们一生的功课。当前，是集训期。小孩子在成长的时候，我们能够吃惊地看到，他们的身体成长得飞快。其实，在肉眼不可见的领域，假如我们的心灵能够敏锐地察知，就知道在身体成长的同时，他们精神世界的建构也是飞速的。

这种时候，积极地指认情绪，正面笃定地引导，智慧地训练，真的非常重要。我通常认为，这些都胜过知识型学习，比孩子更早地学会数学、双语，考过钢琴十级更为重要。

负能量小妖怪

放学路上，小姐俩在车里争执起来，原来是姐姐跟妹妹开玩笑，把妹妹的小鞋给脱了，塞到了妹妹够不到的地方。

妹妹怨声大作地告状："呜呜，妈妈，姐姐把我的鞋子给拿走了。"

姐姐在一边赶紧解释："妈妈，我在和宁宁开玩笑。"

这种小摩擦时不时发生，我不想每次做裁判。边开车，我边转脑子。宁宁一定有点小的负能量，或累或饿，或在幼儿园有不开心的残留。否则一到车上，无论姐姐跟她怎么逗，都会很欢快地回应。

本来每天放学后不是直接先回家的心心，就是为了等着逗宁宁才一路跟车来的。然而，今天满心欢喜跟宁宁逗的心心，一下子撞到了妹妹不良情绪的风口浪尖上。宁宁这会儿一定被负能量小妖怪给霸占着，转眼间，哭声、投诉声大作，甚至双脚朝姐姐蹬了起来……

"啊，妈妈，宁宁不识逗，开始蹬我了。"心心也忍无可忍，化嬉戏的心为怨念。

趁着红灯，我在后视镜中看着她们。"心心，不要和小妹逗了，还给小妹她的鞋。""你们别闹了，车厢里太乱了。""现在妈妈也有点累，开车需要专心。""宁宁，姐姐把鞋拿走有什么了不起，一会儿下车就还给你了，不要喊叫了。""心心，叫你先惹她。"……种种直接反应的话，就像弹幕一样，在我脑海中闪烁。

我紧闭着嘴，提防弹幕脱口而出。当妈妈是一种修行啊，我已修行到时刻以一种观察的眼光看待当下，看待我和孩子在一起的场景。我的心会飞出场景，去看自己和孩子的现场电影。在任何和孩子的互动中，我观察，思考原因，找解决方案，而不再完全采纳第一反应。

"呜呜……"我开始边开车边发出如泣如诉的声音。果然，因为好奇，她们两个在后面的各种怨怼声音，音量调低了，她们都在侧耳倾听。

"我是宁宁的小鞋子，我现在找不到宁宁的小臭脚啦——虽然很臭，我还是觉得很香的小脚。谁来帮帮我？我没有腿啊，我也没有脚啊！我没有办法自己走路啊，都是跟着宁宁的小脚我才能走路的！"我发出夸张的动漫声音，不断渲染这个故事。

她们两个在后面全都哈哈笑了起来，仿佛听到负能量小妖怪"噗"的一声烟消云散了。

我受到鼓舞，继续创作："啊，我是宁宁的小鞋子，我想祈祷神仙，让神仙帮我长两条腿，长两只小脚。有了自己的小脚，我就再也不和宁宁分开了，我要跑着去找宁宁的小臭脚。你们说，我为什么一定要去找宁宁的小臭脚啊？"

"因为你喜欢闻那个臭味，你闻着香？"心心边回答边乐不可支。

"因为小鞋和我的脚是好朋友。"宁宁肯定地说，心情雨过天晴。

然后，不需要我说话了，她们两个因为这个开头，犹如被引上铁轨的列车，一组一组关于小鞋和小臭脚，以及小鞋自己长出小脚的对话，哐啷啷脱口而出，不断地丰富，一直到家。

下车时，宁宁的小鞋终于和她的小脚会合了。好一场"生离死别"的相聚，宁宁感恩得不行，完全感染了小鞋子的愉快心情。

边下车，她边说："啊，妈妈，我饿死了，我非常非常饿。"就知道是这样。

晚饭后，我喊心心过来，问："知道今天你和宁宁逗，她为什么不开心吗？"

"嗯，因为她当时心情不好吧。"心心很明白。

"所以，下次看到小妹或者别人心情不好时，不要去试图开玩笑。那种时候，对方会误会那个玩笑，会借题发挥。"

"好的，妈妈。不过可以给她讲故事是吧，在她不开心的时候？"

"是的，讲她想不到的故事。"我亲了亲心心，我亲爱的大女儿。

是的，当我们成年人被负能量小妖怪跟上时，我们应该怎么办？困了就得睡，疲劳了就得休息，饿了渴了就得吃喝，寂寞了得找朋友、看书、听音乐。总而言之，无非"满足需求"加"转移注意力"。

然而，当"满足需求"必须滞后时，"注意力"是我们最值得好好打理的个人资产。迷宫的左面是"万丈悬崖"毫无出路的时候，调整注意力，可能右边就是迷人森林中的蜿蜒小路，能指引我们走出险境。说句夸张点的话，我们一生的质量，是由我们注意力的品质决定的。

很小的时候就学到，不要在情绪的迷宫中七弯八绕、自我封闭，而要靠特别灵动、特别有创造性的注意力，让自己从情绪轮回中超拔而出。

正如向日葵，在默默地寻找太阳的光芒。

调整注意力时，要特别约束注意力沿着爱的方向，朝太阳的方向而去。这是爱的能力建设，是爱自己、爱他人所必需的能力。

有一次，我率一行15个大大小小的朋友开车去国家公园，可是车坏在路上，满车的大人紧张，有点沮丧。我却兴奋不已，从救援车拖行开始，愉快得像经历一次云霄飞车。满车的小孩子等修车时，一拥而下，欢呼雀跃，迅速把一个荒凉的修理店周边变成了儿童游乐场。所有的大人朋友也都慢慢松弛，安于这一段小插曲。那是很好的一次体验，兴致勃勃地去经历不利的变化。

是啊，也许事情不像我们计划的那样，按部就班，无惊无险。然则遇到任何变化，当成解一道题，当成玩一局棋，把各种偶遇当成生命中有趣的插曲，及时调整注意力，在各种不便、不足的"现实条件果实"中，榨出有趣的"生命汁液"。

这是必须的。

我时时刻刻提醒自己，有机会就和孩子们一起练习。这就像妈妈带领孩子熟练掌握骑自行车、打羽毛球、下象棋、玩滑板一样，也要带领孩子熟练掌握击溃负能量小妖怪的各种技巧。

这也是自小要建设的能力，重要性甚至在学习之前。

因为在信息爆炸的时代，学习注定是终生的事情，不是在童年一蹴而就的。然而，建设对付负能量小妖怪的能力，可是终生保持幸福的大事啊。

我疼爱孩子到了这样的程度，因为舍不得他们可能在未来遇到坎坷、挫折、逆境时过于负能量，过于慌乱、沮丧，甚至一蹶不振，所以，我在自己经历这些的时候，总是哈哈笑着给孩子们看，总会仰着头微笑：这没什么，只要爱的人都在四周，只要太阳还高高地挂在空中，一切都是悬而未决的因缘。而且，与其眉头深锁，心事重重地面对，不如面带笑容，直面因果，付出努力，淡看得失。

作为妈妈，我会祝愿孩子们顺利、吉祥地度过安稳的一生，但不可能没有任何的风吹浪打。怎么可能如此奢望？所以，遇到任何不顺利，我的心态都有很强的掌控力，我的注意力都在变化带来的有趣选择上。

还有一次，儿子9岁时，国内第一次有端午假期，我们无计划，就开车去了泰山,可是发现所有旅店连民宿都客满,大半夜无榻可下。儿子有点紧张了,孩子爸爸也有点搓火。

我却兴致勃勃:"好吧,大家找个超市,买两床被子,把车后座放下,我们露营吧。"我们的 SUV 就那次派上了用途。

睡得不舒服、起得早有什么关系:"哈哈,太好了,来得及去看泰山的日出!"

现在,儿子也是一个遇到事情,有时会先说"啊,这没什么"的人。当然,还不是完全稳定,还需要经历自己更在意的事情。比如前些日子去路考,两次不过,他就沮丧了,对考官有点怨气,所以还是需要我的建议。我就相当于陪孩子练球,不断喂球,越来越高级别地喂球,直到把他们都成功地引领为能够和负能量小妖怪独立周旋的勇士。

我期望,未来当孩子长大,遇到各型各款的负能量小妖怪时,在他们能够熟练地调整注意力时,妈妈调皮的、兴致勃勃的脸,能成为他们心念中的一个标签,像太阳一样,总是光芒闪耀。

我们做父母的,这一生都不会完全外在于孩子。他们会携带我们性格习惯的很大一部分作为原始资产上路,如果不留意训练砥砺,就可能会形成关于未来幸福能力真正的"贫富差距"。

妈妈是太阳。越多太阳能量的妈妈,越会给孩子丰富的、正面的乐观情绪。

哥哥也是太阳

我经常和儿子配合，对女儿们进行欣赏式引导。

小孩子用英文写作比用中文容易很多。正如中文字如果不会，我们小时候就用拼音代替文字，英文本来就是字母组合，且有一定的发音规律。

某天，刚上一年级的心心晚上露出诡秘的神色，悄悄躲起来，说要写文章送给妈妈读。她躲到洗手间台子边去写，花了很长时间。她不仅写出来，还写了两篇。

在厨房忙碌的我，只听到她不断纷飞的愉快歌声，就像专心哼唧着玩最喜欢的玩具，和我一样特别享受写作的过程。

第一篇可以理解为女儿给妈妈的情书：

"My mom is the best, I love my mom, my mom can make good things to eat, my mom take me to the Disneyland.She help me for my homework daily.My mom teach the daily homework daily."（我妈妈最棒，我爱妈妈，我妈妈能做好吃的，带我去迪士尼。她每天在做作业的时候帮助我。她每天教我写作业……）

还配了图，把妈妈画得跟公主似的。哈哈，我们为孩子做的事情，孩子就是储蓄罐，一点一滴都记着呢。

第二篇是个故事：

"If you give me some shopkins, I am gonna want some more.If I do not get some more shopkins, I will want a dog! Do you like this story？"（如果你

给我一些 shopkins，我还会想要更多。如果我得不到，我就会要一条狗狗！你喜欢这个故事吗？）shopkin 是一种小玩偶，像宠物小精灵。

哇，我每天训练我家狼狗多多，是艰苦的经历。亲爱的心心，为了跟我要更多的小精灵，居然用再要一条狗狗威胁我！简直是"家庭恐怖主义"！

她还专门在下面标了"yes or no"让我选择。她是个心细如发的孩子。这些都是给妈妈的惊喜。

总的来看，这些小文句子简短，写得不工整，有很多拼写及语法错误。可是我一点也不去纠正她。我把她揽在怀里，喜滋滋听她读，在错词乱语中分辨出所有的句子。

早餐时，又请她读给哥哥听，并委婉地用眼神调整了差点要指出拼写错误的哥哥。写文章，多么需要细节的工作啊！要写对词，用对语法，注意标点符号，注意大小写，还要有趣味、有文采。如果一开始被要求面面俱到，纠结在细节的改进上，足以吓得人不敢动笔。

这世界上真正有趣的工作，都始自兴趣。从兴趣出发，以牙牙学语的热情和不倦写作，不管说出的话多么颠三倒四、只言片语。开始很重要，将热情保持下去更重要。比细节更重要的是兴趣和热情的燃烧与保持。

哥哥意会，立刻调整指导欲，变为换了角度的赞美："啊，心心，画配得也很好，写得很长啊，都表达清楚啦！自己不会的词，也能想象着拼写出来！哈哈，虽然不准确，但基本能识别，真不错。以后心心认识的词越来越多，一定会写得更准确！"

心心愉快得像早晨带着露珠的小花。无条件地接纳，欣赏式引导，亲爱的儿子，我们配合得真好。谢谢你和我一起，我们一脉相承。每个孩子也可以是别的小孩子最好的老师。同辈间的影响和教育，是孩子所受教育中非常需要的有机组成部分。

　　记得我自己七八岁的时候，一天醒来，看到柜子上有张纸，上面工整地书写着："书山有路勤为径，学海无涯苦作舟。"字迹刚劲有力，气势磅礴，旁边还画了一幅小画。白天才知道，是放假回家的表哥写给我的。我爱不释手，夹在书中，揣摩十数年。其实这种政治正确、说教气息浓的话，如果是父母说给我的，估计会像所有的名言警句一样，有种天然的塑料味儿，会被我束之高阁。但是表哥是什么人？只要放假，就带我们几个小孩儿在田野间狂玩儿，在后院里做各种手工，高兴了他就摇头晃脑地读诗，深深沉浸其中。这种大了六七岁，能力强上一大截的同龄伙伴，像偶像一样吸引小孩子跟随和模仿呢。

　　妈妈是太阳，要多多地帮助孩子找到各个闪亮的小恒星，一起用光芒来彼此照亮。

小孩子共同体和大人超级大国

多子女的家庭关系中，小孩子共同体和大人超级大国是两重关系。

我家小姐俩大部分时间是小孩子共同体，蜜里调油、你侬我侬的关系。但是争执起来，吵闹不休，甚至动用武力，也是有的。

比如这次，两个人一起玩儿，争执东西，宁宁跟姐姐抢夺，姐姐心心一怒之下，出手扒拉宁宁，手没控制好，一下子把宁宁的左眼下眼睑给弄破了，左腮帮也划了道痕。然后嘴硬不道歉的心心被爸爸虚张声势地空踢了一下，又被哥哥约谈……整个人猫一样杳无声息地躲在楼上疗伤……

我回家时，听说事件，看到宁宁边拿着塑料冰袋给自己冰敷，边跟我倾诉过程，情绪平稳。我赶紧找心心，把她抱在怀里，陪着她，直到内疚、委屈等情绪得到深深理解。

这种时候，"打"人的比受伤的还疼呢。就不提爸爸虚张声势的凌空飞踢了。虽然爸爸的飞踢只是想雷声大雨点小，徒有其表地震慑，可是对于心心这么易感的孩子，会引发愤怒、无奈和深深的委屈。处理"问题锁"，愤怒是把不适配的钥匙。

我就用"怀抱"来处理，我相信在心心自己的情感世界里，一定有对妹妹的爱和负疚。这些不一定在嘴上，但在心里。尽量不用裁判的力量去裁夺这种天然的情感，不去人为地制造嫌隙。

整件事中，我看到时，宁宁相当平静，爸爸也一副事情已经处理过了的样子。想必宁宁曾经大声哭诉过,看到爸爸制裁了嘴硬着一直声称"我不是故意的"姐姐,实现了彻底的平衡。哥哥已经进屋学习了。

只有一个心心。被宁宁抢夺了东西的怒气没代谢出去;失手打重了宁宁的内疚没代谢出去;还有虽然没被爸爸踢到,却被气势吓到的委屈没代谢出去;被哥哥谈话,处于被批评地位的无奈没代谢出去。

"心心,来找妈妈。"我柔和地招呼她。她在楼上抽噎着的呜咽调子,调大了音量,变成哇哇大哭。声音慢慢从楼梯上滚下来,一下子扑进我的怀里。

我就这么抱着她,抱着她的怒气、内疚、委屈、无奈和哭泣。仅仅抱着,啥也不说。

妈妈这个怀抱,是第一个容纳她的怀抱,有她熟悉的心跳,有她熟悉的气息。我相信这个怀抱的力量。这种绵长柔软的力量,当她坐进来时,是她的庇护所。

这个怀抱,是她的怀抱故乡。将来无论她拥有多少拥抱和怀抱,妈妈这个怀抱,是无可替代的。抱着她,我觉得此刻珍贵。我们用怀抱交流,每个细胞都紧密地连接在一起。如同云团着云,雾黏着雾,水融入水。

渐渐地,微妙的化学反应发生了。她平静下来。我们开始做鬼脸玩自拍。宁宁也跑过来,顾不上冰敷了。

这时候我轻轻跟心心说:"看小妹的脸也没啥大问题,就是离眼睛太近,有点危险。下次要注意哦。"

宁宁大声说:"我没事了,姐姐!"心心轻轻点点头。

事情就这样过去了,一会儿她俩又腻到了一起,成了小孩子共同体。

这件事情的经验是，这些"小孩子共同体"一旦发生矛盾或者摩擦，我们"大人超级大国"不要过度反应，特别是不要趁机发泄自己的情绪，一定要克制，寻找好的介入点，尽量不要上来就简单粗暴地干预。外力干预会使小孩子共同体的内在平衡机制复杂化，使得很多"一过性"争端、"瞬时性"愤怒被强化。其实一些局部摩擦、小型走火，特别重要，能帮助小孩子自然厘清彼此相处的模式、界限、各种力度，是非常好的人际互动试炼。

小孩子争打，无非两种情况：

1. 没有严重的后果。
2. 有严重后果。

如果是第一种，我们直接谴责一方，或者简单惩罚，可能造成不必要的怨恨和计较，使得本来可以自消自灭的争执过程，留存成潜意识的提防和警惕。这个适用于我家上述的情况。

如果是第二种（当然这种概率比较小），一旦酿成严重后果，不仅要帮助被伤害方摆脱伤害的后果，也要及时疏导"加害者"的情绪。因为年龄小，对由愤怒引起的力度掌握不自如，容易被愤怒控制。这种又怒又怕的心态，也是"加害者"的小地狱。因此，也要把小小"加害者"从地狱解救出来。

我们大人过着平淡如常的生活，尚且会在一天之中，有若干次情不自禁被愤怒、焦躁、无力感控制，何况小孩子？他们来到人间，不仅被物质世界环绕，也深陷于小小的情绪世界。一天之中，他们如我们一般，被正面情绪、负面情绪交相环绕，不断起伏。面对孩子的负面情绪，我们如果都用愤怒、暴躁来解决，就是最差的方式。大人不必做小孩子的对手，因为胜之不武。而且，从长远看，没有胜的可能，被压制的小孩子也会成为一个暴躁易怒的大人呢。

如果他们出示了"冷兵器",我们就用强大的"导弹"——如果是这种逻辑,孩子们就会学会不断升级他们负面情绪的当量,来和我们、事件、他者对抗。

如果他们出示了十八般武艺,而我们只是以太极云手,缓慢优雅,全无火气地过招,不以胜负论,就会帮助他们卸掉情绪包袱,扭转负面情绪。

大人超级大国要有超级大国的风范、责任心。

哈哈,不过话虽然说到这里,我也不会问责孩子的爸爸和哥哥。每个人在事情发生一刹那的表达力和处理力,是他当时情绪、理智、体力多重作用的结果。家庭成员之间,偶尔互相承受,本来就是应有之义。环境、家庭本来就是每个人命运的一部分。我们能够调整的不多,能做的是从自己出发。对我来说,从自己出发,就是多观察,多接纳;少指摘,少焦虑,少指手画脚。

做一个更健康积极、有责任心、有智慧的大人超级大国的成员,特别是妈妈,就是好好地从自己做起,调整到好的状态。

妈妈是太阳啊,是光的来源,是热的起点。共勉啊,妈妈们。

人微言轻的小孩子

宁宁去小张叔叔的农场疯玩后,路上让我看她的小指头:"妈妈,你看。"我一看,安慰她:"划破啦,没事,一两天就好了。"

她一会儿又去问爸爸,她爸爸更神,根本没看到小拇指,看了看无名指,说:"没事啊,宁宁。"宁宁无语了。

一直到晚上要睡了,又和爸爸说:"爸爸,看看手,手疼。"爸爸这才又看。一看,才发现小手指扎了根刺,黑色的,就是一开始被我误看成小口子的。

全部动员起来,爸爸拿了针,我拿手电聚光照着,开始挑刺。之前我对宁宁说:"宁宁,挑刺会有点疼,但疼一会儿,如果不挑出来,会一直疼的,手还有危险。"

宁宁点点头,特别懂事:"是,刺得拿针挑出来……"

然后,爸爸拿针开始挑,宁宁咬着牙关,呼吸越来越粗重,可是也没哭,一直忍着。终于,刺挑出来啦!

手电的光无意中挑高,看到宁宁鼻子和嘴唇上面的皮肤,一层汗珠……这孩子,真能忍。

一个人微言轻的小孩子说话,到底要多少遍,我们才能真正摆脱粗心、经验和刚愎自用,重视起来?一个小小的3岁孩童,到底要多能忍受忍耐,才能渡过每一次小小的劫数?

"妈妈,我们给仙人掌挑刺吧?"第二天开始,宁宁成了挑刺专家。可怜的仙人掌。这人微言轻的小孩子,只能用移情的奇思妙想,来消化自己的窘境，引领妈妈的注意力。

再人微言轻的小孩子，也会巧妙地成为我们和世界的主宰，他们是柔和弹性的精神团子，他们是生长着的未来。

妈妈必须是太阳啊，照耀着万物，光芒抵达细微之处。

是的，作为孩子的妈妈，事务数量巨大，令人发指。家务、工作、爱好、情感、阅读，孩子的林林总总、自己的朋友圈子……时间常处于膨胀状态，还总有各种各样的事情加塞儿进来。

"你顾得过来吗？别贪多嚼不烂。"一位长辈很"中国式"地劝慰我，意思是让我以孩子为主，多做减法，话糙理不糙。

我微笑着回答那位长辈："所以妈妈要愿意观想，是千手观音，愿力无穷，神通无碍。"

其实，太阳有无穷的光芒，比千手观音的手还多呢。

心心的外宿

在美国，sleepover（小孩子去别的小朋友家过夜）是项传统活动。

起初，我和心心商量："心心，妈妈周末有个会议，但是和开心阿姨说好了，你可以去她们家里住一夜，周末和桐桐姐姐、二宝一起玩一天。妈妈晚上会接你回来。"

本来很盼望有外宿机会的心心，事到临头先是犹豫，说舍不得妈妈，腮帮上很快滚下两滴眼泪。

我的风格历来是不劝的。比如，苦口婆心地说去了将会多好玩儿，妈妈开会忙，没时间陪你……这类客观事实我都不赘述，我习惯简单明了。

我亲亲她，说："妈妈也舍不得你，你再想想，你要是不愿去，就留在家里。妈妈开会的时候，你可以陪妈妈一起，也可以自己玩儿，不要打扰妈妈就可以了。"

这样，决定权就留给心心自己了。我从不会强迫孩子接受大人安排的行程。他们有选择权、决定权。

心心在我怀里腻了一阵子，又跑到书架前看了会儿书。然后我们安静地吃了水果。

之后，她下了决心，平静地跟我说："妈妈，我想去阿姨家了。我可以试一下，晚上和桐桐姐姐睡一起，不和妈妈睡。我想我可以的。"

心心下了决心，就开始将自己过夜活动的所有用具收拾进小拉杆箱里……

晚上，开心阿姨和桐桐、二宝就来接她。自己做了决定的事情，也没有啥可留恋，心心和我平静地说再见了。这是美国孩子成长中都会经历的sleepover！到小伙伴家外宿！

当晚看开心阿姨发来的照片。

她很好地执行晚上的顺序，洗漱，阅读。重要的一个节目是和桐桐姐姐挤在玻璃窗上，远远地看迪士尼乐园的烟火秀——这是个福利，和迪士尼乐园离得近！自由的时光特别肆意，她们兴奋得直到12点才睡。

第二天，阿姨家有丰富的节目，大家还一起游泳。我收到了很多照片，都特别欢乐。晚上，我去接心心的时候，她一脸不舍地说："啊，妈妈，我还不想回去。我想再睡一夜。我和桐桐玩得好开心啊。"桐桐和她扭股糖似的绞在一起。

呵，尝到了局部自由的滋味哦。我特别平静地跟她说（大家注意，鉴于我对孩子的了解，我知道对付这个精神亢奋、极其留恋，然而又困又乏的小人儿，我必须选择的唯一方式，就是条理清楚，平静柔和）："亲爱的，我们下次再约。这次的计划就是一夜。妈妈也很想念你啦。"心心只好跟大家说再见，上了车。车子奔跑在夜空下，很快汇入高速公路的车流中。

果然，这个又困又乏的孩子，负能量开始发作：

"妈妈，你着急催我走，我都没吃饱。刚才是小朋友先吃的，以为大人吃饭的时候，我还能吃一点，所以安排我们吃的时候，我就吃了一点。"她语气哭哭啼啼的。

"亲爱的，如果到家还饿，妈妈再给你做些东西吃。"

"可是，我不喜欢在家里吃，我喜欢吃别人家和餐厅的饭。你做的东西，老是重复，我吃够了。"

"啊，妈妈最近两周晚饭做菜都没有重复过啊，你都吃得很香呢。"

"可是，你早晨总是煎鸡蛋，我不喜欢了。"她的哭声越发响亮。

我知道此刻不是讲理的时候："好吧，亲爱的，明天早上，妈妈不煎蛋，我们煮蛋好吗？或者，我们吃别的。"

心心一波未平一波又起，开始说外宿的坏话：

"我昨晚睡得不好，我们12点睡，6点就醒了。我中间还醒过几次。桐桐姐姐老把腿压到我身上，胳膊还砸我。"

"你不是说和桐桐姐姐过得很开心吗？她也不是故意的，就是睡眠习惯吧。心心，你现在一定很困很乏，所以你想到的事情都是不开心的。明天在家中一觉醒来，你心情就会好起来。"

"二宝还撞疼我了。"又开始投诉3岁的弟弟。

"嗯，他还小，不知道怎么掌握表达的分寸啊。"

我就这样一句句奉陪着，听她哭哭啼啼、怨念发作，我不说一句责怪、判断的话。

人累的时候，是没有道理可讲的。负能量也得有出口，疲劳困倦聚集的负能量，是可以用一夜酣睡集中歼灭的。

而做妈妈的，在这种时候，就是要提供一个精神上的大怀抱。我想起了宁宁剪发事件，我当时要的就是时间和休息，此刻的心心也是，我最好平静柔和地听她絮叨幽怨。

我曾目睹一个女友，在孩子玩得又困又乏的时候，不断教育孩子："你玩了一天，还不开心，下次就别想我再陪你一天，我还累呢。"如是如是。当时，我就抱住了女友，笑嘻嘻地说："你也累了，我知道。"

就是这种时候，道理要退位，辩论要偃息。累和困乏是生命体经常遇到的状态，所需要的不是任何理论，而是包容和休息。

当然，要想让孩子慢慢建立"累品"（累了时候的人品），正是需要此时此刻的经验。先被我们无条件容纳理解，在孩子电力充足之后，能量充沛之时，可以再讨论、回头看，这也就是"秋后算账"。

心心怨着，絮叨着，哭哭啼啼地在车上睡着了。

到家里，我喊哥哥把小妹从车上抱了下去，直接扔到床上。心心一觉睡到次晨7点，欢欢喜喜醒来了。醒来就晴天了，笑呵呵的。

我们洗漱，吃早点，边吃饭边聊外宿有趣的事情。分享完所有有趣的事情，我表示了足量的愉快后，要进入"秋后算账"模式了。

"亲爱的，妈妈知道这次外宿，由于你们晚上睡得太少，你特别累。所以昨天晚上在车上，你一直因为疲劳而不开心，是不是？"

"嗯。"心心低低回答，有点点羞愧。

"特别累的时候，如果不注意，脾气是会冒上来。开心的事情会被挡住，不开心会冒出来。我小的时候也这样。""妈妈也这样吗？"

"是的，小时候特别累了，爱耍脾气。慢慢地，我发现，累了后发脾气是不太好的习惯。最好的方法就是快点休息，少说话。"

"嗯，我也会慢慢地注意。"

"累了的时候，不注意不开心的事，不说别人的坏话，对于和自己玩的人，对于桐桐姐姐、二宝、开心阿姨、花生叔叔，要保持感激，即使有些事情不合自己的心意。这也是外宿的一个好的地方，不仅能玩儿，还能学会感恩。自己的心意，有时候有不考虑别人的地方，可以趁机仔细看看，认识自己，注意自己，变成更好的心心。""好的，妈妈。我下次外宿会注意的。"

好的，亲爱的，不急，慢慢来。我们都是通过问题一点点成长的。

善始善终

有一段日子，宁宁跟着她爸爸回北京探亲，心心、儿子和我相依为命。失去了小妹伴侣的心心，整整一周，都很有自我组织的精神，阅读写作、起床吃饭、洗澡睡觉，都非常规律，周末特别奖励去一个 pumpkin patch 玩儿。

pumpkin patch 不知道怎么翻译，就是每到万圣节，全美各地都会圈地建的小南瓜游乐园。今天我们选的，就是摆放很多南瓜，还有万圣节元素的淘气堡。占地不大，有两个足球场那么大。

出发前，就拉了勾勾，心心答应不在玩完了之后撒"疲惫疯"，保证"累瘫"。

"妈妈，我们拉钩，一百年不变。我再也不玩完了之后就哭闹了。"

"那如果你没玩够呢？"

"我会跟妈妈说，下次再来的。"

"没玩够为什么不能一直玩够了再走？"

这问题有点深，心心想了一会儿告诉我：

"因为所有的事情都有时间，比如我们上课，我们下课，都有时间限制。"

"对，你想得很好。我们一天的精力、体力都是要合理分配的，不能老是特别兴奋，也要懂得休息调整。所以，我们要合理利用时间。那么今天，你就体会下时间吧。我们定一个时间，玩两个小时怎么样？"

"妈妈，两个小时有多长？"

"就像你上午的课都加起来一样长。"

"啊，太好了。妈妈，一个小时的时候能不能提醒我一下？"

"好的。"

"妈妈，我再也不会玩完了就哭闹了。我保证。"心心继续充满正能量地说。

"心心，我懂得你现在很想做到最好，也相信你今天会做到最好，做到善始善终。但是，以后可能还会遇到有点不开心的时候，你记得随时提醒自己就好，争取慢慢地做到每一次的善始善终。"

"妈妈，我真的会。我下定决心了。"她特别坚定。

"任何事情，有开始，就会有结束。在开始的时候，就设计好结束时候的心情，是很主动的能力。我相信，你会做到。那么，你可以想一想，我们还需要带什么，可以玩得特别专心，不被需求打扰？"

"带水和吃的吧！"她英明建议。

然后，她真的做到了。

客观条件是，天太热，整个南瓜乐园没几个小孩儿，几乎相当于包场，连小火车都是一个人坐的。心心以强大的热情，在各个淘气堡间独自探索，那些通道几乎都烫脚！我把自己的帽子让给她，她小脸晒得通红，感觉都晒走形了。

从家里出去时，她披着个五星红旗披风。自从前天在壁橱里发现这面国旗，她就在家里披来披去，今天坚决要求披挂到南瓜乐园。嘿嘿，我和儿子陪她在外面吃早餐时，都跟视而不见一样。反正，无论她自己选择什么，我们都抱着平常心。想想在洛杉矶披着五星红旗披风，真是酷透了。

后来热得她把心爱的五星红旗披风给解了，浴汗苦玩儿。淘气堡都不可以穿鞋，她光脚烫得不行，又有沙土划脚，脚都破了，还坚持玩儿。小孩子玩儿的时候所爆发出来的热情、坚持和专注，真是令人佩服。成年以后，能把这份热情平移到事业上的人，就会是乔布斯、比尔·盖茨吧？

后来，我提醒她，时间过去了一半。

她差不多都玩儿遍了后跟我说："妈妈，我们节约下一个小时？今天太热，我们回家吧。"

小脸晒得通红，热空气折射中，照片也有点走形。

"好吧。"我们欢喜平静地上了路，这次还真的善始善终。路上继续和我讲条件。

"我回家可以看会儿电视吗？""可以啊，看一个小时。"

"可是，家里的表我不会看。"

"嗯，我们路上去日本超市买个小闹钟吧。妈妈教会你定时。"

嘿嘿，就这么执行了。路上花 1.5 美元买了个小闹钟。时间管理和项目管理，就这么简单地开始了。所有的管理，都可以从利益上开始。有利益，有心之所向才有管理，逐渐可以泛化到生活各个层面。

逐渐建立日常时间表。日常时间表外的时间，是自由和增值。日常时间表内的时间，是学习和担当。

"妈妈，下次我们什么时候再来 pumpkin patch？"

"等宁宁回来时，你们一起玩儿吧！"

"好的。那还会这么晒吗？"

"这是个好问题，宝贝。你可以总结一下，今天玩得有什么不便，我们看看能不能改进下一次的安排。比如上午太晒了，我们可以选择傍晚来！"

"啊,可以吗?那么我的脚划破了,可以穿厚袜子来;不让穿鞋,我们可以穿袜子啊!宁宁就不会像我一样划破脚了!"

哈哈,真好,还会总结得失。养成这种习惯,每次参与任何项目,都是一个总结、回顾、完善的流程。最好的善始善终,就是能总结得失。

"好的。可以记下来。"

可最后,还是留了个小的遗憾尾巴。

话说和平地回到了家里,我开始给她炒米饭。

大概是有点饿,累劲儿也泛了上来。她边等边哭唧唧"毒舌"我:"我不想吃你做的东西,想吃爸爸的。你做得好难吃。我想吃西红柿米饭和辣白菜。"

完全罔顾每次吃我做的饭都香喷喷一大碗,而且她点的明明是我做过的食谱……我心里哀叹一声,母慈女爱的时间段又结束了!果然又应了上面我说的,有开始就有结束。哈哈,我非常平静、非常直接地说:

"心心,我知道你想爸爸和宁宁了。累了就会特别想亲爱的人,不知道怎么表达想的时候,就会发脾气……妈妈和爸爸确实不一样,是不可以随时点餐的。特别是现在妈妈也累了的时候,就简单做一点吃。我会吃我做的饭,你如果不吃,就选点水果和零食。你如果吃,吃完后,请把桌子清理干净,碗放回厨房水槽。我吃完会上楼休息。还有,你这样跟妈妈讲话,虽然是因为你疲倦了、想爸爸了,但也非常不合适,有点'毒舌'。你这么说话,会伤我的心。今天,我觉得你自己能够在玩的时候善始善终,兑现了你的决心,不错。以后希望你把这个决心多坚持一会儿,就不会有现在的情绪。"

我直接吃完,上楼,睡觉,留她自己在楼下。

楼下已经是整个反省区。

再补充一句，孩子爸爸对待吃饭，极其郑重其事，重视孩子的随时点餐，时刻准备着为孩子们的饮食心意而动，十分有奉献精神。但是，也确实在饮食领域构成了溺爱，使得孩子形成了一种饮食选择控制权。

等孩子爸爸回来，我们要谈谈，喂养也要有点纪律。父母的劳作，孩子要懂得感恩、接纳。把点餐权交给孩子，孩子要懂得这是有空闲时的选择性计划，而不是一项权利，不是可以时时执行的。

育儿事大。桩桩件件，都由小见大；事事由由，都可能指向遥远的思维方式和情商习惯。不可不察。

后来，悄悄观察，心心自己香喷喷地吃了一碗米饭。收拾利索了，上楼侬偎在我旁边午睡了。

为免尴尬，她找了个借口，哭唧唧接近我："妈妈，刚才我吃饭时，牙被硌疼了。"

其实，她吃完已经半小时，才上楼来。

"啊，宝贝，那来一起睡会儿。妈妈给吹一吹。"

这种对于心心来说也算有点羞愧的歉意了，我们小时候也有过的，就不较真了，挨着睡吧。在教育之后亲爱一番，是必须的。

慢慢来，慢工出细活。孩子的成长，是妈妈的细活。

太阳从不催促万物生长，只是用温暖的阳光煨着。

任何问题，都是照耀孩子的入口

哥伦布日，周一放假。给心心报名参加学校组织的自然历史博物馆一日之旅。

早晨出发前，她兴奋地写了日记和期待：

"I am ready to play, I am going to park and I think there will see some animals.And there wiII be a lot of kids, They play and we are going on the bus and we will joyful there."（我准备好去玩啦，我要去公园（博物馆），我想那里可能有很多动物，会有很多孩子在玩耍，我们会坐大巴士，我们玩得很开心。）

短短的文字，有很多的语法错误。我有个原则哦：拼音文字，重要的是孩子喜欢表达，愿意写出来，不纠正，只聆听，只识别。

就这么满含期待去了。等我下午从集合营地把她接回来的时候，心心还蹦蹦跳跳，特别愉快。

"心心，自然历史博物馆有意思吗？"

"有意思！看到了高大的恐龙化石……"她兴奋并喋喋不休地分享。

可回家吃过晚饭后，她又一次陷入情绪低谷，不断说："我觉得好无聊，今天的博物馆一点都不好玩儿。有一个小卖部，老师让我们自己买些小吃时，我也没有带钱，没有办法买。就这一件事情我感兴趣，可是没带钱。太无聊了，妈妈，没意思。"

我看着她，想到她连日经历的多轮情绪低谷。第一次，是去外宿，回来的路上，由于困乏过度，她对整件事一直显现出负面评价；第二次，是去南瓜乐园玩儿，因为有前两次的经验，已经谈好"累品"的问题，也和她一起规划好了玩的时间节奏，所以回程路上都没有问题，问题是到了家里，对于我要准备的饭菜挑剔，出言不逊，非常毒舌，还闹着不吃午饭……第三次，是我带她去儿童博物馆，玩得那么开心，一回家，路上就哭闹……

在不断的沟通和启示中，她在进步，这三次，她进入情绪低谷的时间越来越推迟，也越来越快地走出来。但是，还是有些问题。这三次的事情都说明，她在抱怨和累的时候，没有过任何共情，没有想到周围的人也可能同样累，因而也没有体现出任何感谢之意，感谢外宿时阿姨和桐桐姐姐的生活照料与陪伴，感谢妈妈做出好的安排，全程的陪伴。

愉快经历后，因为累，总结的方式竟然是抱怨，面对很多人对自己的友好陪伴以及付出的劳动，不知道感谢……我默默在心里总结。

我看着一直说"无聊"的她，默默地看着，审慎地没有发言。

必须从母女的小圈子里走出来，请儿子来一起开会了。问题出现，具有非常重要的意义，是我们了解孩子内心世界极其重要的入口。6岁这样快速成长的年龄，一年级小学生所面临的一切，让情感、心智、知识都在快速分解爆炸，每一重爆炸，都会被岁月这棵卷心菜深深地包裹起来，隐藏进情感和记忆的深处，有可能变成未来的情绪回路。

我们共同邀请来哥哥，把事情的经过说给他听，让他作为一个独立客观的第三方来发言。听完了我的描述，也问完了心心的体会，哥哥发言了：

"心心，今天我不能再抱着你和你谈了，必须是你好好坐着，我也好好坐着。我谈谈我的意见。心心，你知道吗？一个人的不开心，会导致很多人的不开心。一个人无聊引起的不开心，也会打扰到身边本来不无聊的人。比如你，就打扰到了我和妈妈。

"其实，今天是假期，你度过了美好的一天。妈妈专门开车到活动集合地点来回接送，帮助你参加活动。我一直在学习，一天都在紧张地做题，头都没有抬起来。妈妈一天都在工作，一点点休息时间还做了很多家务。就是这样，我们也不觉得无聊，我们不舍得无聊。假如我们有了充裕的时间，我们就会安排自己感兴趣的事情，比如画画、写东西、看书，我们根本就不会觉得无聊。所以，你接下来要努力安排好自己多余的时间，对付无聊。

"我知道，你年龄还小，有时候还需要我们陪伴你，但是，妈妈不是每天都陪伴你吗？给你读书，和你聊天，陪你玩儿。你要渐渐学会，不能无限地使用别人的时间，即使是爸爸妈妈的。你要有安排自己时间的能力，学习把所有无聊的时间充实起来。

"在哥哥小时候，没有一刻觉得无聊，太多的事情可以玩、可以注意了。希望你也这样。如果因为白天玩得太累，希望你认识到自己累了，表达累时，不要纠缠大人，不要乱发脾气，洗漱一下，就可以休息，这个是规矩。"

哥哥谈了很多，心心听得很专心，眼泪在眼眶中滚来滚去，最终没有落下。即使是小孩子，不对的事情也必须告诉她清清楚楚的边界，在她触碰边界的时候，一次次告诉她，这样边界才会最终内化。我听哥哥讲得条理清楚，他小的时候，我和他一次次的沟通，就在这些话语里穿行、传递，帮助引导小妹，这是17岁的哥哥重要的工作。这种引导，对引导者本身，也是一种沟通能力和责任心的建设，是又一轮觉知情绪问题的好机会。

哥哥谈完后，得到了心心的肯定，心心做出了要努力的回应，回房间休息去了。

我开始进行温柔抚慰。她仰起小脸看着我，我抱着有点点撇嘴的她。纵然道理都对，被说教了，还是会意难平，何况从负面情绪输出模式，直接进入道理输入模式。

"亲爱的，哥哥说得都对，希望你慢慢做到。在都做到之前，确实有可能还会反复，每次反复我们都会提醒你的。我们会彼此帮助，成为最好的自己。如果哥哥、妈妈做得不好，也要你提醒我们呢，我们互相就像照镜子一样。"

"好的，妈妈。那么，我以后都不可以点自己爱吃的东西吗？"心心想起前几天因为吃东西和妈妈发火，认真地提问。

"亲爱的，当然，你可以和爸爸妈妈说你爱吃的东西。但是要提前计划，给我们时间采购。比如，想吃西红柿炒蛋，你头一天说了，或者提前说，我们就可以买西红柿。每一餐饭的食材，都要提前构思准备，要不然就不可能。在家里吃饭又区别于在外面朋友家里做客，做客的时候，不能随便点餐，要人家准备什么就欢欢喜喜地吃什么。喜欢吃的，也不要特别多吃；不喜欢的，也不要说不喜欢，就说我自己来就好。吃完了饭，一定要谢谢准备饭菜的阿姨，你要怎么谢呢？"

一定要问问题，否则就是说教，有孩子参与才是对话。

"我就说：谢谢，我吃好了，真好吃。"心心直接回答。

"其实，如果你不觉得好吃，不合你的口味，可以不这么说。你可以说：谢谢阿姨，我吃完了，您辛苦了。要说真实的评价，而不是笼统的赞美。那样，有点不诚实。"

"我知道了。家里吃完饭，也要说这个吧。"

"是，因为不管你爱不爱吃，做饭的人都付出了劳动，都是想让大家吃好，所以要感谢。心心，以后，我们可以每天做一个感谢和开心的游戏。看看一天过去，都有哪些人、哪些事情给我们带来了帮助，值得感谢，再看看有哪些开心的事情发生了。我们心里常常感谢，常常注意开心的事情，就会使得坏情绪没有空间进来，就会使得不开心的事情也没有那么让人不开心了。在沮丧、无聊、犯困和不开心的时候，也就能考虑到别人了。"

"我知道了。"

"那么今天，有什么可以感谢的？"

"我们去自然历史博物馆的带队老师特别尽力，一直怕我们走散，还帮我们拿东西。还有很多新的小朋友都很好，我交了好几个新朋友。博物馆的企鹅屋建筑在冰雪之中，特别有趣，很多小朋友都爬进去了。"

"啊，真好，还坐了大巴士，路上有趣吗？"

"路上很好，巴士很高，我们可以看很远。"

"我知道，你有一点点遗憾，因为没有带一点零花钱去买根冰棍儿。下次参加活动时，妈妈可以给你带 10 块钱。任何遗憾，都是很好的提醒，提醒我们在未来改进，是不是啊？"

"是的，妈妈。"亲爱的心心，心平气和地进入了晚间阅读时间。

所有的情绪都被梳理过，做得不恰当的行为也被指出来，她没有听到谴责和同样的发泄，只听到严肃的指正。全家集中注意力，去帮助她调整不良的情绪，这也给了她充足的安全感。

晚上，她偷偷地在我耳边说："妈妈，我爱你和哥哥。"

"亲爱的，我们也爱你。"

次日早上，送完心心上学，儿子严肃地和我说："妈妈，心心的情绪问题必须特别关注。女生，就是会有很多这样的问题。比如有一些女生，就是会议论别人不好的地方，甚至中年了，也会聚在一起讲别人，或者事情的负面。我们要特别关注，想想办法，让她成为一个正面思维、乐观、体谅别人的孩子。虽然现在大部分时间她都这样，但要更进一步。"

"是，要学会以感恩他人来转移只对自己的关注；要学会把注意力更多地分布在有趣的事情上来避免专注于遗憾上；要有总结的耐心以求下次改进，并且缓解这一次的遗憾。你说得对。"

是的，得用热来融化冷，从太阳借来能量。遇到的任何问题，都是我们照耀孩子的入口。

每临大事，须有静气

　　2014年的一天晚上，宁宁和心心在我书房边的沙发上玩儿，儿子在楼上房间学习。

　　只听到咕咚一声，然后哭声大起。

　　宁宁从沙发背掉到客厅地上了。书房地板和客厅地板是错层的，有个落差，这一摔下去，惊得我当时秒跑下去看宁宁。

　　我抱起嘴巴磕出血的宁宁，她知道自己撞得不轻，连哭声都吓得小了下来。

　　这时心心还在沙发背上发呆，被吓着了。

　　儿子咚咚咚从楼上跑下来，心痛地站在我们面前。

　　我示意他递给我纸巾，但他完全看不见，怒气冲冲地对宁宁说："哥哥不是告诉你不许在那里玩儿，会掉下去吗？"

　　我只好打断他的怒气发作，说："别说话，先递给我纸巾。"我抱着宁宁，用手扶住她的小脸："对不起，宁宁，妈妈没有看顾好你。别担心啊。妈妈来想办法帮助你啊。"

　　儿子愤愤地把纸巾递给我，继续疾说："宁宁，下次不许在那里玩儿了。"

　　"她这次摔得这么重，比你这句话教训深。"我不禁轻声地指出来，又用了很多纸巾擦血。"来，宁宁，动动手指头、胳膊，顶顶妈妈。"我怕她摔坏哪里，一直让她动。顺便问心心："妹妹怎么摔下来的？"

心心说："不是我,她自己摔下来的。"

儿子又极其严厉地开始说心心："心心,小妹摔了你也不同情小妹?"

我这时候已经彻底给宁宁擦完,确认是嘴唇部位的外伤,安下心来。

开始观察暴躁的哥哥——他暴躁指责的后面,是对摔了的小妹深深的痛心和怜惜。

然而,他像大多数中国的父母,表达关心、爱、担忧的方式,是攻击和指责。

"儿子,我知道你非常疼惜小妹,可是你怎么会在小妹正痛苦的时候,用这种指责的表达方式呢?她们一个两岁半,一个4岁半,谁能够在这个时候承担责任?责任在我,妈妈是监护人,没有看顾好。"我开始和他谈。

儿子在情绪上已经完全处于备战状态,对我一反常态,反唇相讥:"你也曾经对我这样,我学的。"

我愣了一下,立刻尽量客观柔和地说:"也许像你现在这么大,我会让你承担责任,但是,不是她们这个年龄。但即使是现在的你,如果我不先关心你的伤势,却急着谴责你的莽撞,也是不对的。事后反思却可以。更何况你小的时候,类似的事情,妈妈绝对不可能也不会这个样子对你。"

他小时候最严重的一次事故是被车门挤了手,我当然也是极为心疼,印象深刻,但并没有说:"怎么不把手放好?"我对记忆很有自信,所以不慌不忙:"你看,宁宁摔了,你心痛,然后,先谴责宁宁,再追诉心心,再殃及妈妈。心痛着急,我很理解,但一定要这么表达吗?不能把紧张情绪的压力搁在一边,只是面对这件事情,给所有当事人带来安慰吗？"

儿子不说话了。他是个能转弯的孩子，估计有一点点惭愧了。

我也不穷追猛打。

次日早晨，我发了微信给他：

"每临大事，须有静气。这是妈妈在你即将到来的16岁生日给你的话。"

我相信，宁宁这一摔，是送给她哥哥最好的生日礼物，让他懂得"每临大事，须有静气"的道理，让他懂得即使以爱为名义，不当的表达也是坏事。

几天后，儿子就16岁了，是一个少年奔向青年的起点。宁宁以一个两岁小孩儿的痛苦，给哥哥带来了不可估价的人生礼物。

连心心都有很多收获：无端被指责，看到哥哥道歉以及迅速调整情绪。

宁宁的嘴睡时就肿成"猪拱嘴"，次日也肿得厉害，但去了幼儿园一天后，结了痂，消了肿，快好了。小孩子们总要摔摔打打地长大。

这件事情的收获：一个孩子摔了，三个孩子受到了理智训练。爱，要时刻以阳光之心。

养育界的蝴蝶效应

事情肇始，那天工作很多，密度惊人，上午在一个城市有座谈会，下午在另一个城市开会，还订购了些家具。到5点钟，行事历又提醒我晚上还有个活动，没法推辞。而且孩子爸爸回国了，不在家。

打电话向儿子求助："儿子，照顾下小妹们，我要晚些回去。"那些日子，孩子的大伯在家里客居。我想大伯不方便看顾两个小侄女的时候，哥哥在，其实还好。结果电话中儿子"唉"了好大一声，唉得我心都缩成一团。他说："晚上怎么办？谁来看小妹们？我作业多，这样会写不了作业的。"

"克服一下，伯伯不是还在家吗？妈妈是实在没办法才求助，你怎么能直接就拒绝，而且在明知妈妈一点办法也没有的情况下？"我不禁抬高了声调。到了傍晚稍有些累，有点依靠16岁的儿子。

我回家的时候，已近11点，伯伯在给女儿们讲故事。儿子惭愧地跑出来接受我的情绪。

这时候我已经没有情绪了。

我抱他一下说："儿子，假如你不得不帮助人，请尽力。尽力也包括，用好的态度让不得不求助的人安心，这比帮助还重要。如果你实在不能帮助，也请用好的态度、客观的事实来婉拒，拒绝已经太沉重，如何拒绝是修养。拒绝还可以包括一起寻找替代方案，这样对于求助的人，可以减少被拒绝的无助感。"

他说："好的，妈妈，我错了，我知道了。"

我们就都休息了。

次日，我开车从校队训练班接他回来。

路上，他对我说："妈妈，我的很多同学都很不喜欢他们的家长，他们说：哦，我讨厌我的家长，我想要离开这个家！"

"你呢？"

"我从来不觉得你们是家长，你们是爸爸妈妈。我跟他们讲，我很同情他们，但我很喜欢我爸爸妈妈。"

他眼中闪烁着真诚。

我不禁问他："那你昨天为什么叹气？"

他眼中的真诚瞬间变得复杂。

"妈妈，你想想，没有无缘无故的叹气啊，叹气一定是有传承的，一定是你曾经为了什么事情对我叹过气，然后当我有了类似你当时心境的时候，叹气就成为我的直觉反应。"

他居然滔滔不绝："妈妈，你想，我长到这么大，每一种思想、行为都是在熏陶下形成的，这气不是我情愿叹的，一定有个来源。"

我醒悟过来了，原来他刚才灌迷魂汤，为的是说这个。

"儿子，那么你的意思是，因为过去我在你面前，为了某种不愿意做的事情叹过气，所以，叹气就通过你传导回了我自己？"

"大概是这个意思。"他嬉皮笑脸地说，"我觉得做父母真的很麻烦，最好无为，否则一举一动都会被不自觉地模仿。但是，完全无为，也可能使得孩子变得特别无为、特别懒惰。所以做父母真的很有挑战。"

"哦，那么谢——谢——你——"我挖苦地发这三个字的音，"没想到，不知何时，我叹的一口气竟能够让我的孙辈们受益，使得他们未来的爸爸居然在16岁就在思考如何做有分寸的父母。"

"嘿嘿，这就是养育界的蝴蝶效应。"他恬不知耻地说。

"儿子啊，你已经 16 岁，我希望，你懂得承受父母、他人、朋友虚弱的片刻，因为你在慢慢变强。你注意到蝴蝶效应很好，我会注意，尽量不让坏心态影响心心、宁宁，但我也许还会让坏心态作用到你。我希望你把这些看作实践机会，就像航海中不断克服遇到的风暴。而且，遇到时间冲突、计划冲突，正是考验变通能力的时候。咱们一起努力接受各种挑战，这里是新大陆啊，儿子。"

我太雄辩，他这小子，居然也这样。叫我如何不爱他！

太阳妈妈持续照耀的每一个孩子，都会慢慢地成为一颗有光和热的恒星呢。

混乱早晨的母女博弈记

星期日早晨，观察从宁宁起头，因为她最早起床。

6：30，她醒了，意识到在自己的床上孑然一身，就像个奄奄一息的人，立刻在汹涌的被子波涛里奋力游动，挣脱出来，溜下床，一咪溜，爬到我床上，再一咪溜，小泥鳅一样钻进我的被窝。各种腻：枕胳膊，贴脸，腿架到我的肚子上。

我们俩一句话不说，默默缠在一起，呼吸起伏。现世安稳，大床温暖。

6：45，我起床了。宁宁充电过程完成，脱离接触。

6：50，心心醒了，从大卧室跑过来。宁宁碰到姐姐，两人立刻进入粘贴模式，顶头蹭耳。数分钟后，各自开始穿衣服。

7：20，下楼，到餐厅。心心看到妈妈已经把粥摆好，和姐姐坐在餐桌上戏谑，和姐姐拽桌布玩儿。姐姐拽的时候一个不小心，桌布上的粥"啪"地翻了，洒了半碗在桌布上、餐椅垫子上，以及姐姐的衣服上。

两个人的动作立刻停止了。"妈妈，粥洒了。"心心开始喊我。我在厨房扬声："谁弄洒的？"我那会儿正埋首厨房的脏、乱、差中，像个自由搏击选手，稳、准、狠的出击状态。被隔在抽油烟机排风的轰鸣声中，我的声音自动跳转到高音模式，恶狠狠的声音。

我走到餐桌前，满目一塌糊涂啊。这可是螃蟹粥啊，各种腥气立刻被正陷在厨房善后味道中的我放大。画外音：即使最理智育儿的妈妈，也难免偶尔会变得像个后妈。人非圣妈，岂能无情绪？

她们没人回答我。"为什么洒了啊？"我继续用高声部发音。

只听到宁宁非常委婉、镇定地说："妈妈，粥自己洒的。"

瞬间，我被宁宁拉出情绪沼泽，差点扑哧笑出来，但为了保持威慑力，把情绪表达进行到底，我还是装作停留在高声部："粥又没有脚，怎么自己洒出去的？"

"妈妈，我们刚才看到了，粥里伸出了小腿，逃跑了，还没跑远，妈妈一喊，粥就不敢动了。"宁宁进入想象力模式，对姐姐使着眼色。

我动手开始收拾，把椅子垫放到厨房水槽用水冲，桌布撤下来，心心身上的我不管。那些"不敢动"的粥，被我清理了。

所有深陷家务劳动的妈妈都知道，"心神能耗"最大的，尤其是无预期的家务劳动。比如早起，本来计划在鸟语花香的清晨走走路，忽然发现昨晚刚刚深度清理过的厨房像海啸过后一样凌乱（爸爸起早约了朋友去跳蚤市场，绝早就把厨房系统弄得一塌糊涂了）。其间本来应该自己乖乖吃粥的孩子们，又把食物和餐桌当成游戏舞台，酿造层出不穷的"突发事件"，"人为失误"紊乱突兀地加进来。

"妈妈骆驼"就是这样被杂乱的稻草压垮的。周日早晨优雅、静谧的预期，立刻让路给一个混乱的开始。就像本来预期一个迷人、喷香、热腾腾的漂亮小蛋糕，可是从烤箱拿出来，却是一个面目不清的焦黑团团。

连螃蟹粥都变出腿来，无法无天地跑路。

让我怎么能被宁宁一言逗笑，不予追查？即使我内心已经迅速调整成了深海平静模式，但在沙滩区，一定要让她们看到我持续的汹涌！

"你们拿饭玩儿，不饿吗？不想吃饭吗？"心心摇了摇头，意思是不饿。"那好吧，都上楼。你把衣服换下来，心心。先不要吃饭了，都去反省一下。"

我的声音完全调整到平静模式，但是惩罚模式开动了。总有一些冲突，要动用妈妈权力，非暴力，不对抗，但是启动惩罚。

我把脏衣物全部扔到洗衣机里清洗起来，然后开始研究炒米饭。她们两个听到不给吃早饭了，第一反应是欢呼一声，跑到楼上去"避难"。

儿子此时还没起床，他前一天运动量太大，在游泳时抽筋了。我开始炒米饭。把剩下的清蒸鱼肉挑出来，冻起来，准备哪个早晨做鱼饼。

总之，厨房胶着战进入后半场时，我的心态也开始调整，既遇之则安之，用不着考虑清晨散步消耗负能量之类的。

我有一宝，叫作想想未来。

就是说，每遇到这种杂乱无章山、劳碌不堪海，就想想未来。

未来，孩子们都长大了。已经空巢，收拾过的房子，一星期都不会有变化，每天都像没有翻过页的书本，尘土都能不被打扰地静落书页。

想想那个迟早会来的时候，这一刻，凌乱也会化作缤纷啊。

这样想着，切了红色火腿粒，炒了焦黄的蛋，切了彩椒碎，开大火不断打散米饭，炒了个超级香的米饭。然后我坐下来，喊儿子起床吃饭。给运动过量患者的星期日延缓期结束。

我坐下来慢慢开始吃剩下的一碗粥。

刚上楼的心心、宁宁，完全有种被释放的愉快，短时间被集体作案后的大团结、大愉快控制，各种叽叽嘎嘎，你欢我笑。

一小时后，这一切已经慢慢消失。她们两个开始在楼梯上探头，像蜗牛先把触角伸出来，悄悄露半个脸往下观察妈妈。

我装作没看见。她们无奈，跑到西南的房间去，那里有窗子。我开始极为香喷喷地吃着饭，她们两个在楼上伸长脖子，眼巴巴地看着。儿子下楼了，一坐到餐桌前，就问我她们两个怎么啦。

"犯错误了，正反省呢。还没吃早饭。"

"啊，妈妈，让她们下来吧，我听到她们在说：啊，妈妈在吃什么，好香啊，好饿啊，好馋啊。"儿子说情。

我点了下头。儿子立刻开始做和事佬："心心、宁宁下来吃饭。妈妈炒的米饭好香啊。"儿子起身去盛好两小碗。

就听噔噔噔噔，全下来了。

心心主动到我身边认错："妈妈，我不该在餐桌摆好饭时带着宁宁乱玩，不该把粥都碰洒。"

宁宁也跑过来说："妈妈，咱们不该把碗碰翻。"一旦她代表姐姐和她两个人发言，就会用"咱们"这个小指称，这是宁宁称呼她们两人团伙的专有代词。

"好了，吃饭吧。"我淡淡地说。不去借机教训了，开始忙其他的事。

经历了不珍惜、妈妈拒吃风波的挫折后，吃到的饭果然特别香吧。每个人都又添了一碗呢。

星期日这个弹弓，经常把妈妈像弹丸一样发射出去，四面折射撞击。可怜我鬓发纷飞，喘息未定，抚胸四顾，转念一想，还有本周接连而至的一个春假，相当于还有7个完整的"弹弓日"呢。唉，即使最强悍的妈妈，也难免会有苟延残喘，残生戚戚之感！

还是那句真言：想想未来！

好吧好吧，这春假的一周，把他们全送到国家公园森林中，魔鬼训练，野战拉练，打一场恶狠狠的陪孩儿消耗战！

无论如何，妈妈有节制地宣战，和孩子博弈，是帮助孩子们建设界限的一个办法，也是让孩子们承担责任、萌生独立意识的一个招数。此招数慎用，偶尔用，有奇效。用得过多，就会矫枉过正，产生副作用，让孩子们不仅对妈妈不理解，还会集体免疫妈妈的正当安排。

我们天天歌颂的太阳也有特别毒辣的光线呢，既要严厉管教孩子，也要避免把孩子灼伤。妈妈是太阳，光能要适度使用。

自信工厂

我的理念是在把孩子交付给命运之前,要帮他整理好肌肉、衣衫和勇气。"肌肉"隐喻头脑中的"知识肌肉"和身体的强壮肌肉;"衣衫"象征着孩子简单的物质行囊;"勇气"是强大的品质,是对不确定性的勇敢。这三者和自信都高度相关,有了肌肉、衣衫和勇气,孩子们就会自信,就不会仓皇,不会蛮干,他们会怀着深深的幽默感,怀着趣味性,纯正坚定地自信,去解题,去闯关,去创造,去安身立命,去自我实现。

每一个孩子,都理应自信,自信是心里面的阳光。在童年,获得自信的感觉,应该成为孩子的一项权利。

通往真正自信的路非常漫长,即使我们已经成年,已经为人父母,自信的自我建设还在持续进行。然而,如果一个成年人的自信是建设中的高屋广厦,孩子的自信就是自信钢筋、自信水泥、自信混凝土,为未来的"自信大楼"提供材料。

一个从没有自信,也没有意识去培养自信、唯唯诺诺的成年人,童年的"自信工厂"里,肯定蓄满了没有达标的材料。自信工厂的第一种材料——自信钢筋,就是妈妈给孩子的绝对的爱。什么叫"绝对的爱",和"相对的爱"有什么区别?我曾经用一段话描述过,被很多博友转发。

儿子上初中时,我说给儿子听:"最感激你是我的儿子,至于你是上哈佛大学还是职业学校,在全球最大创意公司工作还是做家里后院的传统从业者,只要你选择,妈妈就爱。成功与失败是最市侩的定义。如果我希望成功,我会自己追求,不会逼迫你去帮妈妈完成。人生神奇,从不言晚。你深思熟虑后的决定妈妈都会支持,就像支持一个未知的肚子怀胎十月,慢慢瓜熟蒂落。"这就是绝对的爱。

绝对的爱,是妈妈给孩子最有力的爱。这种爱通常肇始于孩子幼小时,婴儿一出生,无论性别丑俊,妈妈都有母兽一样的本能,喜悦地接纳新生命,以婴儿需要的方式,来喂养、保持清洁、陪伴。可是,随着孩子长大,随着孩子不再是妈妈们的"小宝贝儿、小心肝儿、小可怜儿",随着孩子的个性禀赋开始凸显,一个独立的人开始从一件件小事中呼之欲出,孩子渐渐有了自己的喜好,跳出妈妈给画的安全地带,突破妈妈给安排的时间表,孩子渐渐开始和妈妈不那么合拍,这种爱,开始变得相对。妈妈开始投诉:孩子不好管,不听话,任性。因而,《爱的艺术》一书的作者弗洛姆说:"母爱中值得赞美的东西还不是母亲对婴儿的爱,而是母亲对成长着的孩子的爱。"

禁得住时间和成长考验的爱,勿忘初心的爱,才是绝对的爱。支持一个孩子做自己,不去控制孩子,就像妈妈对待子宫中的胎儿。胎儿完全外在于妈妈的"订单",想要个眼睛更大、皮肤更棒、鼻梁更高、腿更长的宝宝,怎么可能?不会受控制。无论妈妈怎么期待,一旦看到自己的孩子,第一眼,孩子皱皱巴巴的小样子,肿着眼泡,塌鼻梁长在满是褶皱的小脸上,妈妈的内心就不由自主升腾起一股极其强烈的柔情。虽然不符合自己的预期,但是这个孩子,一到来就具有了一种力量,使得妈妈的爱区别于对任何其他孩子的爱,强烈专注。

这种绝对的爱,在很多妈妈那里会随着时间自然地退化,慢慢地,妈妈会从全盘接受模式,进入比较模式。几个月爬?几个月走?多大能背乘法口诀?多大能计算10以上的题目?什么时候开始阅读?

所以，当比较的心态第一次在妈妈那里出现的时候，比如心里计较孩子爬得晚了一个月，就要给自己发个黄牌警告，这种心态已经开始离开"绝对的爱"，朝"相对的爱""有条件的爱"下滑一步。

一步步地，比较的心态会损害孩子的自信。妈妈没有信心的孩子，不断被妈妈进行比较的孩子，培养自信谈何容易？在不断的比较中，即使一直处于优胜地位的孩子，也是比较的牺牲品，这种牺牲体现在长远中，显得比较隐晦。如果孩子的信心是靠着外在比较而不是自己的内在兴趣和天性建立的，这种信心就有很强的随波逐流、追随潮流的特性。很多人到了中年，取得了很多成绩，却觉得这不是自己想要的生活，悲剧基本就源于此。

正确的妈妈心态是，永远用爱作为显微镜和放大镜，在孩子身上找到并适当放大他们的光明和灿烂。特别是当孩子幼小，在我们身边生活时，他们的自我评价体系非常依赖最亲近的人的内在评价。妈妈应该和孩子一起，在他们的性格矿砂中，有如冶炼塑形，持久地工作，去帮助自己的孩子找到他们内在的独特性，进行鼓励性评价。这才是对孩子来说，无比珍贵的自信钢筋。绝对的爱，不是溺爱，不是言听计从，不是绝对依从孩子，而是当好孩子的参谋，为孩子考虑，对孩子忠诚，而不是从妈妈本身的自尊心、比较欲、控制欲去考虑。

途中谈话

在儿子成长的过程中，行车途中的谈话，是我做显微镜和放大镜，来接纳他和欣赏他的标准时间。

接儿子由 A 地到 B 地的途中，经常是最好的谈话时间。我负责驾驶，他就打开话题。

某次，他说："妈妈，我们今天英语课不是常规，我们集体到图书馆搜集资料，争取找到自己喜欢的专业方向。"

"那你找到了吗？"

犹如点穴，他开始滔滔不绝。"我到图书馆电脑上搜 Game Design（游戏设计），发现旧金山有个特别好的学校，我同学就说：嗨，你可以选择这个学校啊，学 Game Design 多好玩儿啊。我仔细看了那些专业方向，我就对同学们说：不行，我不会选择这样的专业，即使我有可能喜欢 Game Design，但这样的专业培养出来的游戏设计师都很同质化，正如现在好多好多游戏都很相似，因为都是这样的学校，相似的学习过程，相同的技术手段，很难学出独特性。"

"那你要选什么？"

"妈妈，我特别喜欢人文、神话、历史、宗教这些题材，我感觉我要选择基础学科，只有这样，我才有营养去滋养创意。乔布斯本人也并不亲自做电脑、手机，但是他有想法，他选择，他否决，他指出。"他振振有词，一副雄才伟略的样子。

"妈妈，你知道日本动漫和中国的区别吗？日本的动漫有很多并不以青少年和幼儿为观众群，他们覆盖成年人，所以内容更有深刻性。那些动漫有很高的文化含量。游戏领域，《三国无双》这款游戏居然是日本人搞出来的。我真的很震惊。"

"全世界的文化资产都有待发掘，谁能够重新讲述，就是再次创造，谁就能在文化争霸之战中占据这份资产。"这时，我及时插入霸气的一句，和男孩子说话，必须有力量啊。

他点点头："所以我将来要创意的话，一定会在中国历史上、文化中，找到一个小小的切口进去，让大人都愿意孩子参与这样的动漫游戏项目，甚至大人也愿意和孩子一起参与，通过玩儿，通过娱乐，获取文化。嗯，我如果要做，可能就是这样的东西。搞这样的东西，只学设计是不行的，要有 idea，那是最重要的。那些学设计的人，围绕这些 idea 工作。"

"你能够独立思考，我很喜欢。"

"想到现在中国的游戏很多都是神仙，当然神仙也没什么不好，但是做得太雷同了，历史不应该这样简单地被解读。"

惭愧，我都不知道这孩子指的是什么。

"我现在喜欢的游戏，一定有两个特点：一是内容厚重，二是画风好。只有这样才能吸引我看一看。像《连连看》那种没有技术含量的，是无脑游戏，我看都不会看。那样就是纯粹地消磨时间。"

惭愧，数年前，我也沉迷于《连连看》，就爱那种脑子被动放空的感觉。哎，16 岁的男子汉，血气方刚，气势凌厉。我伸伸舌头，愧不敢言。

"哎，儿啊。"为了从《连连看》的怀旧思绪中走出来，我清了清嗓子，想找点"高大上"的话来说。

他及时往下说："没有历史感，真的有问题；只活在当下，有时也有问题。"他忽然严肃认真地说。

"此话怎讲？"

"我们上历史课，一个大陆新来的学生英文还不怎么好，历史老师要他回答问题，他的英文结结巴巴，所有同学都嘲笑他。老师说，他可以用中文讲他的观点，然后请我听他用中文讲得对不对。他讲得很对，我翻译给老师了。但他在讲中文的时候其他同学也在嘲笑他。我不懂，为什么要嘲笑别人。我对同学们说，我看不出他有任何值得嘲笑之处，也看不出嘲笑有什么价值。我对那个被嘲笑的同学说：你讲得很好，加油。"

亲爱的儿子，你做得很好。就带着这样的心情选择专业吧，一个人不论选择什么专业，最大的专业叫作：做人。能够否定嘲笑的价值，能够保持对他人的尊重，所有的专业都为你敞开。

受教育啊！想到某著名谐星装残疾人，我也曾笑出眼泪，忽然特别受教育。嘲笑别人，是我们心里无孔不入的小病毒，我们从中汲取营养，通过嘲笑，忘记了自己的灰暗和纠结。嘲笑，是小人物的酒精。

车行前方，就是洛杉矶强烈的落日，不得不用遮阳板挡一下余晖。坐在副驾驶席的儿子，也很刺眼，他的眼睛真亮，像两颗白天也能发光的星星。一车都是光，16岁的明亮和光辉啊。

"嘲笑唯一的对象，只能是自己。自嘲的人，才是成熟的人，才是不那么把自己当回事的人。不把自己当回事，是能专注做事，不被自我困扰的一条道路。"我心里想着这些，没说出来。

和儿子在一起，我开始把很多很多话吞进心里。但是，我的微笑不语和欣赏的眼神，投射给他，就是一切。我的无话可说，也是一切。

与其我说，不如他悟。这就是和青春期小子的途中谈话。

与儿子关于情感的对话

回北京的时候，一次和儿子乘地铁同行。人多，挤。儿子个子高，站在我后面，我们两个前面有个举着大屏智能手机发微信的人。

对于文字敏感者来说，那屏幕几乎就在我们眼前，不可能不注意。电光石火间，我们都注意到了。根据判断，先是一个女生的文字："一天见不到你，我忐忑不安，不知道怎么安放自己，我想念你。"

这个男主在我们眼前，边想边敲字回答："我明白你的感受，我知道你有你的习惯、习性。我知道在不经意间，我不能做到很好地应和你。你对我很重要，我愿意为你，在未来试着改变我自己。"

我和儿子不约而同挪开眼睛，互相对视。他用微微谴责的眼神，看我一眼，我懂他的意思。不能再往下看了，这是人家的隐私。随后，任由那人晃在我们眼前，我们也尽力躲避这并不好躲的屏幕。

然后在换乘期间，一路随着汹涌的人潮跑。儿子开始评价："妈妈，那个词好酸啊。改变自己，怎么写得出来？"

我早就在等着他："你将来和女生恋爱，不会这样讲话吗？"

"这么酸的话，我才不会讲。各种甜言蜜语，都不是我的菜。"

"你会讲什么样的话？"

"我也许会讲'啊，你长得不漂亮，也就是我看你一眼'啥的。"

反面的甜言蜜语，也是甜言蜜语，我心里嘀咕。我直截了当地说："首先，你没有女朋友，不知道恋爱这一事件能激活你什么样的辞令库，这么推测，完全不具备现实性。我见过多少北风性格、铮铮铁骨的汉子，遇到产生化学反应的姑娘，还不是化作春风缭绕？"

"妈妈，哈哈，我才不会这样。我觉得高智商的姑娘，可能都不吃这一套。"

"嘿，你妈我就是高智商的姑娘，我看到这一套很感动呢。"我直言不讳，"人一生至少有两个愿意改变自己的最佳动力期，一定要好好利用：一是恋爱，二是做父母。真诚地愿意改变，愿意跳出自己的习性，做最好的自己，是多好的事！"

"这种语言就能迷惑的姑娘，也真的有点浅吧？语言说改变就能改变吗？"

"儿子，爱一个人，不能纯粹按照自己的喜好来表达爱，要从对方喜欢的角度来表达。爱的真谛就是从对方出发。"

语言，是种神奇的载体。当你不在那个情感境界，每一句都夸张滑稽；当你在那个情感层级，字字句句都穿心窝肺。愿你有一天知道。

嘿，臭小子，只要你还能和身边的姑娘们随意玩笑，打打闹闹，宛如发小，那个化学反应就没有发生。

但你会长大，一切都会发生。我知道，会有一种急切的激情，激活你毫无准备的辞令库，让语言倾巢而出，把激动和心跳表露无遗。我知道。

妈妈是太阳啊，太阳底下，没有新鲜事儿。

第三篇

妈妈是水·行动力与创造力

在深深的谷底，湿润的土壤中，流动的山涧里，充满了灵动滋养、变幻莫测、动力十足，能够沟通天空和大地的水。

读过的关于水的最优美、深刻的句子，就是《道德经》中的"上善若水，水善利万物而不争，处众人之所恶，故几于道"。传统上认为，水滋养万物，而不争名夺利，能够自低身价，处于人们不喜欢的低贱脏污的地方，不辞不让，忍耐包容，这是非常好的品性。

水，就是妈妈的第三种能量。

平静的水，可以形成湖泊海子，世界在里面清澈地倒映，使得我们在镜像中观察到当局者迷、身处其中时不易发现的密码。

就好像身处乡野、观察力全面的人，能看到树木、苔藓、草丛、枯枝、鸟儿和虫子。而一个心灵敏锐的人，有水一样安静的镜像感的人，能看到更多，看得更透彻。简单的事情，细微灵动地看来，有种种不简单之处。

比如门罗，她看到："风够大的，足以把路边的草都吹干伸直，足以把成熟的种子从湿漉漉的枝梗上吹得飞散出去。夏天的云——并非雨云，在天上飞掠而过，整片乡野都在改变面貌，在抖松自己，使自己成为一个七月里真正晴朗的日子。"（摘自《逃离》）

一个深陷自我的人，无论身处怎样的乡野，无论蜜蜂怎样细密不停地扇动翅膀，在倏忽往来中吸吮花蜜，无论云怎样映照在平静透亮的池塘中，饱吸了跌落池塘中的花香，他看到的却只是自己的心事——睡眠不足留下的疲惫，当天以及未来数日事务的压力，小时候的伤心事，甚至未来老年时候的担心，都会搅乱一个很好的早晨、一片很美的乡野。

因而，当我们的心够安静、够敏锐，当我们把事情搁在镜子一样平静的水面上，任何一件简单的事情，都能够让我们窥见许多。

妈妈是水，每个妈妈都可以从水中学习到平静、映照的能力。水的平静之所以特别动人，是因为这是一种动态中的平衡，是在最流动的品格中保持着的最深的平静。这种力量，是在纷繁复杂的生活变动中，妈妈的重要能力。

　　动态的水升腾变幻，小溪、云朵、冰山、大河、湿地、瀑布、池塘，乃至植物的根茎果叶，人和动物的身体，都是水的容器和通路。水是洞悉和智慧的象征，从过去奔腾到未来，知天地古今，随机应变，善于沟通，长于传承。

　　最关键的是，水对万物的滋养，不像大地、太阳一样或"不离不弃"，或"如如不动"的陪伴。水充满了自身的节奏、自身的发展和成长，在运动中深深地实现对万物的荡涤。水在运动中洞察本质，一直向人类智慧的大海奔流。

　　水时而性子柔顺，又惯能坚持，故能水滴石穿，是柔能克刚的力量；时而具有七十二变的本事，随遇而安，可以蒸腾成水蒸气，自我净化，可以凝结成露、霜和冰，适应环境，彻头彻尾地调整改变，不僵化、不固守；时而激荡而澎湃，充满刚性的力量，给人勇气。

　　水是这世界上变化无穷的力量，是感受力、行动力、创造力的最好代言。

　　很少有人不爱水。潺潺小溪、低回的小河、奔流的大江、平和的湖泊、奔放的巨潮、广袤的大海、极地的冰山、晶莹的树挂、叶片上的露珠、皑皑白雪，不论水的哪种形态，都能够立刻抓住我们的注意力，使得我们被深深吸引。水有独特的魅力。每个妈妈也和水一样，变幻多姿，性格不同，禀赋不同，呈现出不同的吸引力。

　　平静的时候，映照。奔流的时候，助力。可以静若处子，可以动若脱兔。可以缠缠绵绵，可以千军万马。

我特别喜欢坐在各种水边，看涟漪变幻，看光波扩散。不知道由于何种力量，也许是一朵失足落在水里的花，一片轻飘飘飞落的鸟羽，顽皮小孩子打在水里的石头片片，悠闲的鲤鱼咬水草的泡泡……让水波一圈一圈不断扩大，变化不止。

我也喜欢在这种时候呆想：假如我们能够翻译水的语言并播放出来，这始终循环不息，在李白的杯子里摇晃过的蜜色饮品，从成吉思汗的战马身上跌落的醇红色汗血，在全世界所有曾经的小孩子眼中纷飞过的泪花，种种悲欢离合的能量，是不是全部都能从水里破译呢？

从水的属性中汲取能量的妈妈，会生出智慧心，对孩子们所陷入的特别隐秘的潜在心理，能够深深意识到其源头，而凝神观照。保持思维的流动，用水的力量，持续让思考奔流，正如流水不腐，找到孩子们所有行为表象后面的原因，并引导之。

宁宁没有刷牙

"妈妈,小妹昨天晚上没有刷牙。"心心一早上就报告。

"啊,那她做得不对。"我知道头天晚上的事情。宁宁反反复复地绕开卫生间,就是不想刷牙。心心用尽所有办法,也没能让宁宁改变主意。最后太晚了,就睡了。

"刷牙是自己的事情,你已经帮助她了。可是她决定不刷,我猜她是有什么情绪,觉得可以用不刷牙来表达。不要在意,她今天会刷牙的。"

"对,她就是想要吃糖,我不让她吃,然后她没有吃,但是也不想刷牙。"心心说。

"那就是了。今天她会好的。一天不刷牙,确实不好,但是,已经过去了。我们和小妹一起忘记这件事吧。要想帮她忘记,我们得先忘了。不过要谢谢你关心小妹的牙。"

我抱抱心心,亲一亲,特意甜言蜜语一会儿:"亲爱的,妈妈早晨的小鸟儿。你是小蜂鸟?哦,不,你比蜂鸟胖多了。你是啄木鸟?哦,不,你比啄木鸟长得漂亮!你是猫头鹰?哈哈,你的眼睛很大,像小猫头鹰。好吧,亲爱的心心猫头鹰,一天开始喽!飞出去吧!"

她就这样意气风发地飞出去了!

其实,类似这样,6岁的姐姐一早就找妈妈控诉4岁的妹妹不刷牙就睡的事件,在多子女家庭很常见。但是小事不简单,妈妈可以用水的智慧,来考虑一下事件的小源头。

至少反映了两个问题：

第一，心心早上情绪不太好。而且，她的情绪是从昨晚就累积起来的。就像大人一样，当我们自己能量干涸时，我们特别容易对他人吹毛求疵。负面情绪就像湿漉漉的雨，沿着暗暗的沟渠流动，它抵达的第一拨人，就是身边最亲密的人。

那就是说，从前一天晚上开始，宁宁要吃糖的想法就一直困扰着心心了。心心自从换了牙，对自己乳牙时期不太在意的事情，忽然变得非常严格。自从换了牙，她就控制自己不吃糖了。然而，小孩子哪里有不喜欢糖的？但以前特别特别喜欢糖的心心，对自己的禁糖戒律，持"戒"很严。然而，其他任何人吃糖，对姐姐的触动都没有宁宁大。如果宁宁吃糖，心心会用尽办法苦劝宁宁不吃，其中的策略还有很高级的"自我批评"一途。

比如某次，心心说："你看，姐姐小时候像你一样爱吃糖，结果长了虫牙，牙疼的时候很难受。现在好不容易长了新牙。你千万不要像姐姐一样啊。"

可是绰号"大佬宁"的宁宁是什么人物？大佬宁是一旦想什么，就一定要坚持到底，而且辩才很好。

"姐姐，那么你小时候吃了很多糖吗？"

"是啊，吃了很多，所以牙疼了，牙坏了。"心心还是一本正经地说，浑不知大佬宁就要还击了。

"但是，你现在长了新牙就好了？"大佬宁问。

"对啊，所以不能吃糖啊。"心心认真回答。

大佬宁一下子坚决剥开糖纸："姐姐，因为我还没有长新牙，还可以吃糖。等我长新牙就不吃了。"

"可是你会牙疼的，很难受的。"心心特别急迫地说，边看着妹妹吃糖边吞口水。

"现在还没有疼啊,我还可以吃。"

这样,无助的心心就像一个被伤害了的修行者,自己所持的戒律,只能约束自己,不能约束宁宁。而且,宁宁的不管不顾,使得糖的诱惑加倍了,也使得心心坚守戒律变得特别难。

她就像这世间任何一个严格自律的人,期望借着自律去控制身边的人,期望追随者的存在可以强化自律,使得坚守没有那么困难,可是大佬宁的不在意,使得心心不断遭受自我信念被挑战的试炼。她必须面对一个事实:她的信念没人追随,她是独自被信念关住的一个人。那么,她还愿意坚持这个戒律吗?

一个小信念背后,隐含的控制欲、领导欲本身,是可以通过信念影响范围的扩大,来实现生长的。这样的话,信念对自己行为的约束本身,就会变得没有那么痛苦,因为,得以实现的控制欲和领导欲会给领导者本身很好的心理补偿。

这点在成年人类社会中有很多例子。这是德行闪光的"完人"偶像不断被制造出来的原因,也是儒家历史上伪君子盛行的原因。当你自己内心不是欣然地接纳一个戒律,而是迫使自己去执行,就很容易将迫使的力量传递出去。这就是持戒者最应该提防的持戒优越感:因为持戒,因为选择"有所不为",而对"有所为"的人产生强迫性。

水一样的妈妈,就是这样的妈妈,从细微的发端,往往能够看到过去和未来。看到作为人,我们可能携带的负面影响;看到未来,我们会不会成为这种传承链条中的一环。

但是不,我才不要亲爱的心心因为心理运转一时误入歧途,找不到明亮的大路呢。因此,肯定她,找到沙砾中的金子,筛拣出来,亮闪闪地收集起来,给她攒着。

和她拥抱，开玩笑。我知道任何语言都比不过让"温暖和爱"流动起来，作为行为方式来传递。她会把收到的能量忠实地传递给小妹。

她会学习做一个真正的姐妹领导者，需要对不同判断进行归纳，也需要接纳对方犯错的权利。

我换了个时间悄悄问心心："如果小妹下次特别想吃糖，怎么帮助她？只要吃掉一颗糖，就陪她好好刷一次牙，这样就不用担心她的牙齿啦。而且，越禁止越想吃，就像你自己，也是越不让自己吃越想吃。我建议，你和小妹都特别想吃的时候可以吃，吃完后好好刷一下牙。慢慢地，知道自己随时可以吃糖，反而就会无所谓了。"

还有个问题，为什么心心专门对小妹，而不是对其他小朋友这样关注？

这很好解释。一个小的领导者，对最亲密的小跟班的要求，也恰恰是在其他领域，比如同学圈或者朋友圈，不能建立起威权的一种补偿。因为宁宁一直是80%服从领导的，所以小妹是姐姐的"自留地"。这片"自留地"如果不能有效控制了，姐姐的小心灵难免承受不了。

妈妈抱抱心心，给她温暖，并且强调正面，也就是强调"谢谢你为小妹着想"这一面。再辅之以刷牙建议，以及对她自己特别想吃糖的情感上的理解，对被自律、控制的反作用力搞得很难受的心心，有着神奇的正面助力作用。

假如妈妈说出"你是因为自己不能吃，所以小妹吃糖才让你不开心"这个貌似简单明了的真相，会强化心心的这种思维。心心的思维模型也会慢慢固化，认为：我就是这样一个人，我的思维就是嫉妒的、控制的、沉重的，但是我不能这样，所以我要忍着；或者我也放弃自律。

找到源头,并且正面引导,会让心心成为一个略有弹性的自律者,也会成为一个很好的小领导者呢。

第二,思绪的小河继续奔流:大佬宁不刷牙,有问题!

我们大人也是,任何已经成为每天习惯的事情,如果不想做,特别是在被人监督的情况下也坚决不做,那就是一种语言,坚定地表示:我不高兴!我不合作!我有意见!

所以大佬宁是示威抗议型的不刷牙:我的牙齿我做主,我自己爱刷就刷。

于是,稍晚一点,我找到宁宁,先一把抱住。哈哈,趁着孩子们小,不管什么问题,先一把抱住再说。这样子就不是"理"论了,是"情"论了。(处理一切关系的绝世秘方哦!)

"大宁,妈妈爱你。"这句开场白多关键啊,就像两国外交,来了先说:啊,我们两国世代之交,友谊地久天长。"听姐姐说,你昨天晚上没有刷牙,给妈妈看看小牙齿。"

大佬宁被一抱一亲,立刻放松警惕,张开嘴巴。

我装作非常仔细地看过去:"啊,牙大大、牙二二、牙三三……"我一直数到牙十一,然后装作非常惊讶地说,"啊,牙十一在哭啊,它觉得自己上面有点脏,一个晚上它都没有睡好,想要干干净净的。没关系,啊,牙十一。"这时候姐姐和妹妹都被我杜撰出来的"牙十一"的故事给迷住了,高度注意听,大佬宁还特别张大嘴巴,让我和"牙十一"沟通。

"啊,亲爱的牙十一,不要担心,今天晚上,还有以后很多很多晚上,宁宁都会刷刷你的。昨天,是个偶然哦,你放心。"我边安慰着"牙十一",边问宁宁:"宁宁,是不是啊?"

大佬宁立刻眼神顽皮闪烁,点了点头。

"可怜的牙十一，只有大佬宁能够帮助它！"

"我会帮助它！"

小姐妹都跑远了，缤纷的一天开始喽！

这么细地讲一个故事，就像一个个慢动作分解镜头，一点点地，把水一样缜密但电光石火的心理过程，细细描述出来。现在育儿的路上，告诉我们怎么做的太多太多，都是药方和药，都是三十六计和一百零八条策略；但是告诉我们为什么的太少，我只想一点点说清楚为什么。像一条河流，从源头到大海，经历了多少，携带了多少，我们看到的，远不是它的全貌。

这就是一件简单的事情不简单的原因：摸清孩子们行为背后动机的必要性，处理事情的方式，真切的关心。需要一次次微调的任何小问题，后面都可能隐含了人类已有的负面心理模式，也指向了隐含着负面结果的未来——可能不得不靠心理医生一次次帮助的负面心理模型。

小事不简单。在小事情里，动用水的智慧，平静观察，跳出当下，用镜像去探查本质。灵力值很高的沟通，以水的亲和力和吸引力，自然而然，细细冲刷涤滤——以对方能接受的方式。

妈妈是水，水都知道源头在哪里。

疯疯癫癫的妈妈

某一天，和三个孩子一起回家的路上，我忽然疯疯癫癫起来，年龄和身份全部失控了。当时，心心在唱歌，宁宁也抢着唱，都说要唱支英文歌给我听。一时妈妈的心在天上地下兜转了一下，忽然吵闹起来，发出银铃般的香腻之声，想象力不好者，请自由切换到米妮的发音：

"不要不要！我要唱歌！我要唱外语歌！"这些声音都很米妮，然后不管三七二十一，唱了起来，"我是一只小猪，了了了了了了了了。我是一只小猫，喵喵喵喵喵喵。我是一只小狗，汪汪汪汪汪汪汪。我是一只青蛙，呱呱呱呱呱呱呱。我是一只蚊子，哼哼哼哼哼哼。我是一只小小小小小小小苍蝇……"请大家参考"我是一只菠萝萝萝萝萝萝萝"的经典调子！

宁宁不顾一切地在音波中挤进来，高声批判我："妈妈，妈妈，小动物的歌不是这么唱的。应该是，小猫小猫，长尾巴，长得漂亮，喵喵叫。"她边编边唱："有一只小青蛙，跳进池塘里，和小鱼做朋友，蹦上又蹦下。"她委实编得很好，《小星星》的调子。

心心也开始唱："那只蚊子，那只苍蝇，飞起来飞起来，一只变成蝴蝶，一只啥都没变，真奇怪，真奇怪。"（《两只老虎》的调子）

这还了得？与其忙着夸她们，不如参与，与之竞争，比她们还创意多变才行。任你们"魔高一尺"，妈妈定"道高一丈"："小鱼的朋友是谁啊？是池塘，是池塘；池塘的朋友是谁啊？是荷花，是荷花；

荷花的朋友是谁啊？是太阳，是太阳；太阳的朋友是谁啊？是小猪，是小猪！"由于转折太快，没有想到，心心、宁宁都吃吃笑了起来："小猪的朋友是泥巴，是泥巴。泥巴的朋友是石头，石头的朋友是小鸡，小鸡的朋友是心心，是心心！"

心心大笑，兴致勃勃地听着。哥哥在后座一言不发，妈妈的间歇式疯癫，他自小见惯不怪，倒是开车的南洲，我的一位世交侄子，诧异地说："以为拉了三个孩子，哪知是四个……"做堵耳状。

"心心的朋友是星星，星星的朋友是月亮，月亮的朋友是黑夜，黑夜的朋友是白天，白天的朋友是白云，白云的朋友是乌云，乌云的朋友是雨点，雨点的朋友是池塘，池塘的朋友是小鱼，小鱼的朋友是宁宁……"足足一个闭环。心心和宁宁大笑，开始各种接龙，各种非逻辑、非理性在车中横飞。

忽然，宁宁、心心发现椅背的袋子里有两粒牛奶糖。"啊，妈妈，我们可以吃牛奶糖吗？"

作为妈妈的我暂且回过头，发出"米妮"的声音，从嗓子中挤出来唱："快给我，快给我。"心心欢欢喜喜地递给了"米妮"，那个声音继续唱："哈哈，这个是我给脚丫子吃的！左脚丫一粒，右脚丫一粒！"小姐妹继续大笑。小孩子听不懂郭德纲的时候，绝对听得懂这种出其不意的"妈德纲"。再不要糖了。其实心心正在禁糖敏感期，已经尽量少吃糖，宁宁也开始奉陪啦。

心心的手从后面伸到我肩膀上："妈妈，手丫子也想吃糖！""米妮"惊慌失措地说："哦，No，谁的脏爪子摸我，乌漆墨黑的爪子。"她们哄笑起来。

"米妮"的声音特别多变，颤抖着说：

"臭气烘烘的爪子。"——哄笑。

"僵硬潮湿的爪子。"——哄笑。

"鳞片层层的爪子。"——哄笑。

"贼忒嘻嘻的爪子。"——哄笑。

"猪爪鸡爪猴子爪鬼爪,一只好恶心好恶心,好心心的爪子。"心心一下下跟着节奏抓我,得意得不得了。

回到家,我特别口渴,想吃凉的,闹得口干舌燥的。明目张胆捞了一大碗绿茶冰激凌,开始饲养自己。"妈妈,我们可以吃吗?"这时候,"冰激凌"自己发话了。"你们想吃我?不!"声音尖厉得像饼干人儿。"我们是妈妈的冰激凌,我们是绿色的,我们是凉凉的、甜甜的。谁是妈妈,谁才可以吃我。咽口水的都不能吃我!想吃我的都不可以吃我,妈妈不想吃,所以我才要妈妈吃。等妈妈吃完,就变成小姑娘。就不当妈妈啦,扎上辫子去山下奔跑!"

心心、宁宁特别兴奋,完全顾不上冰激凌。妈妈"发疯"了这件事,让她们既新奇又喜欢。"妈妈,你吃米饭吗?"儿子高喊。"高过一米八的人,不可以喊我妈妈!"那个尖厉的声音说。"好,我叫你母亲、娘亲。"儿子好脾气地哄我。

就这样兵荒马乱的,大家吃晚饭。我吃绿茶冰激凌。其间,儿子为了治疗"发疯"的妈妈,又添了几勺冰激凌给妈妈,让妈妈再镇定一下。因为妈妈在"发疯",孩子们虽然兴奋,但都很温顺。

因为"米妮"一直在说:"要是你们不把妈妈哄回来,妈妈就消失啦。妈妈会漫天飞舞,与故事里的神仙精灵们一起去玩儿。妈妈会长出鱼鳍,潜进水里,会藏进语言句子里面……总之,好好地吃晚饭,好好地收拾完,才能赚回平时那个妈妈,大家习惯的妈妈。"

晚饭简直是强烈对比。不太正常的妈妈,吃了两碗冰激凌;一群孩子都老成持重,保守党一样,按照餐桌礼仪,说着"谢谢""请",

规范用餐。

哈哈，偶尔疯一疯，太愉快了。亲子关系，诡谲多变，风云骤起，其乐无穷。这一会儿，有重要的人生体验：欢笑先于教育，轻松先于紧张，偶然先于经常，调皮先于规范。我们不再为人生的种种规则所困，而是大胆地进行反转和突破。

妈妈是水啊，可以最灵动，最意想不到，最顽皮淘气，最有吸引力。做让孩子喜欢的妈妈，是一切教育引导的前提。

儿子的逆境阶梯

古语云："积行成习，积习成性，积性成命。"每一天，孩子遇到的事情，做出的判断和行为方式，反映了很多苗头，一定要进行及时有效的引导。

2015年的一天，儿子随校队去打高尔夫球，爷爷和心心去观摩。我因为忙不能及时去接他们，他们就自己打了优步，等了一个说5分钟就到的，结果40分钟也没影儿。投诉后，又等了一辆，老说一分钟到，不知不觉就又等了30分钟。儿子打电话给我说他的困境，一时焦躁起来，语气非常不悦。

"妈妈，你知道，爷爷和小妹还跟着我，我多着急啊。"

"我知道你等了一个多小时，着急。但越是着急的时候越锻炼心性。就像你说的，爷爷和妹妹还跟着你，遇事要想解决方案，不要妄自焦灼。先安住，再想办法。让大家跟你着急，就有责任了。这么焦躁，于事无补。"

"我不能去考驾照吗？我到开车年龄了啊。"他趁机发牢骚。

"这个是可以回来讨论的，不急着在这个时候谈判。这样就不叫讨论了，叫挤对。"我郑重地批评他，并建议，"我希望，你所有的负面经历，都想办法转化为养料。让小妹看到，面对不顺利，一直想办法、意志稳固、柔和转化的哥哥。小妹以后遇到事情就会学习你，不惊慌。爷爷看到这样可以承担事情的孙子，也会欣慰，觉得可以依靠。"我像个耐心的心理咨询师，"等待时间虽然长，但高尔夫球场美景如画,完全可以分散大家的注意,把等待时间变为一种美好的体验。"

  他马上 17 岁了。在遇到这样零碎的不顺利时,只要电话里和我发起脾气,我就知道,他离那个小时候一饿就哭,不抱就磨人,妈妈不在身边就找来找去的儿子,还很近。离真正的长大和承担,用笑容和安心来接纳任何际遇,让处变不惊的意志镇定自己还有一大段的距离。

  根据我自己的成长经验,我知道,只要在这样偶发的小逆境中,略微提醒,让他注意到不顺利是一时的,可以通过镇定和积极面来等待与转化,是比顺境还珍贵的人生必备的"防疫针",就能使他慢慢练就面对所有处境的成熟心态,改变能改变的,接纳不能改变的。

  这是青春期孩子的功课,是孩子走向成熟的必修心理功课。不成熟的成人还不具备呢。

  后来,我联络了就近的朋友帮忙,把他们接回了家。

  有人说培养儿子就是给别人培养丈夫。是,在他找到自己的命定之人,成为人家男友、爱人之前,要装备上丈夫、男子汉、心胸广阔的人、逆境克服者等软件。父母作为出品人,义不容辞。

  儿子到青春期了,妈妈的工作就是欣赏和建设相交替,努力抓住他的一些小型事件,见微知著,拿来做些文章,进行引导型谈话。

  晚上我回家时,他已经睡了。我想还是要找时间和他再畅谈一下,下回如果再遇到这样的事情,可能有多少种解决方案。妈妈是一个解决方案,假如妈妈也联系不到,还能怎么做?

  这是重要的课题啊——如何面对小逆境?

  孩子学会淡定或斗志昂扬甚至兴奋地面对小逆境,人生就没啥可怕的了。各种不同强度的逆境阶梯,都会在事后被扩展成有趣的人生履历呢。这些我们经历过的,也是我们期望传递给孩子的。

关于逆境,我一向以为,有些逆境,可能是我们真正的福气,我们要悦纳。

当然,这些也需要时间吧。随着孩子身心成长,妈妈是水,总要水滴石穿地塑造孩子们的行为模式。

儿子和他的路考劫数

去年 3 月某日，请假去考驾照的儿子，中午发微信给我："还是没过。"

这是他第二次路考了，上周五一次，没过。我能想象他的沮丧之情。他考笔试时一次就过了。一回到家里，兴致高昂，高谈阔论，自己开车上路，实现位移自由的愿望变得那么真实。

洛杉矶是个摊大饼似的分散式城市，有驰名全世界的不便利的公共交通系统（当然现在有优步后，缓解了一些）。美国本来规定孩子们 15 岁半就可以考驾照。我们也计划，哥哥 16 岁就让他考。结果他独自去美东旅游，丢了钱包，绿卡随之遗失，只能延后等绿卡补回来，这就等了一年，才能去参加笔试。

但是，车管局还规定，不满 18 岁，笔试通过后，要半年才能路考。所以，一满 18 岁，儿子立刻就找教练，开始练习上路，准备路考。他约了 4 次教练，每次练几个小时。从第二次开始，傍晚我去接女儿们，每次通过社区大门，都看到教练让他把车开回来。我和雄踞驾驶座，白牙反光，露出娃娃笑脸的他两次交错而过。

他好兴奋，走在奔向出行自由、开启真正成年的路上。

他开得很好，教练说他像个老手，手很稳，不惊慌，动作规范，规矩注意得也好，还说他一次就能通过路考。然而，第一次路考，他没过。

他在电话里告诉我时，恢复了找妈妈诉说冤屈的小孩子口气：

"妈妈，你知道吗，这个考官有种族歧视！前面三个华裔孩子都没给过。我完全还没有上路，就是他一句话讲得太含糊，让我打着火，我问了一声 pardon（就是礼貌地请对方再重复一遍命令），他就发火了，冲我嚷嚷。这样就一直不好了，没给我过。"

我当时对他说："啊，儿子，不管怎么样，你第一次路考没过，和我一样。我在中国开了快10年车，到美国路考，第一次也没过。当时我确实犯了一个错误。我在右转时，和直行的抢路了。这是北京式的驾驶习惯，在加州是严禁的。以后每次右转，我都牢牢记住了考官严厉的样子。美国直行的车太快了，完全不看有没有临时汇入的车，他们有优先权。所以，虽然当时第一次没过让我不舒服，但是，每次右转，等直行车时，我都感谢那个考官。

"而且我提醒你注意，虽然美国是让'种族歧视'这个词发扬光大的国家，任何人都可以投诉自己被种族歧视，但你不要在和异族人群沟通时，一有不适，就这样去定位双方的关系。因为我知道，即使在同宗同种的文化区，依然有偏见、歧视以及地位道德各方面的优越感。作为一个在任何一种优越感之外的人，最应该警惕的就是被害者意识。任何挫折、失利，一定要从中找到自己可控的原因，而不是推诿于被歧视、被忽视、被害，这是心理强健的象征。"

"但是，妈妈，我真的就是没听清楚问题，正常而礼貌地反问了一下，就惹火了他。"

"儿子，我不在现场，不能还原整个过程。任何时候，我们被现场考核，都有很多因素使得考核不以我们的意志为转移。比如，你自己确实没有达到考核的标准，出现了失误，或者考官情绪不好，甚至可能无厘头到你长的样子、你流露出的气质，正好是他一个冤家的样子。哈哈，你的被歧视论，我更建议这么解释：在人群之中，本来就有莫须有的厌憎和不喜欢。如果你相信无来由的一见钟情,你就得接受,无条件讨厌的概率几乎同样大……种种你能够控制的因素和非你能够控制的因素,都可能使得考核的结果无法尽如人意。

"但是,我觉得,从这件事本身来说,不论因为什么原因,你第一次路考没通过,都不是坏事。我内心深处,还真的一直担心你一蹴而就呢。因为你练习时数不足。如果美国的路考这么轻松,我真的担心有很多'马路杀手'会新鲜出炉。考官不管因为什么原因,哪怕就是他个人心情差,不给你过,都有可能冥冥之中是你的贵人,使得你不能轻视开车这件事。"

"妈妈,我承认,你说得有道理。好,那就再练,约再考。"

接下来的周末,都是爸爸陪他,爸爸坐副驾驶席,让他自己开车去学校、画室,尽量给他锻炼机会。因为加州允许这样,考过笔试的人,可以在一个成年驾驶员的陪同下开车上路。

回到家里,爸爸也说:"儿子确实开得不错,非常沉稳,技术上感觉掌握得很好。"爸爸还加了一句:"儿子比妈妈开得都好。"

然后第二次,儿子又请假去考。临走前,我和他拥抱,祝愿他顺利。可是,他还是没考过,而且只是发来微信告知我,都不打电话了。我料想他极其沮丧。

果然,他回来后,开始大声申诉:"妈妈,我太倒霉了。我一直开得好好的。最后到车场停车,考官都要祝贺我了。这时候前面有一辆车倒车出来,我一着急,也开始倒车。考官急了,怕我撞到后面的车,立刻不给我过。"

说完了,他重重关门进去,留给世界一个悲愤的背影。

我等了他一会儿。等他冷静一下,重新出来。

5分钟后他出来了,一屁股坐在楼梯上,活像一个括号,充满了哀怨、愤怒、烦乱、不平、郁闷。

"儿子，听了你刚才的描述，我真的觉得车管局的考官很负责任。虽然你开车很稳，但是你必须承认你是个不成熟的司机，你的全部驾驶经验不足 12 小时。而且，连那个突然倒车出来的司机，都应该是你的贵人。我知道你特别沮丧，因为你希望今天能够拿到驾驶证。而且，你的朋友同学都知道你请假去路考了，你也许会觉得自己没有过，太不好意思跟大家交代了，居然两次没过。"我发言的逻辑是，先接纳他全部的情绪，去理解他。

他瞪着眼睛看着我，一言不发。

"但是，今天的过程让你知道，你确实、绝对存在着驾驶经验的不足。前车倒库，你居然不看后面，就强行后倒，试图带车躲闪。这让我想起了我师母杨老师，她刚学会开车时，她先生李老师取笑她说：杨老师刚拿到驾照时，看到车玻璃上有个苍蝇，就带着方向盘，开始试图左右抖动全车，想晃掉苍蝇。这不仅是笑话，也是新手的真实情况。

"儿子，考驾照是件严肃的事，非常严肃。因为开车是人在协调自己控制远远大过自己的力量和速度。任何微小的技术不成熟，以及任何失误，都可能酿成巨大的恶果。

"这个世界上，一个健康的人，没有最终拿不到驾照的。如果可能，我情愿你被拒 30 次。如果每一次考官都能发现你的问题，那么这 30 次路考，对你和我们家庭来说，甚至对于有可能在路上和你交错而过的路人以及车辆来说，都是善莫大焉。

"我告诉你一个真实的故事，就是我们一个朋友的故事。她的儿子 17 岁的时候，从 60 号高速路口下来时，出事故了，车翻了，人躺了 10 年，两年前才能下地走路。阿姨不是前两天来我们家，还说去国内接儿子来美国换证件吗？因为还没有彻底恢复好。已经快 30 岁了，还需要妈妈照顾。

"我知道有很多人，考驾照很幸运，没出任何被考官注意的瑕疵，顺利拿到驾照。但是拿到驾照有什么可吹嘘的？健康的人，哪里有拿不到驾照的？也许在你们同学之间，拿到驾照，确实是个大的成长台阶。但拿到驾照只是一个开始，如果接下来的 10 年、20 年、30 年，能够无事故驾驶，那才是真正的成绩，是真正值得自豪的。因为不论考多少次，你最后总能拿到驾照，但是对开车这件事的认真负责，不带一点投机心理，才是匹配那个驾照的真正素质。"

"可是，妈妈，再考还要花钱、请假，好烦啊。"他慢慢缓了过来，开始交流。

"亲爱的儿子，我们非常愿意支持你花这个钱。即使你考一百次都义不容辞。我情愿把这个钱花在能一次一次找到你驾驶瑕疵的路考中，也不愿意将来在你可能受伤或者使得别人受伤时，用来支付保费的增额。钱能出，痛苦和伤害怎么复原如初？我绝对不能容忍你成为'马路杀手'。所以，当你必须向朋友们解释，你为什么两次都没有过，我建议你可以这样说：'我觉得自己确实失误了，虽然练习时开得很熟练，但是我确实高估了自己反应的全面性。考官不给我过，确实是应该的，而且对我有很大帮助。我会认真再考的。'这么说没有什么丢脸的，在非娱乐性的事情上，成熟、认真、严肃、有纪律永远不丢脸。

"我想我这样的妈妈，比接到你电话或者微信后，陪你大骂考官的妈妈要负责任。我感谢那两个考官，第一个不管因为什么不给你过，给了你第二次考的机会，而有这第二次机会，你才能看到自己的一个问题。这个问题如果没有被及时发现，不让你知道正确的反应方法，我和爸爸就可能在你拿到驾照后的某日去救援你，给你拖车。这是最小的代价。"

儿子从楼梯上走了下来，坐到了我身边。他听到朋友儿子的故事，很震惊，心态彻底开放了。

我接着说。应该说的话，他又听得认真，何妨多说一点："我读《乔布斯传》，他癌症转移后，需要肝移植，但是一直等不到肝脏源，你知道发生了什么吗？"

儿子看着我，一头雾水。

"当他终于从几十的排名，到了第三、第二、第一之后，他的病情迅速恶化，几乎没法子等了，却还没有可供移植的肝源。这个时候，疯狂三月来了，就是2009年全美锦标赛，这个活动带来了更大的捐献可能性。为什么呢，因为冲动喝酒导致交通事故飙升。一位二十多岁的年轻人，在一场车祸中丧生，他为乔布斯奉献了一个肝，乔布斯活了下来，之后又活了两年多。儿子，你愿意成为这样一个肝脏源吗？"

儿子倒吸了一口凉气，看着我，摇了摇头。

"但是，等你拿到驾照那天，我也许会咨询一下去什么地方签字，我建议你签字把自己都捐献出去。一旦有生命危险的事故发生，至少你的器官还能帮到人。因为交通事故而亡真的太冤枉了，必须干一点能够帮助人的事情，来给短促的生命一点意义。同时，签下捐献表，也意味着你要更负责任。"

儿子说："啊，妈妈，这太可怕了，太可怕了。"

他完全平静下来了。

"再接着去约考，认真地去完成指令和动作，不要管是不是能通过考试。就像你还在认真练习一样。你最终会拿到驾照，我不祝愿你拿到驾照这件小事，我永远永远地祝愿你安全驾驶。"

"妈妈，我听完了这些话，完全平静了。谢谢你。"

这是一件小事。我总是习惯通过孩子成长中发生的各种事情——无论顺利还是不顺利，传递给孩子一定的思考方法、接受方法，并试图为他未来的行为描画方向。

妈妈不可能帮助孩子选择所有的道路，那是越俎代庖，但是，每一个妈妈都有机会，教给孩子辨明方向的办法。这是水的力量，沿着挫折和障碍，探索前行，百转千回，对任何失利充分接纳，只是奔流，将阻碍变为更坚实厚重的河床。

运动，身心合一

儿子在高中参加了高尔夫球队。一天和另一所高中打比赛，据称打得很顺手，和我说比赛心得。

"今天是我参赛以来发挥最好的一次，我感觉。刚开始并不好，前两个洞，我打得很烂，有点着急，有点焦躁，状态很差。第三个洞，我成功地打了个高球，离洞很近，一下子来了精神。我提醒自己要专心，慢慢进入了状态。后来，我发现一个诀窍，注意不要在挥杆后不自觉地抬起上身，保持压下的姿势，状态就上来了。"

"后来状态一直好吗？"我问。

"妈妈你知道，打球的时候干扰很多，比如，走过去的其他球手，旁边树上正掉下的树枝，任何跑过的动物，各种声音。这些都会使我的注意力受到干扰，不能完成心里面想好的动作。或者已经想好了动作，突然注意力被干扰了，就马虎挥出了。所以我尽量专心再专心。后面的洞，就打得顺手了。"

"这个对注意力要求真高啊。"

"是。心里面的构思特别重要，然而构思能够实现，又需要非常好的心态。最后几个洞，我有点着急，担心队友等我，因为已经很晚了。可挥杆时，我忽然意识到，这种担心也是干扰，我就安下心想，就按照我自己的节奏，不要想这些。最后推杆时，一杆进洞！"

"所以高尔夫真是修行者的运动，会让人做到排除干扰，身心合一。"

对心灵的调整，对身体的使用，对力量的控制，对自我的思考，团队的合作，任何运动都含有吧。

妈妈是水，当水够安静的时候，就会像镜子一样澄澈。孩子对自己的观照，妈妈不会用任何小急流、小波澜去打扰，比如："啊，快点吃饭，你作业还没写完。""上次数学怎么才得了 B+？怎么退步那么多？找到原因了吗？""开始 SAT（美国高中毕业生学术能力水平考试，简称"美国高考"）总复习了吗？"种种这些浮在水中，导致流域混浊的念头，都要用最平静的力量，使之沉降，而努力使得自己与孩子当下的认知同频，能够给孩子的多元成长完整的倒映。

妈妈来电

"宁宁,我做了个梦,梦到你了。梦到妈妈给姐姐去买东西,忘记接你了,你打电话过来的时候,妈妈让你搭别的车回家,你细细的小声音说:'好吧。'"在北京的我和在洛杉矶的宁宁视频。

这下子不得了,刚才一直问"妈妈,你都好吗?我想你了,姥姥做的饭好吃吗?他们给你做的饭好吃吗"的宁宁立刻找到了新话题:

"妈妈,我也梦到你了,梦到你到彩虹里面去了。我们在彩虹国,看到的所有东西都变成了彩虹颜色的,有彩虹马、彩虹房子、彩虹车……我和姐姐骑着蓝色的马,你们骑着白色的。我们还从彩虹里跳进大海,就变成了彩虹的人鱼公主,游到了深深的海底世界。这个海里面很美,没有打啊杀的,没有恐怖的东西,都是小精灵,美丽的事物……"

"啊,那我们就没有脚啦,变成鱼尾巴啦?"

"啊,妈妈,没事的,我们游到泡沫里,脚就又变出来啦。"

对于宁宁来说,梦境就是随时随地的创作。小孩子真幸福,不甘心被动进入梦境,都是梦境的主创者。

好咧,亲爱的女儿,你说出的故事,就是你拥有的,就是你心灵的内容,正如妈妈拥有事物的方式,就是写出来。你这小小的咒语师。

在镜头那边,她不断地做心形给我:"妈妈,我爱你哦。"那当然,我也爱你,早在你爱我之前,我就爱你了,亲爱的。

今年，宁宁5岁，和哥哥姐姐一样，她到达了一个创意能力的小高峰。她经常谈起梦境，画的每一幅画，都会和她的语言认识结合在一起，形成奇特的故事。

妈妈是水，孩子的任何奇思妙想，就像最奇怪的泳姿，都可以在妈妈的碧波中遨游。

宁宁的梦与幻想

一天睡前,宁宁给我一幅画,她睡眼惺忪地说:"妈妈,发生了很重大的事情。就在我画画的时候,我想起来我夜里的梦,所以我画了我的梦。""什么梦啊?"晚间的谈话,总是由孩子主导,我节制得像个捧哏似的。

"有一只小鹿宝宝,还在它妈妈肚子里面的时候,就被一个鬼给偷走了,从妈妈的肚脐里,把小鹿偷偷地带走了。这只鬼,把小鹿关在笼子里养它。鬼给自己套上了鹿一样的头,接近小鹿,去喂它,可是小鹿非常想念自己的妈妈,它非常想回到妈妈身边。鬼嘲笑它说:这个笼子比妈妈的肚子大多了,你妈妈给了你那么小的肚子,让你在里面挤着,这个笼子里你都能站起来,来回走路。是我帮你到这里的。"

"这个鬼说的听起来有点道理。"我牢记捧哏的角色。

"可是小鹿说,如果我从妈妈的肚子生出来,我就有更广阔的地方了,我可以跟妈妈在草地上跑跳,可以和别的小鹿玩,我可以跑到彩虹底下去,可以顺着彩虹跑到云彩里去。你只给了我一个笼子,你的头都是假的,你不是鹿。我要回到妈妈身边,我要去'鹿们'那里。

"鬼很生气,不再去找小鹿,不再给小鹿吃的。小鹿开始喊鬼,你要是带我出去,我就和你一起跑,你会知道我是怎么跑的。鬼就又给小鹿东西吃了。小鹿吃饱东西,有了力气,走出笼子,就和鬼一起跑。它跑得太快了,鬼使劲儿追它,鬼把自己追成了一溜烟儿,来了一阵大风，把鬼吹散了，只剩下一个假的鹿头，掉在地上。小鹿跑啊跑啊跑啊，来到了妈妈身边。

"它妈妈说，啊，你是谁啊？妈妈，妈妈，我是你的宝宝啊。可是我的宝宝早就不见了。啊，妈妈，妈妈，我还记得你的心跳，记得你的味道，我被鬼抢走了，可是，我又跑回来找妈妈了。"

我喜欢得不行。这么好的故事，宁宁说是一个梦。多么好的梦啊！如果有梦境神仙，我真要好好感谢她。

她每次都会解释她的画，特别是哥哥去辅导姐姐，妈妈爸爸各有所忙，她落了单的时候，是灵感神仙或者梦境神仙最频繁光顾她的时候，她构想出一个又一个故事，来填充自己的"无人区"空白。

而且，为了博得不落单的待遇，她会绘声绘色地把故事描述出来，不厌其烦地一个版本一个版本地讲，就像晚上临睡前这样。

这个灵感娃娃，在多子女、多项目的家庭环境中，她把每一个"无人区"，都用创意装点成了自我的作品。

其实，我们大人何尝不是经常适当地被世界弃置，适当地无事可做、无人可约、无可依附？

大部分时间，我们的习惯是要在很多人、很多事、很多活动间穿行。一旦静下来，一个人，自己和自己相处，便犹如静下来的一池水。这种时候，我们就能够照见自己的水池中，绿油油的水草，活泼可爱的小蝌蚪，明亮亮的日光碰碎在涟漪上，白鹅悠悠游弋在散金碎银上，樱花缓缓飘落，每一片精巧细腻的小花瓣都在对池水倾诉心照不宣的话。我们的灵魂明亮而平静，宛若朝阳下隐隐激动的群山。

讲完故事的大佬宁，就这样睡着了。她用故事饲养了妈妈，这个关于爱与回归，关于自我与他我，关于亲密和危险的故事，来势汹汹地激励着我。

第二天，我又把文字读给心心听。现在听我的文字，已经是心心中文熏陶的一部分，因为写的是他们大家，她非常喜欢。而且，以宁宁为主角的故事，对于心心是个很好的诱饵，只要吞下去，灵感神仙就会光顾心心，使得心心也创作出新的作品。她们彼此激励，互掷创意飞球，我们渔翁得利，快乐莫过于此。

　　亲爱的妈妈们，不要对我说"可是我的孩子没有创意啊"这样的话。就像妈妈怀孕会自然地生下小孩，一个孩子的童年，本来就会自然地孕育创意。妈妈没有识别创意的能力，不代表孩子没有创意。

　　但是，孩子的童年所孕育的创意要被接应到，确实需要客观条件。我再强调一次，也许需要用祈使句：我们要给孩子时间，给孩子留白，倾听孩子的想法，肯定孩子独特的——哪怕是我们看起来荒唐的行动，我们要给孩子准备简单、可塑性强的创意材料，比如充足的纸和笔。

　　时间、材料和接纳，一件都不能少。

　　童年的权利，就是玩；童年的执行力，就是充分地玩耍。玩得花样百出，就是创意力和自主性，没什么不自玩耍中来。想要孩子将来有聚精会神的能力，那就不要打扰他们玩儿；想要孩子有好的沟通力，他们为了玩的项目，欢喜地和我们交流时，一定要认真对待每个稚嫩的话题，巧妙地延展开去，倾听、引导而不露痕迹。

　　妈妈是水，水是最有创造性的力量。在水中，我们都会做出和地面上不一样的动作，我们游泳时像飞翔，我们身轻如燕。水中完全是一个不一样的世界。

　　妈妈是水，要对孩子的创意表达给予深深的肯定，让孩子的思想在妈妈的浩渺中自由翻转。

姐姐的创作，妹妹的搏斗

"啊，妈妈快来！"

心心大喊我时，宁宁正在用力抢心心的作品。心心边大喊要求援助边运笔如飞，顶着小妹撕抢的压力，最后润色。

我赶紧抱起了宁宁，宁宁还不肯，玩千斤坠儿，自己也不画了，死活要姐姐的画。

宁宁肯定受挫折了。这些日子，她始终在姐姐旁边画大饼脸，总是圆圆一个大饼，里面两点一线，是眼睛和嘴巴；画了快一年了，还没有什么突破，就是大饼脸。可是姐姐，画了美女、哥哥、宁宁和自画像，画了各种游戏，这次又画了一幅十分令人觊觎的画。所以，宁宁停下了自己的笔，非抢不可。

我用尽洪荒之"妈力"，终于抱起了挣扎的"肉坨宁"，举着宁宁从高处欣赏姐姐的画和姐姐的创作状态。宁宁渐渐平静下来，专心看姐姐的画。

我赶紧问心心："心心，你画得很有意思，和以前不同，这是什么？"

"这是我设计的一个游戏。这很多都是座位，每一个座位都可以转到最里面这里。"她指着那核心的一团，"然后，嗖地滑下去，再从另一个座位升上来，可以看到一些鬼，可以和它们说话。不同座位上来，看到不同的。"

"哇，你真的设计了一个游戏，我们从来没有玩过的游戏啊。"我称赞她。

我立刻理解了宁宁。像妈妈、爸爸、哥哥这样的人，是用"啊，真好，很有意思"来赞叹的。然而，像宁宁这样的3岁小孩，赞叹只有一种方式，就是据为己有。

心心这幅画确实太复杂、太机械、太多细节，使得宁宁自己的创作终止了，她对姐姐全部的赞美就化为行动，要抢过来！

"难怪小妹要和你抢，实在是太有趣了。"我对心心说。

"宁宁，你不用抢哦，等姐姐设计完了，就可以带着你玩了。你抢过去，设计不好的话，也不能玩。"心心很耐心地对宁宁解释。

这就是差两岁的姐妹关系中有趣的一环。妹妹的欲望会成为对姐姐的激励，姐姐因为要实现妹妹的愿望，才特别努力。

仔细观察，心心在创作中，愿望发生了变化。一开始是有灵感，爱玩儿才画；等到宁宁开始关注，开始行动，开始争抢，心心的创作动力发生了一点点变化，她为了使得小妹能够和自己玩儿得更好才继续完善。

这世界上的许多作品，不仅仅是自我的强烈表达，也尽有如凡·高为了不使弟弟提奥失望而坚持创作的丰厚成果。

灶台的火上还在咕嘟咕嘟地煮粥，忽然想到我也是，不仅是因为晚饭时间将至而煮粥，而是因为要给孩子们吃，是因为要让他们尽量吃一点柔和的粗粮，才把小米精心洗好，煮上。

每天，因为有那个要分享的人，创作动力都会发生一点点变化。因为有对方，每一次创作，每一次煮饭，每一次劳作，都变得光洁明亮，喜悦耀眼。

妈妈是水，水是不论在什么状况下，都会极力保持清澈的，哪怕在湍急中，依然努力保持着"流水不腐"的观照。妈妈要利用这种观照后的理解，去激发孩子们的创造力。任何和创造力相关的动机、欲望，都要不间断地去欣赏、悦纳。

走一路画一路，随缘用纸

心心在第一次和妈妈的两人旅行中，把几乎所有的活动时间都用来画画。

我没有特别给她准备画纸，也不像平时一样，到哪里都带着图画本子。我们搞了个"狩猎纸张"的游戏，心心所有的画纸都是随缘获得。有妈妈好友的小记录本上撕下来的；有酒店的信封、信纸、留言卡，有餐厅留言本的纸，还有打印纸的背面。一路上，心心画了几十幅随机题材的画。

为什么随缘用纸，而不是像妈妈在家里一样做好充足用纸的准备？

现在物质泛滥，曾经珍贵的纸张，已经低廉得到处都有，为了回味匮乏时代的珍重感，重获寻觅、求助、拥有、珍重的乐趣，我特别选择"狩猎纸张"，并每天都为遇到、找到、拥有不同类型的纸张而和心心陷入小幸福中。

这样来之不易、不确定的纸，并且规格和类型各不相同，使得心心对于创作如痴如狂，热情远超在家中纸笔泛滥之时。

尼采曾经说过："找到一技之长，是人生重要的工作。"

那么找到自己的兴趣，并不断浇灌它，是童年最重要的工作。

对于小孩子来说，处于时常被忽略、被边缘化的童年，大人对他们的关爱，时时冷热不均：一时兴起，爱到大雨滂沱，白浪滔天；一时忽略，旱魃深重，万里焦烟。小孩子有一个真正的兴趣所在，通过这个和自己的内心对话，学会表达和自我安慰，是很重要的一件事。

而在孩子识字前，能够很好地用口头语和书面语言表达自己之前，涂鸦是非常好的表达方式，其中也有无穷乐趣。

对涂鸦的引导，注意帮助孩子一直坚持下来，保持住兴趣是要点。

我们轻装简行，用这种随时"狩猎"纸的方式，每天得到的纸总是只有一点点，但由于现代社会的丰富，也不至于完全闹"纸荒"，有时候一片小小的餐巾纸，都被心心十分惊喜地善加利用了。

这不仅是渐渐学会用很少的东西，以非常随缘的方式，过一种符合审美意义的生活，并且也是回到古代画师的感觉。那时候，纸好金贵，落笔前会把所有思绪反复掂量，心中先已有画，然后落笔无悔。

妈妈有水一样的创造力，可以随机调整变化，滋养孩子的创造力，带领孩子体会面向不确定性的幸福能力，以及用尽办法保持孩子兴致勃勃、反反复复的行动力。

儿子谈画画的感受

"妈妈,当我面对一张白纸,考虑要画什么时,是我最幸福的时候。我会久久不下笔,就那样看着它。然后,一个念头浮现出来,我开始画。有时候就画一个小东西,在纸的一角,之后再不能添任何东西了。这张纸是这个小东西的全部空间,我不能用任何东西去打扰它。"

"儿子,画有两种。一种是特别小就去学,学出来的。要画多画满,画得琳琅满目,色彩斑斓。那种是给眼睛画的画。一种是像你这样,给心画的画。"

"妈妈,我忽然领悟了一个道理,是关于画画的。因为画画时,我经常想,到底我的风格是什么呢?今天突然悟到:有风格的画家,应该都经历过什么风格都吸纳的阶段,而我就在这个阶段,完全没必要考虑什么风格,画就是了,尝试一切。生出风格是未来的事。"

儿子学画特别晚。我们家里也没有任何人走过画画的专业路线。从他一岁多抓着笔,随意在纸上画一条胡乱"破晓"的线条开始,十几年来,我一直保持鼓励、肯定、喜欢,而且尽力提供更多的纸,专注观察他的每一幅画,就他的每一幅稚嫩"作品"和他交流,尊重他的画,不亚于尊重莫奈、毕加索,尊重他的专注和热情,从不打扰,只帮忙不添乱……儿子就是这样,在妈妈长达十几年从不间断、不偷懒、不转移兴趣的滋润下,真正把幼时涂鸦的一时兴之所至,变成了与自己融为一体的绘画。

15岁,儿子已经非常确定,他想要选择和绘画相关的专业路线。这时候,我才为他选择了一个专业画室,进行了大量的人体写生、素描等训练。画室每周请模特摆动作，而且限时几分钟让孩子创作。仅仅几个月，儿子进步非常显著，成了老师嘴里最有创造力的学生。他的笔触新鲜大胆，独具热情，比很多自小学画，画功无懈可击的绘画小工匠更吸引老师的注意力。而且，他越画越快，等待其他同学完成的时候，他就回归自己的原创状态，开始"恶搞"自己的写生，开始玩变形，玩故事，玩符号。不论怎样，他都能享受绘画。

他是真正爱画画，而不是把画画当成技术的孩子。画画，是儿子和自己心灵沟通的一种方式。18岁，儿子如愿拿到了他第一志愿的美国艺术学院的录取通知书，学他最爱的插画专业。

谁能想到呢，一个一岁时在纸片上勾了几根线条，而被妈妈亲来亲去的肉坨，两岁能够画各种扁扁的圈圈；3岁能够在圈圈上长出歪七扭八的翅膀；4岁能够画喜欢的孙悟空金箍棒，但是妈妈看起来就是一纸线条旋风；5岁就开始画机器人；6～7岁，继续大规模画机器人和变形金刚；8～9岁，他画了很多非常原创的奇形怪状的世界、玩偶；9～10岁，等待吃饭的时间，周末做完作业后，户外游戏后，他一直画一直画。就这样，一直进行一个人、一支笔、一张纸的对话。

这样，他长到18岁，假如保守估计，每天平均画画一个小时，从一岁乱涂开始，他已经画了6000多个小时，进入大学，每天画10个小时，是经常的事情，应该很快画到10000个小时了吧。在画画这件事情上，他不仅心里有画画的兴趣，脑子中有画画的韬略和创意，身体上也有画画的肌肉和惯性。

画画，不仅是和他自己沟通的方式，甚至也是我理解他的通路。而且，长远看，真正好的画者，他的画也会成为和这个世界的沟通方式。

妈妈是水，妈妈对孩子的滋养，以分秒为涓滴，滴水成河，以年月为河道，保持细水长流，灌溉似水流年。蛟龙得水，则能飞腾上天，兴云布雨。

画画不是特长，而是表达

我家的孩子都爱画画。哈哈，这个我也理解，心中细细密密的话，不一定都形于语言。脑子中无穷尽的想象力，不一定都能倾诉。只有画画，思维和行动当下结合。在我眼里，他们每个人每天作画的身影，都是和画结合在一起的一部分，就是家里流动着的小画。

其实，画画不能算是特长，假如写字是每个孩子能够学会的能力，画画就是孩子不需要学习，而先天具有的能力。这种语言，由孩子的大脑和心灵吐露，经由纸笔结合而呈现出来，就是每个孩子的人文表达。

"那我家孩子怎么不爱画呢？"只有一个回答："被扼杀了。"

有各种原因可以扼杀孩子画画的兴趣：

1. 没有在关键期拿到充足的纸笔。

2. 没有时间画画，孩子被大人安排得总是处于被刺激状态，比如看电视、玩玩具，一直在户外玩耍，没有给他静下来的时间。

3. 大人的不当参与。对孩子画画过于功利的安排，对儿童画的不当评价，只求孩子画得像而不是大胆表达出来。

画画本来是孩子的第一种人文语言，手工是第二种，写作是第三种。这里指的"画画"，就像说话一样，是种表达方式，而并不代表"说得好"或者"画得好"。在孩子的成长中，"说"优先于"说得好"，"画"也不应该用"画得好不好"去衡量。画就是了。

"画是孩子内心世界的体现吗？"

我同意画是孩子们的一种表达。但即使是最优秀的画家，有着无与伦比的画技，可能也难以完全通过画来表达内心世界。

我们的内心世界那么复杂多变，充满念头、情感，要像照相机一样，准确地用画捕捉到内心世界的一瞬，大师也难以企及。

孩子的画，是一种创造性表达。这种表达，在提笔时，只是有表达的欲望。而成图时，又像一个絮絮叨叨的大人，张嘴就来的话题，不知道会到哪里才结束。

孩子的画就是他们用口语没有办法完全表达的一种"代语"。孩子画画能够在始发后，受外界、笔纸颜料等的影响而自由生长。既有主动性，又有被动性，完全像人一生会经历的所有事情的小小缩影。每一幅孩子画出的作品，对于孩子自己也是惊喜，像是通过自己，天降的礼物。

所以我特别支持孩子们画画，小孩子画画的情感和实践体验丰富而全息。

如果通过画画达到知行合一，就是大师。对孩子来说，通过画画能够达到一段时间内的全神贯注，就是小孩子大师了。

心心的阅读疗愈

晚饭后,我的脚不小心被玩具砸了。大脚趾有点轻伤,出血了。孩子爸爸回国了,只能由我坚持着遛了我家的大狼狗多多40分钟,从头至脚,汗流浃背。

一瘸一拐地回屋子。心心自己搭了积木城堡,下面配了画,还是城堡,一个公主装扮的妈妈也在遛狗。

"亲爱的,你画的妈妈和多多吗?"心心点了点头。她细致的内心,生生把穿着陆战队迷彩服遛多多的妈妈,画成了绕指柔的公主范儿。妈妈的形象在女儿心里被阳春白雪化了,我心里柔软了一会儿。那时候心心的交流状态还很好。

睡前要关掉楼下所有的灯之后上楼。我请心心帮我关掉离得特别远的灯。平时,她会欣然做这样的工作。可是这会儿,她在地板上极其缓慢地爬行,以比一只毛毛虫还慢的速度朝灯蠕动,嘴里还发着牢骚:"为什么是我?"

这个时候我不仅脚痛,而且有点肚子痛,浑身是汗,急着上楼洗漱休息,不禁着急地喊她:"心心快点!怎么爬呢!妈妈这么着急,你却这么慢!那我不等你了,我先上楼了!"

话一出口,我就闭嘴了。脱口而出的声音,在倦意、急躁以及刚训练过多多的惯性下,听起来特别严厉、刚硬。这简直不是声音,是一枚枚子弹!

可是我已经无法收回!心心呜呜哭起来。哥哥听到扰攘,从房间里出来,问:"怎么啦?"

我简单地说:"心心去关灯,爬着去,很慢。我急着上楼,今天脚被砸了,着急就喊她了。"

儿子立刻关心我的脚。"妈妈要不要创可贴?"一通关心。然后跑到楼下去领心心。

心心哭着,哥哥把她带上来,各种安慰:"心心去帮助关灯很好啊。但是晚上时间很宝贵,心心应该动作快一点。我知道你是累了、困了,才这样。妈妈也是累了。两个累了的人,就会这样,彼此让对方更累。现在应该尽快休息,就会把累赶走了。你一会儿给妈妈道歉,但是不要现在,不要因为听哥哥的话就道歉。一会儿,你情绪过去,觉得抱歉了,才去道歉。妈妈也累了。妈妈一天很辛苦的。"哥哥一直开导妹妹。

心心蜷曲了自己坐在哥哥怀里,寻求肢体安慰。哥哥抱着她,柔情似水地说:

"亲爱的心心,你都这么大啦?刚出生的时候,哥哥第一次抱你,你才这么一点点大。"哥哥边说边比画,"你像个球一样大,我都可以把你高高地举起来,投出去!我这么投,我这么拍!"哥哥边说边摆姿势。

"现在,你居然长这么大了!都像一根高尔夫球杆了!等宁宁回来,哥哥拿你当球杆,把宁宁当球,我们打高尔夫好吗?把肥宁宁打出去!"

心心渐渐平静下来,我也平静下来。两个人都心平气和地听儿子说。老实说,我好羡慕心心,我也想有哥哥的怀抱可以把自己塞进去,当球,当高尔夫球杆。每个女孩都做过有哥哥的梦吧。

儿子趁机开始嘱咐:"心心,作业整理好了吗?别明天早上着急找不到。如果明天你想吃家里的饭，记得早起一会儿，就可以吃妈妈做的早餐。"他们如果起得晚，都会去学校食堂吃早餐。

我柔情蜜意的心，瞬间止息，忍俊不禁笑了出来。准备回自己屋的儿子伸过头来问我为什么笑。我压低声音说："你为什么教小妹你也做不到的事呢？"

儿子尴尬了一下，旋即严肃认真地说："小偷爸爸也不希望子女做小偷，小偷哥哥也不希望妹妹做小偷。大声的妈妈，也不希望我们大声。"哈哈，这倒是真的。狡辩小子！连我都被教育了。

我和心心开始洗漱。我亲亲她的脸，先道歉："对不起，心心，妈妈太着急，大声喊你了。妈妈今天晚上给你讲4本书，加一本表示道歉，好吗？"心心默默地去找书了。本来以为这事情就过去了，但是这会儿其实才写到了重点。

4本书，我一路读过去：第一本是《弗洛拉的花》，第二本是《弗洛拉的小毯子》，第三本是《凯能行》，第四本是嘟嘟和巴豆的《你是我的阳光》。心心边听边给我讲下一步的情节，她每本都熟。

前两本是家庭中有爸爸妈妈、哥哥姐姐的小兔子弗洛拉，用砖头种房子的幼稚故事和睡前不肯睡找小毯子的故事。讲到弗洛拉种下砖头，哥哥姐姐们嘲笑它时，心心评价：我觉得弗洛拉的哥哥姐姐对它有点严厉。

第三本是妈妈不理解笨手笨脚的凯，一直喊他，还拿凯和其他小孩比较，后来出现一只接纳和鼓励凯的大猫，使凯觉得自己能行的故事。

第四本里面有一段话：

"我从没见过嘟嘟闷闷不乐，"邱丽说，"他总是那么开心。"

"每个人都有闷闷不乐的时候,"巴豆说,"嘟嘟也一样。"

"今天的天气多好啊,"邱丽说,"天这么蓝。"

"当你情绪低落的时候,天蓝不蓝就都无所谓了。"巴豆说。

……

"我真高兴,你不再闷闷不乐了。"巴豆说。

"我闷闷不乐了吗?"嘟嘟问。

"有一点,"巴豆告诉他,"有时候,你需要一阵狂风暴雨来冲洗你的心情。"

"是的,"邱丽说,"暴风雨是绝对必要的。"

朋友也是绝对必要的。

第四本还没读完,心心就睡着了。

我默默地把上面的句子读完。

哥哥对心心来说,就是《凯能行》中那只接纳、陪伴又鼓励的大猫吧。妈妈今晚是"闷闷不乐"的妈妈。家庭气氛是弗洛拉面临的温暖又有不同意见较量的局面。还有,我读时心心说:"弗洛拉好可爱,像宁宁。"这两本也是对去旅行的宁宁的思念。

亲爱的心心完全了解所发生的事情。她处理情绪和纷争的方式,就是在自己的书架上定位相应的书来请妈妈读,请妈妈在读的过程中净化和完成理解。

心心对自己的一架子书,完全了然于胸,就像僧侣对经书中的文字一样熟悉。她知道对应形势取阅哪些书,来缓冲现实,平静心情。昨天她让我读的是"小熊和世界上最好的爸爸"系列,那一刻肯定是想爸爸了。

哎,我心思如发、情感细腻的女儿。她现在已经完全有一架子书的感知和格局。我心中充满感谢。感谢书籍，感谢阅读，感谢时光通过阅读做功，帮一个亲爱的小姑娘成为一个小小的文化人。

黑格尔说："审美的感官需要文化修养，才能了解美，发现美。这就是妈妈理应陪伴孩子走过的路，辅助他们到自主阅读，辅助他们能够也开始不仅画，而且用更抽象的文字，尝试写作，尝试表达自己。"

孩子的人文审美中，阅读比起画画在早期是更加依赖妈妈参与的。把孩子抱在怀中，从孩子几个月起，就可以开始以书为玩具了。每天固定的时间给孩子读书，从无字书、图画书、故事书，到散文、诗歌。前文讲过，给孩子读书，妈妈对书的热忱最重要，如果是像复读机一样机械的、没有情感的播放，这件事会渐渐成为妈妈的负担，也会降低孩子的热情。

早期，阅读中的妈妈应该对每一个字、每一句话都充满和孩子一样的惊奇、期待、幻想，这才是最佳的共读状态。字里行间的意象和美，全部会被妈妈传递给孩子，不仅传递了书中的内容，也传递了妈妈的审美。这么读下去，迟早有一天，妈妈会发现，孩子读过的那些书，会在某些事件发生的时候，像一队战士一样出列，排得整齐划一，在孩子的心田，果决地执行任务。

从亲子共读到各自阅读，相伴的妈妈和孩子也会一个小时一个小时叠加起读书时间，涓滴成溪，百川归海。

读书，不是为了读，而是为了润泽、化育。妈妈是水，水有坚持不懈的行动力，才会水到而渠成。

高背椅子

玩乐的宁宁把餐桌的椅子一把把推到一起。刚开始,她并排推了一对儿。然后自己躺上去,装成小婴儿蜷缩在上面。一会儿,享用完这个新鲜空间还不知足,她又推来两把。需求升级了,想和先前并好的椅子再分别并成两排,这可要大费周章。

因为推到外侧容易,推到里侧就有两种推法:

1. 直接从空位推到里侧,再推外侧的。

2. 外侧的就近先推到位,然后端详一番,再把新推到位的椅子挪开,把另一把反向推到内侧,再把外侧第二把推回原位。

小孩子,思维都是短视的。果然,宁宁是第二种。先推好了外侧的,享受了片刻的成就感,又推开,把另一把推进去。这时候我绝不会提醒她:哎哎,直接推进去,再推好下一把。对行动起来的小孩,只要不危险,没有妨碍到别人,我一般不干预。对于他们淘气的方法,我也从不指手画脚,以显示我的简捷和高明。

很多智者圣人,比如菩萨,对人类做过同样的事。很多事情欲说还休,只默默告诉我们:诸恶莫作,诸善奉行。至于在不同情境、不同时空中甄别"恶"与"善",是我们自己的修行。

小孩子也是,他们的淘气深具意义。1. 设想和行动力的结合。2. 从短视的行动、复杂烦冗的工序,到理想化的行动方案。步骤少、效率高不是教出来的,都是干出来的。

还有一个例子,心心收拾餐后碗筷,都是一个一个拿到厨房水槽里。我默默观察,让她收拾数日,终于看到她提高了效率,开始把碗叠在一起,筷子收拢,尽量一块儿拿过去。

为什么不直接示范给她看,直接告诉她可以叠起来拿呢?

任何事情,行动者从自己的行动中悟出来,体验到,比由监督者告知更能体会到创造和自由意志之美;也能尝到行动力升级,效率上一个台阶的成就感。从小不愿意被人指手画脚的我,情愿忍耐孩子们缓慢无序的行动,也愿意等待。要知道,等待也是陪伴的一种。把心安放住,把成长留给不断的重复。

话题说远了。紧接着,宁宁对有4把椅子的空间又玩够了。她开始追求6把椅子的空间,并且把两个圆高凳也加进来。这首先考验的是协调能力,谁进谁出,谁先谁后;然后是组合能力,怎样把这个小空间完善得合理;还有行动力,推着靠背那么高的椅子,排来排去,不舍点力气、喘息和汗水怎么行呢?

就为这些,经常很佩服小孩子。试想下,根据成人的身高同比例放大椅子,我们有没有力气和兴趣,一直去调动它们?

哈哈哈,这样比较也许不恰当。当我们长大成人,我们每个人其实都有自己的"高背椅子"。反复设计,反复组合,重复的行动,保持热情,这样的能力到底从哪里来的呢?

所以我非常谨慎而且轻松地看待孩子们的童年。谨慎,是尽量不参与。轻松,也因为尽量不参与。我也这样谨慎而轻松地看待自己的生活。

常有人问:"你怎么那么有耐心啊?"

亲爱的,这不是耐心,因为耐心的"耐"字,是需要忍耐的,等待孩子慢慢领悟,不需要忍耐,这是一种美好的期待,是水落石出。

孩子带着热忱做,妈妈就像水一样,因热而汽化自己,带着热忱环绕着孩子,润泽着孩子。妈妈是随着孩子的节律而变化的。

心心的家长会

一年级,心心在美国读书,第一次去开家长会,印度族裔的班主任 Reddy 尽责叙述。

她说:心心经常 dreaming a lot,而很难在功课上 focus(就是经常深陷于想象中,对功课集中注意的能力差)。她把心心的数学卷子、阅读理解卷子和作文卷子摆给我看,一题题地解读,哪些是注意力不太集中的结果。小孩子的题也没有太大难度,就是在不断重复。

我认真地看,心心对了哪些,错了哪些。老实说,当我看到她对的那些题,真心钦佩,觉得心心了不起;至于错了的那些,我对老师说:"谢谢花时间关注她的专心问题。心心是个在喜欢的事情上非常专注的孩子,我想,我们要共同努力,使得她慢慢习惯对于没有强烈兴趣的学习内容,也要做到在有效时间内的专心。"

老实说,和老师说的这话,我觉得很难实现,因为我现在也有这样的问题,不太感兴趣的事情,无论如何也无法强迫自己专心。所以,我一直都遵循自己的内心,努力迎合自己真正的兴趣,编织我的工作和生活。

我诚实地对老师说:"也许经过努力,她可以做到;也许经过努力,她还是做不到,像我一样。那样的话,未来我就会鼓励她专注于她真正有兴趣的领域。"

老师笑了,印度族裔老师,也是东方风格的老师,对孩子们当下的功课看得优先于一切。当然,这是小学老师不可推卸的职责所在,我理解。

还有心心的作文，写满长长的两页，完整的一篇狮子和小老鼠的故事，全须全尾的一个故事。可是老师说，她没有完成对作文主题的要求。主题是描写一个动物，要有结论。看要求是说明文，可是心心写的是篇童话。

"无论如何，我很喜欢她的作文，虽然不那么符合要求。"我友善地微笑着，眉毛眼睛挤在一起，带着点求通融、比较可爱的表情，对 Reddy 说，"我喜欢她的想象力。"

Reddy 被我的样子逗笑了，她终于谈到心心的优点："心心是个非常甜的孩子，她总是关注着其他同学，第一时间为所有需要的同学提供帮助，对老师和同学们都非常友善，非常有责任心呢。"老师也做了非常甜蜜的表情，响应我。

"是，心心是很会爱的孩子，她懂得爱所有人，非常温暖。"我骄傲地回答。

我跟老师说，因为要照顾心心的姥姥，我回国3个月。心心一切都做得很好，收拾房间，带着小妹刷牙洗漱、换衣服，陪小妹聊心事，还有次帮助重感冒的爸爸做家务。她是个很有担当的孩子。

老师非常诧异，她吃惊地说，啊，她竟然一次都没有听心心说起过妈妈不在家里。

"当然，我们经常视频聊天。""不，"Reddy 摇摇头，说，"这很不一样，有很大的区别。"并告诉我，下次我不在的时候，请让她知道，她会特别关照心心。

我感谢了她。家长会回程，我心中充满了感触。

亲爱的心心，想象力奇特，爱手工，爱所有人，在学校也是一样。而且，她还是一个很有担当的人。妈妈不在家这件事情，爱交流的宁宁在幼儿园讲得满城风雨，几乎尽人皆知：宁宁妈妈回国了，过生日那天会回来。心心却把这件事置于一边，和老师的交流都是"公对公"的，她自己掌控自己的私人世界，秘密地当着"小妈妈""小主妇"。

"心心，你现在学习如何？觉得有进步吗？比如你说你不擅长的拼音，现在认识了吗？"刚回来时，我曾经问过一次心心课外班中文课的情况。

心心回答我："妈妈，我慢慢在进步。我也不着急，进步这件事要有耐心。我一直在慢慢努力呢。现在拼音不是都会了吗？所有不会的，我看要是不着急，都可以慢慢会起来的。"

嗯，她就是这样，是个有自己的主见、节奏和性情的孩子。我能帮助她的，就是听她说。她是自己说完就会做的孩子，这个我知道。

最关键的一点，她衡量自己，有非常多的指标。比如打球、玩竞技，她非常坚忍，体力耐耗；玩手工，能一动不动全神贯注良久；为了身边一个心情不好的人，她会非常贴心地去照顾，去陪对方聊天。而且，所有的话，她都愿意和我说。

她是个柔软自信的孩子，并不会因为错几道题而觉得自卑。她接受自己样子的程度很高。到目前为止，功课从不困扰她，像我小时候一样。

我小时候，嘴里乘法口诀倒背如流，眼睛却骨碌碌地看着远山，想着山里面的神仙。然后做题时，完全没法子应用。

孩子要由了解自己的人养育才幸福啊。亲爱的心心，我们慢慢来，学习和成长之路，就是找到自己的路。我真心为她感到骄傲，有想象力、能爱人这两项，是最好的成绩。

总之呢，家长会上，老师对孩子的"不在妈妈身边表现的说明"

以及"纯粹学习状态的说明""学校社会关系能力的说明",是妈妈认识自己孩子的部分参照。

妈妈陪伴自己的孩子,是一对一,或者一对二、一对三;老师是一对三十,她对孩子的观察,特别是刚刚学习了一个学期的学生的观察,仅仅说明了一小段时间孩子动态的学习过程。妈妈要代谢,要让所有的信息在自己的妈妈池塘里过滤、沉降。

对"负评"一定要警觉,用水一般的智慧,去查看,去代谢,去转化。

和老师进行了"外交会谈"后,迫在眉睫的事就是和心心"落实会谈",这是硬生生考验妈妈政治智慧的时候哦。

代谢家长会

家长会后，从中文学校接回心心，又去接小妹。路上堵车，大概需要30分钟。心心一上来，就喜悦地拉开架势，要和妈妈聊天。她一向很喜欢、习惯在路上和妈妈说来说去。

"妈妈，你去参加我的家长会了吗？"

"对啊。"我回答，为怎么把老师的话转化成给心心的营养素而暗暗措辞。

我绝对不会把老师说的，心心老出神、自由想象、在功课上不能很专注的信息告诉她。我一向的原则是，孩子小的时候，妈妈是个天然过滤器，会把所有主观、单向度的信息加工过滤，变成对孩子当下的思考力、承担力有积极作用的营养。

妈妈是水，要自带温度，把冷冷的冰块融化成暖融融的水，流动起来，滋润孩子。

还在沉吟的时候，心心开始主导话题了。我暂且倾听，在她主导的话题中，等待入口。

"妈妈，你知道吗？我们老师Reddy是个印度人，她小时候生活在印度，那时没有电，没有电灯，没有TV，没有iPad，没有电话手机。"

"那老师小时候生活得开心吗？"

"很开心，她们没有这些玩的，就可以和小伙伴们在外面玩儿。老师说，开心，不一定拥有什么，有好朋友在一起，就不会感觉到缺什么。"

Reddy 果然是印度人,是个关注灵魂生活的人,把老一辈的物质观再传递给孩子们。

"其实,妈妈小时候也没有电视、电脑、手机啥的,也确实不影响开心。你现在虽然有这些东西,但是,你在院子里和宁宁或朋友们玩的时候,没有那些,不是也很开心吗?

再进一步,因为我其实还是很警觉单纯地去科技化什么的,我说:"可是,我觉得你们现在很好,因为你们有了新的选择,可以像妈妈和老师小时候一样开心,也可以有全新的体验,可以学习怎么样和电视、电脑以及 iPad 相处,学习管理自己。"

"是的,所以我们周一到周五就不看电视的。"

"对啊,你们做得很好。亲爱的,知道吗?我觉得你写的作文非常好。"我开始代谢家长会。

"啊,你看到的哪一篇?"

"就是你写了一头大狮子和一只小老鼠的故事。你写了整整两页,故事也很有趣。"

"就像我和宁宁一样啊。"心心笑了起来。

我没有告诉她,老师说她的作文离题了。作文要求描述一个动物,做结论,写一篇说明文,可是,她写了一篇非常主观的童话。

这怎么能怪心心呢?我们平时给她读的都是童话,输入什么,就输出什么。她读的书中,百科全书风格的还真是很少。而且,她的性格偏好也更喜欢故事,如我一般。

反正她的作文我会打高分的。对我来说,小兔子不学游泳也可以,跑得快就好了。不管怎样,我对她的作文,深深表示喜欢。就像她会深深喜欢一个故事的表达,反复地聊。

之后，心心更打开了话匣子，她说："Miss Reddy 经常很抓狂。有时候，一个同学打了个声音很大的哈欠，她就特别生气地问是谁干的。她一生气，就没有人承认，她就会罚大家全部不能休息。"

"那你们没有人会告诉老师是谁干的吗？"

"没有。"

"如果你知道是谁干的，你会告诉老师吗？"我故意问她。

"我也不知道是谁，但是听声音是个男生。如果我知道是谁，我也不会告诉老师的。打哈欠又没有错，不用那么生气吧。"

"要是故意捣蛋打了个特别大的哈欠呢？"

"那就有点错了。但是我觉得告诉老师不好。哥哥说，告密、告状都不好。"

"嗯，我也不会，像你一样。哥哥说得对。"

哈哈，他们班级居然是个小小反抗组织，全体实行缄默原则。Reddy 是个风格严厉的东方式老师，哪里有压迫，哪里就有同舟共济啊。

"Miss Reddy 每天给我们几种颜色。如果是绿色，就说明你表现得很好，就可以得到礼物，或者消费币，或者糖。

"绿色下面是黄色，就说明有一点点表现不好，这时候就要在课间休息时间罚静坐 5 分钟。

"如果你得到红色，那要取消一个课间休息，只能静坐，不能去玩秋千啊、滑梯啊。

"如果得到紫色呢，就会取消两个课间休息。

"但是还有最坏的，就是粉色，会取消三个课间休息时间，就是第二天的休息也会取消一个。不算早上，我们每天一共有两个课间休息。"

心心对 Reddy 的管理体制描述得头头是道。

我问她:"那么你得到过黄色以下吗?"

"我只有一次得到过黄色,静坐了 5 分钟,以后就没有了。我都是绿色,所以我会得到学校的消费币,现在已经攒了 22 个了,可以给妈妈买生日礼物了。但是,绿色也有 super green, a little bad green 和 dirty green。"好吧,这三种,让我翻译成超绿、一点坏绿和脏绿。心心接着说:"这三种也不一样。有时候会给消费币,这是最好的,有时候是奖杯和糖,有时候是快到黄色的警告。"

"那么你会得到糖吗?这种得到的糖比家里的好吃吗?"

"我没有吃过糖,自从我长了新牙后,我就不再吃糖了。有一次,老师奖励我糖,我对她说,我不想吃糖了,因为我不想我的牙齿变坏,但是可以给我一个奖杯。这样我就得到了一个奖杯。"

"哦,我以为你有点怕 Reddy,不会和她讲这种问题呢。"

"我是有一点点怕她,不过我也有点怕哥哥。可是,即使怕,需要的时候,还是要讲道理的。我想我现在已经有点不怕 Reddy 了。她经常很厉害,那么,她老是关在厉害里面,自己也会不太开心吧。我也不会老关在害怕里面,想说什么我就慢慢地说。"

我心中有一阵奇特的感觉,眼睛蒙上了一层水雾。

我的小女儿,才 6 岁,一年级,遇到了一个有点更年期、有点苛刻的印度裔老师,她注意老师的情绪甚于老师的讲课,注意老师的管理甚于自己的功课。她是个高敏感、高觉知的小女孩,在一个班级江湖中,面临自己的处境,努力地记住规则,并且适应规则,努力克服恐惧去沟通。她做得很好。

而我能做的,就是陪她聊天。

然后,向她学习。

"心心，老师说，你很喜欢帮助同学，主动做很多事。"

"嗯，我会。当他们掉了东西，或者丢了东西，我会努力帮他们找。他们不会的，我要是会，就会仔细讲给他们听。我会捡垃圾，有时候休息的时候，看到校园里有垃圾，我也会捡到垃圾箱里。"

"啊，心心，我很喜欢你这样做。当你爱周围的人，你会愿意帮助他们；当你爱一个地方，你会帮助维护这个地方。而且，所有你真正愿意付出的地方，都会成为你真正拥有的地方。"

"妈妈，我不太懂你这个意思。"

"嗯，我是在总结你的优点。因为我是大人，我知道，即使住在最美的房子里，有最美的家，如果自己不愿意付出，不去爱，我们可能永远不会真正拥有那种生活。"

"嗯，我想我明白了，妈妈。"接下来，心心跟我描述了很多同学的故事，报了很多名字，说了他们的一些细节、性格。

"我们班有 24 个同学。"她告诉我其中很多同学的故事。真奇怪她记得那么多，简直是全班尽收眼底的感觉。我小学一年级的时候，和她相比，简直不像拥有过同学。

我趁机说："Reddy 说，你很关心你的同学，做得很好。但你还要在自己的功课上多多用心，多多专心。她说你现在已经比刚上一年级时懂得专心了。你会越来越专心吧，当你适应了老师和同学们？"

"我会。"她说。我舒了口气，总算把 Miss Reddy 从一开始就不断说的，心心需要在功课上专心的要求，和她沟通了——用我的方式。

"你知道吗，妈妈，我们上幼儿园的时候也用颜色，比如当时 red 是最好的，yellow 是有一点坏，green 是最坏。我懂得了，颜色代表什么不是固定的。而是你怎么规定，就给了颜色什么样的感觉。幼儿园时，我看着 red 很兴奋，现在看到 red 就觉得有一点点恐怖。"

"亲爱的,这是很高深的道理,你居然悟到了。我们人类把这个世界改变了。我们用自己的符号系统,把自己的感情涂抹在了生活当中。其实,好与坏,与颜色没有关系。你看到绿色就紧张和你看到绿色就兴奋,是被影响的。如果没有老师对颜色的运用,你本来可以自己直接面对颜色,你可能看到绿色就觉得宁静,看到红色就觉得兴奋,这可能才是你自己的感觉。"

"妈妈,听上去很有道理。"

"亲爱的,不管怎样,运用一切材料帮助小学生们自律,甚至上班的人也需要运用材料才能自律,这就是管理学啊。你知道管理学吗?"

"我不知道。"

"亲爱的,我觉得你有管理的天才,因为你始终能够注意一切。你的注意力很广阔,还有你对于老师规则的掌握和描述能力很全面。你还善于和自己感觉到有压力的人沟通。这都是很棒的能力。"

后视镜中,心心很羞涩地笑了,她的眼睛闪闪发光,是那种被充足了电的眼神。

"妈妈,你不在的时候,我还每天帮助宁宁检查幼儿园的作业,看她有没有 trace line。"

"trace line 是什么意思?"我故意问她,引导她说出对应的中文。

她想了想说:"就是有没有按照线来写。我小的时候,你不是教我了吗?我现在写东西,都能很好地写在直线上了,我想宁宁还有个过程。"

"谢谢你,亲爱的心心。这也是你的管理才能,你能把自己学到的往下面传递,妈妈很欣赏。"

小孩子一生下来,妈妈就爱,这是毋庸置疑的。但是到了上学时，他们慢慢揭开自己的社会属性，这个时候，让妈妈再不断地爱上的，是小孩子的个人魅力，也取决于妈妈是否始终能够让自己的"流速"跟上孩子的成长速度。

心心很会爱人，而且她会花很大的精力付出自己的爱，以至于还不能在自己的时间份额分配上，完全平衡自己的事情和别人的事情，这也像我一样。

慢慢来，我们不是有一生吗？

一个僵化的老师，也能成为一种独特的营养。对于心心来说，处于不那么被肯定的环境，遭遇严厉和质疑，受到日常环境的压力，可能是外柔内刚的她锤炼自己的好方式。

就这么适应下去，我们的经历就是我们的命运，每一种境遇都是我们来人间必需的修行。越是困难，越能抵达自己天性的山峰。

心心，加油。

孩子们，加油。

妈妈跟着你们。孩子是山，渐渐崛起；妈妈是水，山有多高，水就有多高。母子是山高水长的相伴。

灰姑娘

"到底有没有灰姑娘呢？"心心、宁宁都问过我这样的问题。儿子不太一样，只问过我孙悟空、哪吒是不是存在。

一律回答有。为什么呢？

可能我们想说，这些是艺术创作，是没有的。

但仔细思考，这个貌似客观的回答，其实并不客观。灰姑娘的故事是所有这一类现实的抽象，这样的故事，接二连三地在人类社会上演，不同年代、地区、民族都有相似记载。

渐渐地，灰姑娘已经不再是一个具体的人，灰姑娘是一类人的指代，他们跌落命运的凡尘，忍受了苦难的童年，遇到过不公平和虐待，却还保存着勃勃生命力，保持着正直和爱心，直到遇到命中注定的机会，获得逆转的人生。

王子也有。王子也是一类人，很好的家庭环境，良好的成长基础，使得他获得了某种权力，他能够把稀缺的资源，朝资源贫瘠的人群分配。王子是灰姑娘的爱人、贵人。

在我们未遇之时——无论是爱情、友谊，还是事业伙伴，我们都是一个宿命的灰姑娘。当我们握有资源，有一定基础，我们都可能是某类灰姑娘的王子。

这个故事，不一定要用男女爱情框住它，可以延伸得更广泛。

后妈也是。命运中，后妈代表了宿命的挫折。然而，灰姑娘的故事告诉我们，假如保持兴致勃勃的成长，假如不断去谋求突破，善缘和机遇会帮助我们。后妈设下的挫折圈,必然会被突破。

孩子,一切都有。

在这多姿多态的人间,恰恰因为有灰姑娘、王子、孙悟空、哪吒,我们就多了很多参照物,帮助我们构建起勇气和信念,帮助我们用想象力理解现实,用抽象来应对具体。

《布鲁克林有棵树》一书中,有一段和这个话题相当相关的叙述,觉得很棒,分享出来,和我上面写的做个并列说明:

"对了,别忘了还有圣诞老人。孩子六岁之前都必须相信圣诞老人。"

"妈妈,我知道世上没有鬼怪和仙女。你这不是让我跟孩子撒谎吗?"

玛丽立刻尖锐地反驳:"你哪里会知道地上有没有鬼怪,天上有没有天使?"

"我知道没有圣诞老人。"

"但是你必须把这些东西教给孩子。"

"为什么啊?我不相信还教她?"

"因为,"玛丽·罗姆利简简单单地说,"孩子得有想象力。想象力是无价的。孩子得有一个隐秘的世界,里头住着从来不存在的东西。她得相信,这很重要。她先得相信这些不属于人世的东西。这样一来,等世道艰难了,孩子就可以回去,住到想象里头。我都这一把年纪了,还觉得很有必要回顾圣徒的生活,回顾过去发生的各种神迹奇事。有了这些想象,以后日子不好过,也不会钻牛角尖困在日子里头。"

"孩子会长大,自己明白事理,那时候发现我撒谎了,会很失望的。"

"这就是开悟啊。自个儿开悟,这不是好事吗?首先全心相信,后来又不相信,这也是好事。这样七情六欲变得更饱满,更绵长,跟着一起长呢。等她长成了女人,要是有人对她不好,让她失望,她都经历过失望了,这样也就不会经不起事了。教孩子的时候,别忘了苦难也是好事。苦难能磨炼人,让人性格饱满起来。"

妈妈是水,水是特别特别古老的。水从古地球发源,一直一直流动到如今。水中携带着无数故事,无数地区、无数时间中的故事,故事和故事之间,容纳了各种智慧,兼容并蓄。

大海里的一滴水,某一天也许会变成小孩子腮帮子上的一滴眼泪,谁知道呢?灰姑娘,当然有啦。

牙仙儿

"虫虫哥哥说我骗人哎。"去接心心放学,她忽然心事重重地说。

"为什么?"

"因为,我告诉虫虫哥哥,我掉了牙后,牙仙儿来了,给我枕头下面放了零花钱。虫虫哥哥说我骗人,根本就没有牙仙儿,肯定是妈妈在我枕头下面放的。"

"你呢?你觉得有牙仙儿吗?"

"我不知道,也许有,也许没有。我睡着了,真的没有看到牙仙儿。难道真的是妈妈给我放在枕头下面的?"心心疑惑地说。

我必须郑重地正面回答她:"心心,每个人做出判断,都是根据自己的经验和感觉。但是,任何一个人的经验和感觉都有可能不全面。比如,你和宁宁一块儿看花,却看到不同的花,你看到那朵粉色的,宁宁可能注意了黄色那朵。所以每个人的经验和经历都不一定一样。牙仙儿呢,妈妈也不知道到底有没有。这是个很大的问题。这个世界上,很多事情要看你选择如何相信,你相信有,就有。虫虫哥哥不相信有,就没有。但是,请不要被虫虫哥哥的评价困扰。因为,他对你的评价是从自己的经验出发的,对于你的经验来说是不严谨的。我们都要学习,不过于在意别人的评价,而要自己去好好体验,好好感受。亲爱的,你喜欢有牙仙儿吗?"

"对啊,我喜欢。"

"那么,这就是一项选择。你喜欢,你就可以选择你的生活中有牙仙儿。这是你的权利。所以，你没有骗人。骗人，是为了害别人。即使真的没有牙仙儿，你却哄小朋友说有牙仙儿，也不是骗人，因为你没有啥好处，你只是在说你的渴望。虫虫哥哥的评价不严谨哦。"

"嗯，妈妈，我知道了。我又有一颗牙要掉了。牙仙儿还会来吗？"

"亲爱的，如果你选择相信，牙仙儿就会来完美你的相信。一切都因为你。"

"呵，真好。"心心开始用舌头努力撼动第二颗根基已松的小前下牙。

每撼动一次，牙仙儿飞来的翅膀声都细微可闻。

就喜欢孩子们这样的互相磨合，这就是成年世界的预演啊。在不同意见里生活，就要求我们自己有内在力量。

妈妈是水，大江大河缓慢、持久地流过大地，在大地上冲积而成肥沃的平原，诞生了人类在各个地区的文明。妈妈作为成年人的多元认知，就是要经常地冲积孩子的内在力量，鼓励孩子持有自己独特的判断，和外界的"反方"博弈。这种童年对于神秘事件的独有解读，和成人的固执有区别，是对未知世界保持开放和善意的信念。

童年的触角要是没有机会沾到神话传说中金光闪闪、香气四溢的花粉，又怎能在人生的蜂巢中酿造蜜汁呢？

出生传奇

心心爬到小而滑的陡坡上不敢下来。我和儿子乃至宁宁都百般动员。最后宁宁做了个示范,心心总算蹦到了稍低点的地方,扑进了等待护持她的哥哥的怀抱中。

"妈妈,心心是个超级敏感的孩子,自从今天我抱她离开陡坡,她就一直特别黏我,不断用脸蹭我胳膊,各种亲昵。妈妈,要给心心多读书,越是心思细腻越要多读书,避免将来受伤害。"哥哥如是嘱咐我。

"知道了,那么宁宁呢?"

"妈妈,我很高兴你生了宁宁。一想到宁宁会站在心心身侧,我就觉得幸运、踏实。宁宁会自己给世界解释,她会帮助、支持姐姐。"哈哈,哥哥在给两个妹妹做类型总结。

"可是,妈妈刚刚怀上心心的时候,梦到中年女子领导着很大的队伍,走到妈妈身边呢。心心也许会成为一个很棒的 leader 呢。她现在的心思细腻,才能为别人考虑得细,才能理解他人。"

我特意这样说,不禁暗自得意,幸亏我有"胎梦"这把尚方宝剑,要不然心心如此胆怯的一件小事,就会被哥哥贴了超级敏感的标签呢。

所以呢,我建议,好多妈妈怀孕的时候,如果自己没有做梦,或者记不住什么梦,那么也可以不管三七二十一去看手机里亲朋好友、家中长辈最近的奇特梦境,或者刻意寻觅一下美好征兆。比如,心心、宁宁出生的时候，家中的花开得都比往年鲜艳。哈哈，怀孕本来就会令妈妈的感官能力更为敏锐，使得注意力更加细微、更加柔和。

这些是迷信吗？哈哈，即使是迷信，能让孩子对自己的神秘使命产生注定的信心，为什么不可以作为"载舟"的工具呢？这是一种出生信仰，关于自己无论在未来遇到什么样的考验，都有命中注定的使命的信仰，而在充满不确定性的人生中，对自己有一种隐含的确定性的期待。

以前，运用出生暗示的力量，是皇家、贵族独有的领地。如武则天，据说她母亲的胎梦中，日月入怀，后以武曌为名。李白，《新唐书·卷二〇二》载：白之生，母梦长庚星，因以命之。又，《开元天宝遗事》载：李太白小时候，梦所用之笔，头上生花，后天才赡逸，名闻天下。各个帝皇王爷出生的胎梦，都被史官郑重地记录在册。

我愿意这样做，告诉孩子胎梦，需要的话，甚至创作他们的出生前传，当成精神礼物，送给孩子。胎梦这种精神礼物，当日后长大一点，被身边的小伙伴、兄弟姐妹、老师就某一件事，某一次脆弱、某一种挫折，贴上"啊，你太胆小""这孩子太有依赖性""你总是不专心"的标签时，会是一种不证自明的反驳呢。

不管你们说什么，我都是独一无二的我！

以胎梦为故事情节的出生前传，非常有力量。如果没有胎梦，也没发现什么"征兆"，那么把最美好的想象力给孩子吧。我真诚地建议，每一个妈妈都可以采集孩子的出生前传，编成创意故事，不断地讲给孩子听。

柏拉图说："我想要化作夜晚，这样我就能用一千只眼睛看着你入睡。"

作为妈妈，我想要化作无数隐喻，我想变成神话中的仙女，把所有美好的预言,上载到孩子的星空,让每一颗星星都闪烁着平静的光芒,在无垠的星空中闪耀着明亮的诺言。

不仅是胎梦的故事,从胎梦出发,孩子的儿时成就,一件件垒起来,孩子的优点、趣事,随着他的成长,汇流成河,不断地讲给孩子听。

充满正向的行动力,抵御突发的软弱、依赖和止步不前,废止负评,孩子会慢慢通过"自我演义"而真正地成长起来,自我赋权。

妈妈是水,妈妈不是懒惰地望子成龙,而是积极行动,积水成渊,则蛟龙生焉。

大桌子传

随着孩子长大,妈妈需要不断设计、更新、扩大家庭活动中心。我家升级版的家庭活动中心,是宜家的两个柞木桌面,配了八条桌腿,所费无几。

为此,把儿童区的小圆桌清退到卧室。随着小姐俩画的画越来越多、越来越大,小圆桌完全耍不开了,光荣退居二线。

组装毕,配上好友送的扎染青布,把新淘的纯木黑天鹅夫妇派上桌面镇守。孩子们回来,都立刻爱上了,立刻在我摊好的画画本子上勤奋做功,各有作品。然后,又纷纷跑到桌子下,做四只小肉桌腿。大桌子下面,就是个天然掩体,是她们自己的小小家。

晚上,灯光亮起来,巨大的桌面像个舞台。宁宁爬上去,在上面看书,玩过家家,骑天鹅,灯光洒在她身上,整个人儿都皎洁起来。

这下子好了,这个巨大的画桌、会议桌、手工桌、多功能台,真的是家庭活动的桌面中心了。

大桌子呢,怎么赞美也不为过,真是家里最能激发创造、实践、共读、专注力的所在呢!

因为大,我们可以多人围坐,而每人依然有自己的创意空间(啊,餐桌也可以啊,但真的不是那么回事儿)。事实上,我们需要一个与吃饭、聊天、喝茶完全不同的地方,这个地方,可以看书、画画、做手工,可以互相陪伴,我看我的书,心心做手工,宁宁画画。

我们彼此陪伴,又专注在自己的事情上。而且,由于身边人的高度专注，使得自己的专注也提升了等级。就像图书馆的气场，大家可以想象一下。

心心不时地茫然抬头思索，被我静音速拍一张照片，她无动于衷，完全不被打扰，立刻又俯身投入自己的设计。这个大桌，因为大，对周围的场形成了一种主宰。每人坐到这里，都能够迅速安静，并专注起来，真的是最好的家庭中心。

孩子们习惯了桌面上的专注，也就为入学建立了好的习惯。

我们还会慢慢练习，围在一起，就某个主题交流。我们轮流发言，不拘长短，让安静和交流轮番在桌子的场中发生。将来就凭着这桌边的专注、分享和温暖，生存和生活。

大桌子也有副作用，最繁重的就是每次孩子们专注创作后，都留下很多劳作的碎屑。创意和实践永远有副产品，我只能慢慢耐心收拾。

还没有急着让女儿们收拾。先玩得开心，慢慢再建立系统的全程责任的链条。就像我们大人，熟悉任何一个行业，都要由一个入口，慢慢熟悉，再系统化、全面化。我不急。我也可以永远为孩子做这个，假如她们需要。我们共同的需要是围着一个中心，彼此陪伴，却又各自生活。

每隔一周左右，我就会用半天，把孩子们的大桌子区域彻底整理一下。如果到了时间，这个区域不立刻有条理起来，我就会吃不下、睡不着，无法写字，无法读书，无法创意。这是种做妈妈的内在秩序感，相当于家里周期性的系统重整。

整理完了，井井有条了，我的心也开始波澜不惊。

每次收拾，我都在数百根蜡笔、铅笔、彩铅、油画笔、彩色圆珠笔、签字笔中，淘汰几十根出水不畅或无法使用的笔。书本、画纸、完成的作品、光盘、小装饰……作业区、玩具区也一改堆积如山、蓬乱如麻的状态。

家中有大桌子，家里有爱画画、做手工的小孩子，就会有这么繁重的副作用。不过干起这种事情来，看到堆叠起来的画作，就像收割完庄稼的农民，乐滋滋地看着收成，谁还在意剩余的秸秆呢？

大桌子功用无穷，吸引力强悍。西邻朋友家的虫虫哥哥放学就不肯走，小姐俩串珠，虫虫在遥远的对面画画，不时参与解决一个棘手问题。小型社交场所，小型协作工作坊。大桌子，魅力指数第一。

使用大桌子的妈妈，一个心理基础一定要有，就是不要怕乱，芜杂多样是创意能力的一个物质基础。井井有条，看起来舒服，有时却表达了精神上极其严格的纪律，趋向于安于现状，不愿意有变动。特别有条理的妈妈，可以把家庭整理得井井有条，然而，一定要争取划出一块特区，要有张类似的大桌子，或者儿童自由区这样的所在。不怕乱，不怕杂，尽情地让孩子们去释放自己的能量。

经常在厨房工作的妈妈，一定非常能够理解这个。那些在家居杂志上，看起来让人赞美羡慕的光洁、明亮、有序的厨房，都不是真正操作中的厨房。一个正准备为全家人奉上一顿美餐的厨房，一定有个食材参差不齐、物料横七竖八、锅碗瓢盆交响曲的推进过程。

以大桌子为中心的家庭亲子中心区，其他硬件还有电视、iPad、图书。

电视在我家里是最边缘的存在，是周末固定时间才会打开的。电视的使用规律和孩子们随时随地可以自由使用大桌子完全不一样，有点像我们小时候的"小喇叭开始广播了"，是固定只能在周五晚上、周六晚上，如果有特别好的片子，会在周日不出门的下午，才全家共享的。

电视对长辈那代人很重要，可以单独在长辈的房间里，给他们装一台电视。正好不同代人看电视的兴趣也不一样，分而治之，诚为上策。

iPad上，每一个下载的App，都要精心选择，不用给孩子下载账号，暂时不给自由下载的权利。iPad也有每天固定的使用时间，我们不把iPad定义为游戏机，而是定性为学习辅助机。声、光、电互动便利的iPad，非常容易让孩子沉迷，而影响对阅读、手工、创意的兴趣。因此，最有吸引力的工具，就去执行相对枯燥的任务：辅助学习。

书籍则是家庭中心的标配，不仅有孩子的，也有父母的书。我在一些朋友的家庭，看到孩子们有很多书，即使很小的孩子，才几个月，就有上百册绘本，但是，很难找到一本大人的书，大人几乎都在看手机。这是比较尴尬的事情：非常想让孩子养成阅读习惯的大人，自己却沉迷于手机，而不再亲近书籍了。孩子的阅读，就会成为一种艰苦的功课，本来可以非常有趣，却变成了机械地被强迫完成书单任务。

恕我直言，自己没有良好阅读习惯的父母，恐怕不容易真正把阅读的热情传递给孩子。其实，陪伴孩子阅读，对于自己在青少年时期没有养成良好阅读习惯的父母，是个重新以阅读的姿态出发的机会。每天开卷的妈妈，孩子也必定爱阅读。孩子对阅读的爱，不仅仅来自我们每天设定好的阅读计划、陪读时间，也取决于妈妈爸爸是不是真正爱书，真正用书中的文字之美、思想之美、阅历和境界去跟孩子共同分享体验。只有爱才能传递爱的力量啊。因此，家庭中心区建设，要有书。我们和孩子的书，都要有。

克里希那穆提说："教师需要悠闲来安静地独处，聚集耗散的能量，觉察自身的问题并解决它们，当他再次面对学生的时候，他就不必带着个人的混乱噪声。生活中出现的任何问题都应该被立即或尽快地解决，因为如果问题被日复一日地携带着，整个心灵的敏感性就会衰退。这种敏感性是非常重要的。"妈妈亦然。一个家庭中心区，每一个人都能各得其所，又能互相陪伴。对妈妈来说，这是一个不需要远离孩子，就能自己阅读、思考、做手工的所在。

和孩子相处，如果妈妈永远绷紧神经，时刻像个战神，全力陪伴，冲锋陷阵，这一定有点问题，也许就是缺乏一个让孩子安静下来的中心区。我们不是靠电视、iPad、手机、缤纷喧闹的玩具让孩子安静下来，而是有一个空间，在那里他们可以自由创意，写写画画，剪剪贴贴，他们可以体会木匠在手工台子上、农民在土地里、学者在图书馆里的那种心安，让内在的活力，用更安静的方式朝外流动。

有人问："你怎么老陪女儿们做手工？"不做行吗？孩子们的注意力是战场，非此即彼，好像有一句"不是东风压倒西风，就是西风压倒东风"，说的就是这个道理。孩子的精力和注意力需要引导，否则天天要购物，选礼物，一切行动都商品化，就麻烦了。我不是反对物化，天人合一的物化从手工开始，手工从家庭中心区开始。

妈妈是水，以大桌子为核心的家庭亲子中心区，是妈妈的岛屿。

来来，一起做干花

一束鲜花怒放后，眼看就要开始败了，将它们两两绑起，可以倒挂在栏杆上做干花。花头悬空，像一串音符，美丽、芬芳而感性。整间屋子顿时变得音乐感十足了。

女孩子的妈妈，任务很多，其中一项就是带着孩子寻找琐碎生活中的美感，传递给她们美和喜悦，把"小妈妈"们的情感情趣传递下去。

第一次和孩子们一起做干花之后，每当有一把鲜花临近枯萎，就可以委托心心、宁宁做干花，已经完全不用我插手了。心心主持，宁宁帮忙，或者帮倒忙。

宁宁还系不好绳扣，心心就让宁宁帮忙递花。心心的工作流程，没有按照我以前的操作，每次剪一截线，然后分别系两根儿。我发现，她按照我的做了一次，就改造了。

她就一根线操作，隔一段系一枝花。最后，两两一剪。我为她惊叹："啊，心心，你改造了妈妈教你的流程，你真有想法，这是很好的能力啊。"

宁宁听了妈妈对姐姐的赞扬，心里着急，也想表现，就想帮姐姐剪绳子。心心担心妹妹做不好，坚持自己做。

我奉劝她："亲爱的，剪开绳子对你来说很容易，你可以给妹妹机会锻炼。如果一份工作你能够领导着妹妹完成，并教会她，那比自己单独干好还要棒！还有，如果小妹出主意，你觉得可以，按照小妹的想法再试新的做法，那是第三种棒！叫作从谏如流！就像妈妈非常欣赏你一根绳子系下来的这种创新呢！你改进了妈妈的流程，妈妈就是从谏如流！"

伴随着我的表扬与自我表扬，她们渐渐配合起来，完成了全部做干花的工作。

妈妈的角色，有时候不是需要亲手参与，和孩子一起做，而是需要观察、肯定、授权、建议。但是，想扮好这种懒妈妈的角色，得全神贯注去观察，才能及时有效地指引。

妈妈是水，是浮力。妈妈不是船长，妈妈可以利用不断授权，让孩子船员小分队在妈妈之水的浮力上，行动力、领导力、合作能力不断得到锻炼。

做孩子的宝藏海

吉姆·崔利斯的《朗读手册》中有这样一句话:"你或许拥有无限的财富,一箱箱珠宝与一柜柜的黄金。但你永远不会比我富有,我有一位读书给我听的妈妈。"嗯嗯,我虽然对这句话中出现的比较之心,总是保持警觉,但是如果顺着这个逻辑,做个升级版,我想在后面再加一句:"即使你有一位读书给你听的妈妈,但我还要更富有些,我有一位怀着热情做任何事情的妈妈。"

有一段时间,我工作的节奏非常紧张,有时深夜里11点半才顶着月亮回家。

到家后,到厨房有意识地看一眼,水槽中待洗的碗高高摞在一起,锅子油斑污物满身,挨个儿垂头丧气排开在灶台上。我立刻穿上围裙,把蓝牙耳机打开,和着钢琴曲,开始洗刷。半个小时后,一切都明亮了,清洁了,有序了。

这样透支的一天后,我所有的疲倦竟然被午夜的清洗和劳作一扫而空,这绝不夸张。我将这隐秘的感谢,送给楼上卧室中已经进入深度睡眠的大小鼾声们。

这个繁忙的晚上,孩子们一定玩得很好,忙得大家甚至都顾不上打扫任何战场。而我从那样多的联络和脑力工作中,回到家里,站在水槽前,一只一只把碗盏清洗干净的那一刻,总会经验到一种非常神奇的感觉。

印度瑜伽大师萨古鲁(Sadhguru)说:即便你没有这么富有原创

性，即便你在做一些简单的、重复的或者世世代代人们都在做的事情，当你以极大的热情和投入去做的时候，它们仍会将你提升到一个新的层面。

我体会到了这种神奇的感觉，仿佛让我回到了身为小姑娘时最开始做手工的情形，回到了我是新手妈妈时最早的舞台，回到了我的妈妈和姥姥带领我烹饪的家里的老厨房。这么熟悉的家务，深夜做，慢慢地洗刷，有一种温故知新的味道，非常温润。干净整洁地恢复了自尊心的厨房，也把我身心一天的疲倦，冲洗得干干净净。

妈妈大半夜愉快地洗刷，孩子们知道吗？当然啦，这就是母子联系的神秘之处。任何时候，妈妈的愉悦和烦躁都会悄悄地传输给孩子。不要说在一个屋檐下，就是相互分离，只要有根电话线，妈妈和孩子就是互通的。妈妈在生活和工作中的热情，会"倾瓶之灌"地给孩子。

很多给孩子读书的妈妈说："我天天给孩子读书，可是，孩子不太领情，总是有点被强迫。"这就是妈妈热情缺乏的问题。妈妈享受这件事，最重要。妈妈像完成任务一样，做一天和尚撞一天钟，自己不是爱的催化剂，孩子由量变到质变的化学反应一定会缺席。

妈妈热爱生活很重要，不仅是热爱生活的刺激性变化，去欧洲，去日本，或者特殊节日的周详安排，而且要热爱狼藉琐碎的日常生活本身。热爱生活的妈妈，会把每一刻都转化成宝藏，不外取，不执着。

妈妈是水，而收藏了每一刻宝藏的妈妈，是水中的集大成者，是海洋。在海洋深处，有各种奇珍异宝，是生命和生活的馈赠。

和儿子笔谈商榷"大方"

"妈妈,有时候同学们一起出去吃东西,有的同学有点负担,我就请他们吃。我觉得我很像爸爸和你,很大方。"

本来,随口搭一句"你很大方,确实像我们"就可以,可是,人到了我这年岁,思维就复杂了,以往自己所沾沾自喜的"大方"所换来的种种体验和人情变幻,不觉浮现心头。因此写了篇短文和儿子商榷,如下:

儿子,针对你今天说的"大方",一路开车回来我都在思索。其实你和我小时候做的一样,也和你爸爸做的一样。但现在,回首往事,觉得自己做的只是"大方"而已,还不是智慧和慈悲。

"大方"这词,有"施"方有"受"方。对于"施"者,是大方、慷慨等种种传统赞誉和心理的满足。

对于"受"者,是能够轻松获得凭自己的条件不易获得的资源,然后"受"者的代价是成全了"施"者的"大方",是渐渐背上"欠人情债"的包袱。如果一个"受"者,心理上能完全没有包袱,一种可能就是渐渐变得不劳而获,接纳了生活中有施主这回事儿,还有就是性情天生磊落,心无挂碍(这种人很少,凤毛麟角)。

很多年来,我经常想,如果再回到过去,我如何与那些经济窘迫的同学相处。我也许会用不一样的方法。如果我敏锐地意识到,出去玩儿,有些零食对方消费不起,我可能也不会消费了,宁可陪对方一起忍耐。如果对方有从家中带来的食物，我会把自己的吃的和对方做交换。无论如何，一切都不是完全从多少带点沾沾自喜的"大方"出发。真正的大方，是顾虑到对方的心灵感受，真正敏锐，从对方长远的自尊、自信、自立出发。

这也是交真正朋友的方式，而不是培养附庸、裙带和潜在的嫉妒。

后来儿子回复我："妈妈，我会掌握这个分寸。当只有我们两个时，我会按照对方的能力和节奏，跟随并赞同。当在很多同学中，唯有他不能负担时，我还是愿意静悄悄地帮助他。"

本来，我想接着说，当有很多人消费时，你也可以陪那个不能担负者一起，不去跟随大多数人的选择。

但是，即使道理和思考有千重万重，孩子自己的决策、行动、主张才是他未来思考力、洞悉力的支撑。妈妈所有的话，孩子都可以且听且经过。

但妈妈还是会保持和孩子交流，特别是当孩子长大了，十几岁了，思维水平提升了，判断力的适用机会多了，最好的交流方式是笔谈，更完整、更不啰唆、更加地不情绪化，能够很好地求同存异。

妈妈是水，作为雨的水，即使有时候已经足够灌溉了，还是碎碎地下个不停。天地间的念力，就是这么深情地惦记着。所以呢，孩子越长大，妈妈在沟通形式上，越要节制而有纪律。

你太"中国"了

晚上 11 点半,到儿子房间去道晚安。

儿子叫住我:"妈妈,别走,我和你讨论件事情。

"我们中文 AP 课上,老师跟我们讲了个案例,就是美国大萧条期间,缉毒犬的经费被裁掉了,所以缉毒犬没有原来的生活待遇和训练经费,也面临退役和被裁员。有个警员自作主张,给缉毒犬服食毒品,用这种直截了当的简单方式,使得狗狗能够保持对毒品的敏锐,保持缉毒能力。警察后来因为这个被告上了法庭。

"老师请大家讨论。出现了两派观点。一派,赞成警员的做法;一派,反对警员的做法。其中一个学生大声表达:让狗狗吸毒,帮助找到毒品,克制毒品泛滥,这个做法完全没问题。老师大声禁止他:You are so Chinese!(你太'中国'了!)我觉得自己的感情受到了伤害,非常想反驳老师。但我是助教,不在参与讨论之列,而且我不确定我会特别理智地和老师抗辩,所以沉默了。现在我心里很憋闷。妈妈,如果是你,会是什么态度?怎么处理?"

"你老师是华裔吗?"

"是。高级中文班啊,是美籍华人。"

"这老师相当有失水准。课堂上自由发言讨论的题目,本身就会有各种不同意见,老师带着明确的观点、偏好来强行统一学生的意见,有失师职。课堂是民主精神的基地。所谓民主精神,就是我可以反对你的话,但我誓死捍卫你说话的权利。

"老师把一个争议性话题拿到课堂上讨论，不要说誓死捍卫对方的话语权，连尊重反方意见都做不到，而是用近乎侮辱的语言来指责学生，这个很严重。她虽然是华裔，却歧视自己课程的文化来源，如果较真儿，她真的可能丢了工作。

"任何国家民族的文化，包括我们自己的文化，在低端一点的认知阶层上都有市井性，眼界和心胸狭窄，但是不能把这些总结成对一个民族的歧视性态度。你们老师的语言、态度，都把她自己框在了一个狭小局促的视野中。

"在这个问题上，作为老师，对论点的赞成或反对不重要，重要的是引导学生，用中文讨论和思考，从自己的直接观点出发，兼听各种不同观点及其论据，开拓思路。

"如果真要讨论道德正义和动物福利，这是说不完的话题。作为老师，有道德优越感和强势价值观输出，完全可以以子之矛攻子之盾，是相当'中式'的老师啊。"

"啊，妈妈，如果我当堂反驳她，可能讲不了这么系统。我可能会在观点上和她辩论，而没有这个高度。你放心，我和老师必有一谈，但是，我不想和她有冲突，不想闹大了使得她被学校解雇。毕竟，对于学区和学校来说，老师用这样的语言，有种族歧视嫌疑，是很大的问题。我就是想把你说的话告诉她，让她调整自己，不要再犯这样的错误。"

他松一口气，块垒渐消。

"那么，晚安。我想你的老师可能是不太开心、有点偏执的人，她用那么鄙夷的语言简单地叱责自己的文化出处，实际上也是不珍视自己。这个真是遗憾。真希望她自珍自重。对，如果有机会，好好和她谈谈，帮助她。"

简单地道晚安,成了小型论坛。到了孩子的青春期前期,这是经常发生的事情。如果遇到不能很有力地和孩子沟通的问题,怎么办?

"孩了,你能提出这个问题,真是太有挑战性了。给我点时间,我思考下,再和你谈。"太多的搜索引擎,太多的书本,太多的专业论坛,查阅一下吧。稍后,当孩子愿意和我们交流思想的时候,哪怕做个观点综述也可以啊。只是有吃的、穿的,机械地读书,已经不能够使孩子的精神饱暖了。

妈妈是水,跟得上孩子的趟儿,陪着孩子做思想奔流,是这个阶段妈妈的应有之义。

和儿子在机场的谈话

我自己一个人从圣何塞机场飞往北京，飞机在长长的跑道上慢慢滑行，等待起飞时间、航道、指令。我按照惯例静心观想，一点点聚拢心中的安静。

舷窗外光辉灿烂的蓝天上，飘着白云。就在我们等待起飞的时候，有一架飞机正在远远地降落。上次和儿子一起搭机时他说的话，突然清清楚楚闪现出来——

"妈妈，你看我们在跑道上都快40分钟了。一直等待准备，慢慢滑行。有这个时间，如果开车或者坐火车的话，都已经跑出去几十公里了吧？如果骑自行车，和现在飞机的速度差不多，但是不用等等停停，还要快些。"

我意识到他在用自己的方式思考。"那么，如何呢？"

"妈妈，有些事业也是。比如做个小生意，谋求一份小的活计，可能就是起步很快，迅速进入固定的发展周期。

"但是，一份真正的事业，一定需要很多资源，像飞机，需要机场、所有地勤空乘、很多的乘客、适合的天气情况、合适的时间。即使为了组织这些必须等，也很值得。因为，当飞机轰隆隆飞起来，瞬间秒杀几十公里，一夜就是半个地球。真是天上一日，地下一年。"

现在飞机轰隆隆跑起来了。儿子当时把这番话印在了飞机的轰鸣中，供我的记忆在每次乘机时自动回放。

"所以，妈妈，无论我们喜欢做什么，只要愿景广大，就慢慢做起来，不急不躁，尽力汇聚因缘，自有一天会一飞冲天。"

是的，"不鸣则已，一鸣惊人"，哈哈，这是古代的成功学啊。这些亲爱的孩子，迟早会指引我们。

"儿子，那些小的出发点，琐碎的职业实践，也很重要。那是为了汇总资源而进行的经验提升、行动力提升、耐力提升。重要的是不沉溺其中，能够为随时跳出习惯的轮回——这套已经使我们身心怠惰的循环系统——做准备。而今到了40岁，我觉得自己在任何方面都优于过去的我。妈妈也会努力滑行过长长的跑道，争取飞起来，让你看到我飞。"

很多时候，我是个相当客观的妈妈。我认为父母的成长力是孩子成长力的前提。我很少指导孩子，因为我时常看到，孩子们是天然迅猛的发展力量。事实上，他们的力量倒可以反过来给我们激励。

在鼓励完成养育教育基础任务的妈妈重新出发，找到自己的事业和使命这个点上，儿子的话真是扣人心弦。有时候，妈妈水路草船上满满的"力量之箭"，都是孩子不假思索射过来的！

而最温暖的感觉就是，你给我的，是我在你很小很小的时候给你的种子成长壮大结出的果实。

口吐脏言狠话的小孩

二年级，心心回到北京上学，数学的难度骤然增加了。所以，她做数学题时，最容易身在曹营心在汉。

有一次，心心做数学卷子，写了半页，开始和我说话。我提醒她："快专心做题吧，不要和妈妈聊天。要不我们10点就出不了门啦。"结果心心说："啊，你不要逼我。这样我做不出来。"

我听了，吃了一惊，立刻说："啊，你这个用词不对，妈妈是提醒你呢。妈妈不是逼你。"

回国上学后，孩子的语言环境极大地丰富了，包括负面的语言能力也迅猛增强。

早晨起床时，我说，来啊，快刷牙吧。她还给我一句："讨厌，老催我。"

一下子把我噎在那里，回过神后我说："嗯嗯，你抓紧啊。讨厌这个词你会用啦？可是不能这样用啊。有种词学会了不一定用，只要认识它就可以。别人跟我们用这种词的时候，我们也要想：这个好丑的词，把美好的词挤开了，占领了他的大脑词汇库啊。"

心心看着我，像往常一样，很认真地听着我的话。

"宝贝，你喜欢妈妈叫你宝贝吗？或者大心？小可爱？"

"喜欢。哈哈，小可爱。"心心做出极为可爱的表情。

"可是，你喜欢妈妈叫你小讨厌、小混蛋、小鬼、臭东西吗？"

心心摇头："哦，不。"心心丰富的表情，做出凄惨的被冻结状。

"妈妈知道你学了很多新词。你学得很快，这很棒。但是，当学到越多东西时,我们越要谨慎,要注意那些冲口而出,听起来很过瘾的词,可能会伤害别人。比如什么词?你能想到几个?"

心心想着慢慢地说:"讨厌。好烦。别逼我。哼,我才不理你呢。我戳你眼睛!臭坏蛋。你永远都会输。"

"啊,心心,你知道这些词啊,它们确实都是小坏词儿。"

"还有,还有。不信,我打你脑袋!你读书都不认字,你还看什么书啊!打死你!你长得好丑!"心心想得上了瘾,一路说下去。

"妈妈把经验告诉你。你如果不喜欢现在洗漱,只要说,等一下我再来,或者我不喜欢现在刷牙,就可以。'讨厌'这个词,就像一个带着细菌的脏球,你把球扔向妈妈,会把细菌和肮脏传递到妈妈心里呢。妈妈也许就也会讨厌你了。"

我亲亲她的脸。

"啊,妈妈不能讨厌心心。"她急切地说。

"妈妈只是举例子。妈妈很爱你,无论怎样都爱你,不会讨厌你的。但是有时候,我可能不太喜欢你的一些做法。我相信你不会真的讨厌妈妈,因为妈妈知道你爱妈妈。你只是有时候不太喜欢那个会打扰到你的安排。那个安排,你可以和妈妈讨论、辩论、理论。比如妈妈说:啊,心心,你怎么还不刷牙?你可以说:妈妈,我在看书,等一会儿。或者直接拒绝:妈妈,我现在不想刷。但是你不能说:讨厌!这是抛细菌小脏球的行为,知道吗?"

心心点点头:"啊,妈妈,我不是细菌小脏球。"

"知道。有时候,可能别的人,小朋友、同学,甚至大人会冲口而出讨厌、我靠、妈的这样的口头禅。那是他们的词汇库没有做好分类,也没有人提醒过他们。你只需要知道就可以啦,还可以正常地和他们讲话,别在意,这些话不一定是针对你的,他们可能有他们自己的情绪。有很多人，一辈子也没有真正学会如何表达。"

"妈妈，宁宁说过'臭姐姐！再也不跟你玩了'。我也说了'臭宁宁'。"

"那后来呢？"

"过了一个星期才和好。"

"哈哈，你们吵架没有超过一个小时才和好的。你的时间观念当时还不准确，一小时就当一个星期。心心，妈妈告诉你，说话也像学跳舞一样，要谨慎地纠正动作，不断地锤炼，才会优美、温暖。亲爱的，懂了吗？"

心心点点头，抱着我亲我。

"臭坏蛋。"我抱着她，温柔地说。她愣了一下。

"小坏词儿也挺可怜的，被没有教养的人像垃圾一样抛来抛去。其实，没有词的好坏，只有情绪是不是被滥用了。如果我温柔地说你是小丑、小坏蛋、小讨厌，你听到的是什么？"

"是妈妈喜欢我。"心心也温柔地说。

"是啊。词是工具，是帮助我们表达情绪的。情绪越坏时，就越要用好词。用坏词的话会怎样？"

"会很凶，也很不礼貌。"

"但很爱的时候用小坏词儿呢，反而可以表达爱。"

"妈妈，有时候女生对男生说'好讨厌'，意思是喜欢呢。"啊啊啊，心心这领悟。

"是，这就是词，为我们所用。好词坏词都在于我们怎么用它，神奇莫测，像积木一样有趣。有时候好词也能变成坏词。"

突然，我很凶地扬起声音，大声粗暴地说："妈妈爱你，你知道了吗？你懂吗？你明白吗？你要听话！"然后看呆住的她，"心心，这些是好句子还是坏句子？"

"好句子，但是很坏。"心心立刻说。

"所以，词和句子的好坏，有时候还跟我们的语气相关呢。你要做心心语言大师，用好这些词。我们每个人拥有的词，就是我们的公民，我们就是这些词的总统。我们要好好地领导这些词。"跟在美国长大的小孩子谈总统，孩子印象会很深刻呢。

"啊哈，妈妈。"

随着孩子长大，那些不到点睡觉、吃饭弄一身、说哭就哭、极端情绪化的问题渐渐消失。

然而这并不意味着就没有问题需要好好对话、引导、等待了。一个孩子长大，就像一个圆在扩充半径，孩子对整个世界进行消化吸收的圆周也会随之扩大，各种文化知识、交往语言都会按下葫芦浮起瓢，出现各种夹生和不平衡。

做妈妈的每天守株待兔，等着这些零碎的小问题出现。一旦出现，最需要注意的是不要因孩子的小问题、小不平衡、小型的词汇滥用，引发妈妈的情绪多米诺。妈妈要波澜不惊。我一般都是深吸一口气，平静下来就开始面对。

这种阵仗，对我来说，已经很熟悉了，就是既有点辛酸，又有点喜悦。因为任何新问题出现，都说明孩子在保持长大的动态，不平衡是平衡的前提。帮助孩子厘清错乱的认知逻辑，是我解题似的快乐之一。辛酸是觉得孩子真的在长大，长大来得太快，她已经不是妈妈怀里的小宝宝了。

当妈妈都是这样吧，有点忧伤地爱着。因为爱，所以宽容平和。因为忧伤，所以珍重珍惜。

妈妈是水，清澈流动的水。好好盥洗吧，用水的神奇洗涤力，将口吐"脏言狠话"的小孩，变成"口吐莲花"的小孩。莲花就是从淤泥中获取营养的。

被踢书包记

心心只要见到妈妈,就是一个敞开的话匣子。各种经历、经验、愉快不愉快的想法全部扑过来。在学校发生的事情,只要妈妈不在场,一见到妈妈,立刻开始同步升级。

一般来讲,她的"诉说金字塔"是这样的。

先是好玩的、客观的事情,这是塔的大数据基座。比如"妈妈,我们拔河比赛了,第一次赢了,第二次输了",描述发生了什么,不作什么情感评价,就是客观的新闻报道。

金字塔腰部就是各个同学之间的故事,是重点人物报道。比如本周:"妈妈,我们外教和班主任争执了,因为外教多占了时间,班主任讲了讲,后来外教摔门出去啦。"

金字塔顶,要最后才说,通常是最核心的,自己的事情和感受。

"妈妈,NN 对我不好,老是踢我的包。"

"为什么?"

"她的'装死兔'丢了,但是我有一个一样的,所以她觉得是我偷了她的。"

"你偷了吗?"

"当然没有。不是你给我买的小白吗?"心心的"装死兔"名字叫小白。

"那这就是她的事,不是你的事。"

"可是她从那时起就对我不好,老是踢我的包。"

"这得想想办法,一定有办法。再观察一段时间哈。她知道不是你偷的了吗?"

"她知道了,因为我的'装死兔'洗过了,有个小点,她的没有。但是她就一直对我很凶。"

"她错怪了你,成熟的做法是道歉。我小时候有个这样的朋友,就是错怪我泄露她秘密,可是后来发现是另一个人泄露的,后来反而变成了特别好的朋友。"

"可是,我看不出来她有可能变成我的好朋友。"

"对,妈妈说的是有这个可能。因为误会而敌对的人,有可能在解除误会后变成好朋友。但是,也可能道歉了,还是一般的同学关系。还有可能,就是对方知道自己错了,却没有学会怎样表达歉意。你中奖啦,遇到了最有挑战性的状态,考验你的时候来了呢!"我用兴奋的语气强化问题,把一个讨厌的难题,变为一项冲关挑战,就靠这个语气变化啦。

"对,她一点儿也没道歉。"心心的声音也大起来,没有那么蔫了。

"是,你同学还是小孩子。"

"可是她比我大,她都快9岁了。"

"那和妈妈比也是小孩子。妈妈在跟你谈我的经验。有些小孩子,没有学会道歉,甚至有些大人,即使像妈妈这么大的人,都学不会道歉。做错事情以后,反而继续迁怒别人。这件事情里面,你同学丢了'装死兔',所以她很伤心。如果你丢了,你也会伤心,对不对?"

"对。"心心点点头。

"她积极行动,想找到'装死兔',而不是丢了就算了,这也很对。"我说。

心心不解地看着我，不明白我为什么要肯定她同学。但我有个思维习惯，无论多么对立，先找到对方行动的内心出发点，找到一点点合理性。这能够极强地帮助孩子建立同理心、客观心。

"她肯定四处找了，也问人捡到没有，可是没找到。然后她发现你有一只一模一样的，立刻怀疑是你拿了她的。这逻辑也有道理。她可以问你，'装死兔'是不是你的，可是她直接怀疑你偷了她的。即使有了证据，证明这是你的，而不是她的'装死兔'，她还继续对你凶，对吗？"我描述事实，让心心知道，我完全知道了这件事情。这是对孩子倾诉焦点的认可和接纳。

"对啊，妈妈，就是这样，对我很凶。"

"所以，这是她的不对了。但我能理解她为什么对你凶。"我说。这是悬念技术。

心心看着我，一双眼睛都是问号。

"因为她转嫁了失望，转嫁了沮丧。她丢失了自己喜欢的小兔子，因为怀疑你偷了，所以把坏情绪扔到你这里了。"

"可是，现在知道不是我啦。"

"可是她怀疑了你，她做错了，这件事情对她来讲，又是一个负面体验，自己又做错了的一种不舒服的体验。"我跟心心说话，多用书面语言，比如"负面"，随后会做口语化解释。这个也是润物细无声，想通过一次次的母女谈话，提升她的中文口语能力呢。

"所以就踢我书包吗？"

"是啊，她自己没有勇气面对错误，不能道歉。这个坏情绪两次加强了，就像扔出来一块石头——对啊，心心，你现在捡起一块石头扔出去看看。"

心心捡起一块石头扔出去。

"不行,要再扔远点。"我也捡起一块,用力一扔,喊:"不!"可是石头还是远远地落了地。

"你看,心心,刚才妈妈喊'不'的时候,就是想让石头停下。可是石头停下了吗?"

"没有,还是扔出去了。"心心说。

"现在石头停下了吗?"

"停下了。"

"这就是你同学和你的情况,她的坏脾气,就像是朝你扔出来的石头,你喊'不',能让它停住吗?"

"不能。"

"那石头最后会停住吗?"

"会。"

"让石头飞一会儿,它就会停住。只不过脾气石头飞的时间,可能比真石头更长一点。可能几天,可能几周,可能几个月。"

"那我现在怎么办呢,妈妈?"

"我觉得,你要感谢这个不能控制情绪的同学,至少不要去怨恨她,因为她对我们有贡献,她教会我们一件事情:做错了事情,就要道歉,不要迁怒于人。自己丢了东西,就要忍耐伤心,东西和人都是有缘分的,缘分尽了就失散了,要知道这一点。

"另外,不要随便怀疑别人。即使真的是别人拿走了,也要以帮助为主,而不是表达敌意。因为每个人都会做错事,正是因为做错了事情,才知道有些错误不能再犯。还有,能够忍耐她暂时的冒犯,也能锻炼你的忍辱力呢。明明可以直接反击,却由于不愿意计较而忍辱,节省时间与精力的消耗,这可是真正高贵的一种能力呢。还有最后一个好处,你猜是什么?"我诱导她参与思维过程。

"还有什么好处?"心心想,眼睛看到天上去,"就是我要管理好自己的东西,不丢三落四吗?"

"对,我还真的没想到这个。"不论孩子有什么发现,都要肯定。

"不是你老提醒我不要丢三落四吗,我还丢了一件外衣呢。不过我没有怪别人。"她说。

"是,这很重要,尽量对自己的每一件东西负责,有效管理。另外,还有个好处,是一项习惯。"我说。

"我想不出来。"心心说。

"你在班级里面,除了这个同学给你带来的困扰,你有开心的事情吗?"

"有很多啊,很多同学都是我的朋友,差不多全班都是我的朋友,特别开心。"她兴冲冲地说。

"很好,就是这样。有一个习惯要记住,就是关注生活中值得开心的东西,而不去在意不开心的事情,慢慢等不开心的石头停住。这是一个特别重要的习惯。出现这样的事情,正是帮助你建立这种习惯的。"

"嗯,我就是这样,我也很开心,只是和妈妈说一下。"

"是,应该和妈妈说,这样也能促进妈妈想通道理。还有,她再踢你的包,你可以对她说:你做错了,你这么做不对,可是我不会在意,你随便踢吧。"

"哈哈,反正包又不疼。"她笑了。

"如果包被踢坏了,妈妈给你买一个带钢板的包吧。"我一脸坏笑地说。

"啊,钢板?什么是钢板?"

"就是特别硬的金属板子,踢一下,脚疼。哈哈,不过没有这样的包啊，妈妈是开玩笑呢。"我哈哈大笑，"要不咱们设计一款这样的包卖吧。"

心心乐不可支，决定亲手画图设计呢。

就在这时，一个念头在我脑子里升腾起来。

从小到大，遇到有逻辑没逻辑的、大大小小的烦恼，作为女儿，心心几乎是把心事全面外挂在妈妈心上的。

那么，对于妈妈的心事，7岁的心心，可以有什么见解呢？

我几乎是兴奋地、时不我待地开始了下面的谈话。

"心心，其实，不光你有困难，妈妈也有。比如最近妈妈就有两个困难。"

"什么困难啊，妈妈？看看我能不能帮你。"果然，她用我对她说话的语气反哺我。

"你知道妈妈写书这件事情啊，都在日程表上拉拉杂杂运行了一年了。稿子早就写完了，可是最后的终稿还没完。"

"是写不出来吗？"

"不是，写完了，可是对结构不满意。"我诚实地说，"就好像房子盖起来了，忽然觉得盖得不好，想调整一下，五间房子变成三间。这件事，还不如让我重新写呢，我特别懒得干，所以拖了几个月。"

"妈妈，你不能坐到电脑那里就干吗？"她问。

"亲爱的，这个貌似很简单的问题就是，我情愿写东西，也不想打开稿子的文件，太多了。"

"妈妈，你是恐惧吗？"她找了个词对应我的情况，和我为她解答的一样。

"对，拖延症是一种不能动手的恐惧，我想是的，有点。"

"妈妈，你就在心里想，把这个恐惧埋到花盆里去。不去管它，要把它埋在土里。然后，你就在电脑前坐好，一分钟也别想，立刻打开那个稿子，立刻开始。"

啊，我没想到她真的能给我建议，而且很对。"对，你说得对，我就得这样，把恐惧这破玩意儿埋起来。"

"对啊，你把它埋起来，直接开始。就像我写数学作业一样，把想玩的念头埋起来，坐到桌子前，从第一题开始，就可以啦。别看整张卷子有那么多，就从第一题开始。"她还对我言传身教，搞案例教学。哈哈。

"好的，向你学习。"啊，太有道理了。从小的进展开始，不要被总量吓住。

"还有，妈妈，那个被埋起来的恐惧，在你慢慢工作的时候，也会发芽的。那个芽，就叫希望。"

亲爱的读者们，请容我描述这一瞬间，这句话到我脑子里，简直是锣鼓喧天，钟鼓齐鸣，百枪齐射，烟花漫天……别怪我词不达意，总之，就是美得惊到我了。

"好的，宝贝。"我怔了好一会儿，才回过神来说话，诚心诚意、毕恭毕敬跟我的女儿说，"好的，我会的，把恐惧种成希望。因为有恐惧，才有希望。"

"妈妈，你说还有第二个困难？"她一点儿也不享受我的膜拜和战果，立刻切入第二个问题，一副问题解决专家的态度。

"对，妈妈在工作上有一件难以决断之事。"我说。

"那你跟人请教过吗？"她问到点子上。

"请教过，但是有四种建议，其中有两种相反的判断。彼此间争议很大，都不听对方的。我还没有想明白，我要怎样做。"

"妈妈，是四个人给你的建议吗？"心心问我，她用提问来为自己出主意做铺垫,真的好专业。

"对啊。"

"听最聪明的那个人的。"她说。

我呆住,为孩子的简单直接。然而仔细一想,不是吗?就是啊,就是要听最聪明的人的。当然,这个最聪明不一定是孩子表面理解的。

"你觉得什么人最聪明?"一念及此,我追问她,想听听她的标准和我有啥不同。

"妈妈,就像三只小猪,建砖房子的小猪最聪明。我想最聪明的人,就是比别人会做的人。"

一片澄明,这么简单。

我的小导师,才7岁,真的开始反哺妈妈了。

钟鼓馔玉不足贵,但愿长醉不复醒。此刻,我极为清醒,然而又有点儿"暖风熏得游人醉"的醺然。

养育孩子,就是养育自己。自己和自己会形成合力,自己和未来会形成合力,形成共鸣,形成协奏。

就是这样,拖延恐惧症、选择恐惧症都会成为过去。和心心谈话的这个瞬间,我突然对自己未来的行动力,产生了无与伦比的信心。

这是非常强大的行动力,因为这里面深深地内嵌了一种能量,就是好好地做给闺女看,做完再给闺女复盘的念头。好大的推力。

我的心都滚烫起来。

写完这些,我觉得还是要再创造性地参与一下心心的踢书包事件,以便报答心心对我的指导。

我就发音频给儿子先说了事情的大概,又说:"现在你能不能画一个书包给心心,就说是哥哥给设计的。我想着,这个书包要有一个恐怖的兽头，张着大嘴，有一面布满密密麻麻的针，还有各种黏黏糊糊的东西，踢上去不是被咬，就是被扎、被粘。然后，让心心将这幅画带到学校去，给那个女生看，就说这是哥哥设计的防踢书包，你把我现在这个快踢坏吧，我好去定做这个。"

哈哈，大为紧张的哥哥立刻说："好，我画，但是要让心心还击，要不然过分忍耐会变得懦弱的。"

后来我把哥哥的设计图给心心，心心喜欢极了，极其欣赏。

哥哥的设计是"互联网+"精神，是引导型的，就是"踢书包的坏蛋"一踢"start"按钮，就会弹出球来，接下去就是行为引导了，可以去踢球，还会伸出一个"痒痒挠"来。

哇，高下立见啊。

反正，我知道了，提供不同意见给心心，她决策的时候确实知道，"听最聪明的人的"。如果没有办法辨别谁是最聪明的人，哈哈，那就是一个新问题啦。心心会不会勇敢地吸取所有建议者的有机养料，合成一个新的行动方案，坚定地执行呢？

此事搁置，有待时间分解。

其实呢，画了恶意行为引导书包的儿子，在微信中还跟我说："妈妈，要是这个女生再踢心心的书包，告诉心心揍丫。"哈哈，儿子的霸气建议，我当然不会告诉心心。

不过，我和儿子的共同特点是不谋求老师干预，我们都是想让心心自己解决问题。因为这些归根结底是小问题，是人类大丛林生活的一次次小型预演，是好事。

妈妈是水，水有世界上最强的沟通力。

家族审美观

我和三个孩子都有一个若有若无的双下巴，还都是与流行相悖的圆脸系。自己人就是这样，一看到每个人都有双下巴，情不自禁地，会觉得这点标配必不可缺啦。

持续和家人达成审美共识的工作特别重要，要互相珍爱不被流行审美所认同的遗传特征，不断指认，间或以玩笑、搞怪等娱乐形式来共同悦纳。

如果家族长相与大众流行审美观不太相符，那就从小给孩子们建设一个审美观！让孩子们觉得满月脸、肉下巴有自成体系的美（嘻嘻，对不住哦，妈妈基因的遗传能力太强啦）。

哈哈，这世界上幅员辽阔的国家，都是自成体系的啊。所以脸型也有幅员辽阔这回事！在我家里必须创设的审美价值观：满月脸美过锥子脸！妈妈与妹妹的美不输范冰冰！爸爸与哥哥堪比金秀贤！

自信的来源之一就来自持续不断的自我欣赏，像集体"二货"一样浑不懔！像古老王族一样骄傲到底！

瞧瞧英国王室，长相越不是大众审美的样子，越是承载王室与众不同的血脉，小眼睛，眉心略窄，鼻骨高瘦，才不要大众流行呢。任何强大的家族，都对显性遗传充分自信。没有见过任何一个古老家族的成员要求整形成一张苏菲·玛索的脸。

持续地自我欣赏，而不是全面出动欣赏力去哄抬全民颜值偶像，有一小部分力量，就靠妈妈秀秀双下巴。

让还在童年,特别爱妈妈的孩子能够以妈妈的脸、妈妈的美感,作为对自己遗传倾向的一项深深认同,而接纳下来。

童年哪有小事?

所以我是个和孩子一起站在镜子前,一定会庄重地欣赏自己的人。"哈,你妈妈真是个美女。"我这样对心心说,"所以你是美上加美了呢。我们的美是满月脸系,也是大饼脸系!"庄重完,还要加上玩笑,以防认知过于严肃。

我曾经看过一篇文章,说不要太多地和女孩子谈论美,以防她们太关注美,而疏于读书或者疏于关注更深刻的事物。因而该文建议多和小女孩聊聊最近读了什么书。

其实,我认为,谈论美和谈论读书可以并行不悖,不是非此即彼的。

谈论美是女孩的天性。这一点我赞成美国人,因为种族多元,审美也多元,每一个孩子都会自小在容颜上得到充分的肯定,都会在不吝啬的赞美中成长起来。

自己是美的,每个人也各有各的美,这个认知是如此普遍。所有的个性审美都多元地受到尊重。

自己是美的这个认知,就像是小孩子获得一笔巨大的自尊自洽的原始本钱,为啥不给孩子呢?

在美上真正自信的人,才不会为美所困,才不会将眼光局限在美上。相反,在这个高度网络化、媒体化的世界,美可以成为一项事业,外在美、个性美、内在的知性美会成为一个产业链的核心呢。我们不是已经看到端倪了吗?

时代不同了。只是夸赞小女孩漂亮,用对外在美的注意力来雕塑女孩子,而整个社会都不提供任何其他的知识文化创意资源来教育女性的时代，已经被甩在了历史滚滚的车轮之后。

现在的女孩子，可以既美丽又知性，既美丽又渊博，完全可以既谈论美，又谈论读书。

那就从小告诉咱们的小女生吧！啊，亲爱的，你有与众不同的美呢！

你的小双下巴、圆脸蛋，回眸的样子、欢笑的样子、沉静的样子都那么美呢。

每个女孩子真正修养的底层基础就是：真心觉得自己美，觉得自己优雅。

其实不仅仅是女孩子，在这个"小鲜肉"霸屏的时代，让开始关注颜值的男孩子也获得自己英俊、独特的家庭原始定义，也很必要呢。

要想我们的屏幕上不是"小鲜肉"叠加"锥子脸"的千人一面，要想我们的屏幕上也像欧美的屏幕那样有多元丰富的美感，大鼻子女、大嘴巴女、宽脸庞女星都能作为美女而不是谐星被欣赏，就得从我们真心欣赏自己，欣赏自己孩子的独特遗传美开始。

"心心，你觉得自己美吗？"

"我不觉得自己美，但是很多同学都说我很可爱呢。"

"妈妈觉得美的最高境界就是可爱。"

心心现在的境界是，已经懂得为自己的美谦逊了。

"妈妈，我给你读本书，你听听。"她积极地说，撂下这个话题。

嗯嗯，我自负地想，只有真正自信的小孩，才能好好地做其他的事情，包括读书。

哈哈，也许我错了，只因为觉得自己长得丑极了，只好埋首读书，当然也是读书的一种动力。不过我更喜欢前者，如果有机会选择的话。无所求地去读书和带着内在的缺乏和痛楚去读书,虽然有小小发心的不同,但读书总是上策。但我情愿孩子们带着其他领域的满足感,而去探索书中的无尽世界。

没有自己不美的压力,是人生的一项基本权利。

真相是,每一个小孩子各有各的美,但是要让孩子真心领略到他们是美的,就要有一个在美的认知上,哪怕是有点盲目自信的妈妈。噢,还得是个勇敢的妈妈,如果没有长出流行的脸型和身材,一定要勇敢地从自己出发定义美!

挑战吧?想到了吗?

妈妈是水,水的魅力是全方位的,动静大小皆宜,小湖泊也不会在大海面前自卑,各有各的美,构成了千姿百态的水世界。

爱的三个层次

因为种种机缘，我和儿子聊到了亲密关系中的爱。

爱和爱一样吗？每一个说"我爱你"的人，话里话外的那个爱，都是骨肉均匀、密度一致的吗？在诸如母子、夫妻这样的亲密关系中，爱到底可能有哪几个层次呢？

对爱的体验和付出、失望和满足、变动和追寻是我们一生的主要体验。爱是我们在人间所经历的最动荡的事情之一。

我曾经千百次地经验过、思考过，也为之困惑过的爱，到了如今，总算对其有一点点领悟，所以想要说给你听，看你在未来的岁月，能不能去一一对应，或者有所补充。

爱的基础状态是理解和尊重。"我爱你"，这宣言的应有之义本来就是："你太明亮，你在我眼中太好，我太喜欢了。"既然如此，理所应当的是，因为爱你，所以我必然努力做到理解你、尊重你。虽然很难给爱定义，但是，我们都知道，不能理解和无法尊重，一定是爱的反义。

然而，在现实生活的很多情况下，在爱中，在亲密关系交集之时，连基本的理解和尊重也做不到。这种情况很多，夫妻之间、母子之间互相不理解、不尊重的故事，我在微博私信中收到很多描述，都很令人烦闷和痛心。包括我自己也有很多经历。

因为爱的承诺而走到一起的人，却在长久的生活中，彼此陷入指责和抱怨。我把这看作精明狡诈而又擅于推卸责任的自我对自己的感情承诺违约。

"我爱你",从口头约定起,进入婚姻,佐之以一纸婚书这个合同文本,同时受到法律和道德的保障与守护。然而,爱的双方毕竟不是一成不变的,在时间的流逝、事件的积累、生活的重负中,爱的流动会遇到很多挑战和调整。

这很自然,从源头而来的爱的涓涓细流,自然会遇到河床、岩石的阻隔,不断奔跑,不断增强动力,并不断汇集各种小的支流:疼爱、怜爱、爱慕、情爱、爱护、爱惜、仁爱……小溪才能壮大成大河,大河不断冲过广大流域的重重障碍,保持流速,保持成长,才能奔流到永不枯竭、澎湃无限的爱的大海。

然而,在所有爱的支流中,如果没有理解和尊重这两门基本技术,很多不好的情绪将会取而代之,很多负面做法会冒头:藐视、抢白、讥笑、讽刺、指责、推诿、抱怨等会轮番上场,生活变得夹枪带棒,伤口重重,无比艰难。

缺失了理解和尊重的爱,加上现实生活的重压,像是一个变异的妖怪。亲密关系变成一种惯性。个人在里面会感到深刻和绝望的孤独。生活在其中的人,变得越来越麻木,关系也越变越妖异,两个每日相伴的人,却都是孑然一身。我们身上最多最密的伤口,都来自彼此,仿佛只有到了晚年,因为身心的衰老,才有可能松口气,不再把细密的刺戳向彼此。

"不是不想分开。孩子小的时候,不是时机。空巢了,事业还忙。终于闲下来了,已经没有体力和精力分开,双方伤口上的痂紧密地连接在一起,已经勾连成一体,难以分开了,只有死亡才能把这种怨怼分开。一对怨偶,只要相处得够久,只要没有力气分开,儿女成群地围绕着,到得高龄,二老像演戏一样,继续为儿女们扮演着老爸老妈的角色,世间就把这个叫作圆满。"

理解和尊重是双向的，一边指着对方，一边也指向自己。不理解和尊重对方的人，得不到对方的理解和尊重，事实上，也是极端地不理解和不尊重自己。对自己爱的人不理解和不尊重，是对自己的爱不理解和不尊重啊。这个能有几人明白呢？大家都是在生活中，力量不足、惊慌失措的自私鬼罢了。

有了理解和尊重，这样的爱，看起来很好吧。若要我说，这也只不过是爱的"温饱"状态而已。

在更高一层，爱的状态是欣赏。不仅是理解和尊重，更是欣赏。欣赏是什么？欣赏是爱的功能之一啊。把对方当作最美好的事物，领略其中的情趣、境界，是观赏、赞叹、赏识、看重。

爱到了这一层，便不太容易退转了。因为有对方，山川江河、花草树木、大风大雨都有了意义，我和这个世界的关系，不再是若即若离，而是全部最真实的美好，以你的形象出现在我身边，你是情趣和境界的代言人，音容笑貌，一举一动，都是自然世界优美之处的人化。你坚强，像山川大地；你优雅，如溪流云霞；你风趣，似俏皮的晨风；你遇事镇定睿智，像青松古树……欣赏是创造性的能量此起彼伏地给对方最好的、最有价值的解读。

我姥姥曾经说过，"宁可给好汉子牵马坠镫，不给赖汉子当祖宗"。这样的话，把欣赏之意简单明了地展示了出来。无论男女，只要真正觉得对方值得自己爱，只要欣赏对方是好汉子、好女子，或者在母子关系乃至兄妹关系中，只要真心从一些重要的角度欣赏对方，如果欣赏的成分占到两人关系的多数，那么，就足以耐受对方小部分的弱点和不足。

只要欣赏的比例占大部分，这种亲密关系就像是钢筋混凝土构建的，足够坚实，足够硬朗，可当百年。

长途飞行，从洛杉矶回国。邻座一对老夫妻，太太70岁，先生

80岁，先生有点衰弱了，叫了轮椅服务，太太精神头很好，性格也活泼。她和我聊了一会儿天，一直聊自己的老头子。

"他年轻的时候很英俊，是湖南师范大学的外国文学教授，他写东西很有水平。"太太满面皱纹，满头白发卷卷的，她的眼神很活泼，是那种一辈子有真心欣赏的人的活泼。"孩子们都像爸爸，读书很好。他以前一直很宠我。我比他小10岁啊，现在宠不动啦，轮到我照顾他啦。"她哈哈笑，满头卷发甩来甩去的。

后来他们两个都戴着同样的蓝色卡通眼罩睡着了。我长长久久地看着他们眼罩外面年龄感很强，均因为睡眠而放松下去的脸庞。多么难得啊。建立在欣赏上的爱，多么自如，多么美好。

我说到这里，儿子提了一句：是啊，这种爱很好，这种爱也要求被爱的人要有价值，要能够被人欣赏。

所以，我现在要说第三层次的爱，在这个更高的层次，爱的状态是"信"。

你不一定有价值，你对我来说不一定是有用的。我对你的爱超越了欣赏。如果我欣赏你，那还说明，我在用好或坏去识别你。我在对你"迎合我认知能力"的部分，进行指认。即使在欣赏的层次上，爱还有点"索取者"的面貌，你存在，你以我喜欢的方式存在，你以我欣赏的方式存在。假如我的欣赏趣味转移了，你可能就不再被我爱了。

正如前面所说的，欣赏是创造性的能量，创造是不稳定的，是多变的。维持了一生的欣赏，有时候需要很多支援。比如，环境变化小、稳定，还有欣赏者的身心稳定，也就是欣赏支付方的变化或成长不能太大。

可是，"信"是不一样的。

无论如何，我信你。这个很像年轻妈妈对幼小孩子的爱。虽然小小的婴儿不会自己拉尿，不会站起来，不会翻身，不会说话，但是妈妈有信心，孩子一定能行。无论如何，他们会长大，会跑，会说话，会进幼儿园，会上学。这个信心，不需要任何证据。

我信你，所以我不需要用理解和尊重的技术来约束自己，也不需要用欣赏来加固你。我信你，无论你是非成败，我都觉得是自然而然，我都爱。我信你，即使深藏功与名，在最小的一个空间，我和你在一起，我也知道，你爱我和我爱你一样、相等，都不可能再多。就是在最喧闹的地方，我和你在一起，我也只听得到你。你就是光，你就是明亮，你就是黑夜，你就是时间会给我的一切经历。你存在，对于我来说，就是合理。

我信，你就是世间为我量身定做的另一半。你有很多很多弱点、缺点，和我一样。然而我信，只要我们在一起，我们的形状就是一致的。

无论是笑与哭，都不再有我自己，我已经融入你。我们已经彼此融合。我外面无你，你外面无我。我不再有"独自"这回事儿，因为我有你。

即使你不在我身边，即使在时间的维度上，我们终究会分开，可是，我信，只要彼此陪伴过，我们任何一个人，都是彼此留下的全部刻印。不可能更多，也不可能再少。

信，就是你即使在市场卖菜，我也笑眯眯地坐在你的三轮车后面，欢快地搂着你的腰。我永远不会质疑你。信，就是绝对的安全感，只要彼此在一起，已经没有什么不足，世界完整而明亮。

我知道世间大多数的爱，确实要穿越性格障碍、理想冲突、价值观分歧，颠沛流离地勉力支撑。屈从于金钱合作、资源匮乏的以爱为名义的联合比比皆是。

但是真正的爱不一样，真正的爱是信，是永不质疑，是自己遇到另一个更加深信不疑的自己，并通过这个全新的自己，加深对原初的自己的认识，使得自己也变成一个更好的爱人。

爱，是世界上最动荡的事情之一。找到最好的爱的一个重要素质，就是成为一个有力量"信"的人。

"妈妈，你信任我吗？"儿子忽然问。

当然，当然，当你特别小的时候，我发自天然地信过你。信你一定会跑会跳，会说会闹，会健康活泼地长大。

后来，你渐渐长大，开始学习。在各项学习中，我开始相信，你一定有自己的"绝对范围"，在这个领域里面，你有绝对的天分。我陪伴你，观察你，当搜寻无果时，我以"理解和尊重"为术，以"欣赏"为道，用假装"信"来暗示自己：你一定行，你一定是个很好的儿子。

很多事情就是这样，装着装着，时间久了，"装的"和"真的"界限就模糊了，真正的"信"成长起来，从长久"假装信"的腐殖土上，真正肥壮的绿芽儿长出来了。你已经18岁了，上了非常好的大学，每天努力得晨昏颠倒。你还保持着很深的思索和反问的能力，经常在对话中，给予我很有力的回应！

现在，就是这样。无论你做出什么选择，你怎样行动，哪怕你每天早上睡懒觉，晚上不睡，N天不洗澡，恶狠狠和我嚷一阵儿我也绝对会信你。你一定有你的理由。你正在毫不犹豫、坚定无疑地成长为最好的自己。

妈妈对你的爱就是这样，从你小的时候信的初级阶段，已经进化到了信的高级阶段。我很幸运，感谢你。

爱都是这样，无论亲子之爱、夫妻之爱、朋友之爱，在所有的爱中，爱真正的模样就是信。

水有三种形态，冰、水、气。温度越高，密度越低，质量也会更轻，与其他物质结为一体的性质越来越强。这就是爱的三个不同的层次吧。

所以说，妈妈是水，是慢慢变化，从奔腾到升腾的爱的力量。

第四篇 妈妈是风·大自然与社会关系

风,不舍昼夜,是空气的流动,鼻端的香臭,冷热的载体。风时刻进入我们的呼和吸。风是支持、推动和不停歇的力量。风无形无影,不像太阳、大地和水一样,我们总能看得到。

在人类和万物之间,有风;在人类之间,有风;在时间与空间变幻之间,有风。风是一种关系,是在自然万物之间流转和结合的力量。

妈妈是风。风的力量要靠感受,时间和季节不同,风便呈现出不同的面貌。

在孩子0~3岁时期,妈妈是新手妈妈,像春风。战国时期宋玉在《风赋》中写春风:"春意朦胧,寒微复暖。阴阳交泰而野苏,天地缠绵而气旋。柳丝轻摇,始发和风于端倪;枝叶吐翠,再萌温馨于绿裳。感柔弱且和煦,拂画帘之悠闲;转朱阁以逍遥,消陋室之怆然。脉脉兮暖风薰醉花千树,悠悠兮春梦随云雨丝眠。"这段迷人优雅的描写,就是孩子3岁前妈妈的应有之义。

小宝宝的妈妈就是这样,和煦如春风,时时轻拂,刻刻照料,柔软温暖而不知疲倦,不能止歇。

而4~6岁孩子的妈妈,是同伴期妈妈,妈妈的陪伴,不再是孩子生理方面的刚需,而是心理精神上的软性需求。这个阶段的妈妈,像夏天的风。

《风赋》中说:"夏悄临若,满目青山。回旋郊原与林莽,集聚三春之婵媛。疾风劲草,伴白日以低摇尘雾;岸芷汀兰,舞落霞以起伏云烟。优游于杨柳枝叶,跌宕于千里山岚。摇远山以翠碧兮,动幽草以绿烟;吹近水以涟漪兮,幻影斜以鱼欢。"

大龄童阶段,已经有一定的思维水平,对世界的认识,既开始系统,也非常发散,独立思维的"小小青山"开始生长,开始对妈妈的思维有挑战、有共振、有启发。

妈妈像夏风一样，始终保持着热情，跑跳着，玩闹着，高飞，低掠，回旋逗趣。夏风为千树万树指挥舞蹈，掠过被太阳晒得滚烫滚烫的蝴蝶、蜜蜂的翅膀，为劳碌一天的人们带来傍晚的清爽和爱抚。孩子们在夏风里面奔跑，把汗珠播撒在空气中，夏风把这快乐无忧的信息传播出去，在水上激荡起涟漪，在山岚的起伏中打滚儿。夏风是热情而活泼的妈妈，闯进了孩子的心里，实现了深深的连接。

7～12岁孩子的妈妈，像秋风。秋天的风，不再像春风一样旖旎，亲不够，抱不够，让从童年趋向少年的孩子感到"不能承受之重"。秋天的风，也不再像夏天的风一样炽热活泼，那样的话，孩子有了做小小淑女、小小绅士的社会化诉求，妈妈却还是一个夸张滑稽、虚张声势、紧密黏合的妈妈，这就有点用力过猛了。

秋风是务实的风，是成熟稳健的风。在北方的秋季，秋风飞过苹果树、梨子树、核桃树、栗子树，将果子灌满甜浆、果肉；秋风在原野和丛林中大跨步奔跑，抚慰夏天中受尽炙烤的高高低低的树木，给叶子棕红、金黄、艳咖、浓褐色的美貌；秋风习习，凉爽宜人，温度日渐退去，渐渐懂得界限和距离。

秋风一样的妈妈，是成长期妈妈，妈妈和孩子共同成长，共同走向不同程度的心智成熟，是这个阶段的重要诉求。秋风是"收获成熟"之风，是母子之间念头和念头、思想和思想，电光石火的饱满和砥砺作用。

秋风时期的妈妈，需要扎扎实实地读书，进一步深化自己的认知，拓展自己的眼界，需要汇流很多很多风的力量，丰富自己的力量体系。无论是和风、微风、暖风，还是冷风、狂风、骤风，都应该汇流。首先能够给孩子的头脑和情感发育直接的助力，其次是见地广博，心胸开阔，充满弹性，不给孩子的发展裹小脚、设置障碍。

秋风因材助缘：山楂呢，就理解它们酸酸的味道；核桃呢，就给它们充实果肉；梨子呢，就资助它们对甜汁的需求……帮助落叶乔木扫尽铅华；帮助小哺乳动物充实巢穴中的粮草，做过冬的准备；提醒雁群开始南飞；使孩子们发丝轻拂，衣袂飘摇……

当孩子长大，从13岁到18岁，妈妈是冬风。冬天的风，有点凛冽，极为理智，风和万物开始了分离的游戏。不会太近太紧，却又以"冬藏"的方式，在孩子需要的时候，给予付出。

这个年纪的孩子，开始陆续进入青春期，从精神到思想，正在迅速独立成形。妈妈一切的爱和亲昵的表达，都要非常有纪律，越来越有节制地运用。这个阶段，要学会把母性的过于柔和、关爱、琐碎的爱"藏"起来。孩子幼年、童年、少年时，恰如春风、夏风、秋风的时时牵挂、处处参与之风，也要变得自律和自制。

冬风是温度最低的风，当冬风呼啸起来，每一个在户外的人，都会情不自禁地裹紧围巾，整肃衣服，要以自己的力量抵御寒冷。冬风的每一分力量，都在催发着我们成为独立担当的个体。正是这样，像冬风一样的妈妈和孩子的关系，已经是两个独立的个体，母子关系将越来越像朋友，变成君子之交。

"啊，妈妈怎么能被比喻成冬风呢？怎么可能这么肃杀、这么冷酷？"

冬风是卸载者。冬风会把世界的负重——即使是欣欣向荣的——都给卸下。因为更好的生发、完美的开始，需要一个隆重彻底的重启。同时，冬风把春风、夏风、秋风的能量都雪藏进低低的温度中，在暖阳充足、天空澄澈的日子，冬风也会变得分外柔和，呜呜低鸣，缱绻深情，虽寒冷而不可畏。

看动物世界时，能够知道，很多食肉类哺乳动物，在幼兽长大了之后，都有一个妈妈狠下心来的抛舍过程。我们人类倒不必如此，我们是终生的母子关系。但是为了让孩子能够尽快地接管他们自己的人生，成为自己人生的主宰者，而不是有一个以父母为舵手的人生，需要冬风妈妈期。这个时期，妈妈从孩子的陪伴者、养育者和教育者的姿态，进入和孩子的朋友关系。如果不能成为朋友，不能成为可以交谈沟通、有着良好通路的朋友，那么母子关系，日后只有"亲戚"一途。

"你是妈妈，我最重要的一个亲戚，血浓于水，然而我们很难沟通，除了家常话，没有什么话说。"这样的母子关系，不是比比皆是吗？

当我们成为妈妈，我们早晚会有18岁以后的孩子，成家以后的子女，已成壮年的子女。我们将从新手妈妈次第经历陪伴期妈妈、成长期妈妈、发育期妈妈、空巢妈妈、老年妈妈的每一个台阶。

我们做妈妈强度最大的时期，就是新手妈妈、成长期妈妈和发育期妈妈。其中，体力付出最大的是新手妈妈阶段，脑力付出最大的是成长期妈妈阶段，而心力付出最大的是发育期妈妈阶段。而在空巢阶段和老年妈妈阶段，我们是与孩子做亲戚，还是与他们做朋友，成为孩子一生精神上的援军，这是我们早早就该计划考虑的事情。

如果我们在任何一个阶段，都混淆自己的做法，在新手妈妈期，过多地和孩子大谈道理，妄想小小幼童能懂得所有规则；在成长期妈妈阶段，厉兵秣马地陪读陪学，不断拔苗助长；在发育期，胼手胝足地做孩子生活上的保姆、勤务员和警卫员，不给青春期的孩子心灵发育和自理能力留空当和空间，那么，等到了空巢妈妈和老年妈妈时期，成为孩子"最重要的亲戚"，便几乎是必然。

所以说，妈妈是风啊。这是有节律的能量，有季节的智慧。风流动不息，无形无质，却又俯仰于万物，随时光而轮转。

有节律观的妈妈，是子女精神境界中不止息的缭绕。

妈妈是风，除了节律观，还有另一层寓意：那就是妈妈为孩子揭开了所有的"关系"。

孩子的第一张屏幕，就是妈妈的脸。如果在婴儿仰卧着的脸部上空依次掠过摇铃、绘本、布偶、枕头、衣服、iPad以及妈妈的脸，婴儿最长久爱看，呢喃互动最热情的始终是妈妈的脸。

每一个人肉体的成长，要靠从万物而来的食物。心灵的丰富和成长，也靠对万物细致灵活的观察感受。每个人的精神灵性都生在大地上、天宇间，依赖于眼睛看到的万物，耳朵听到的声音，鼻子嗅到和舌头尝到的味道，以及身体之所触及。童年的一场场初遇就是如此，每一次的体验，都永远地刻印在小小的灵魂深处，升腾出美的体会、美的积淀、美的力量。

孩子幼时自己没有任何能力，无法很好地选择听什么音乐，品尝什么味道，闻到什么气息，读什么样的书，看什么电视，听什么音频，去哪个自然或者人工环境，接触什么人……因此，孩子降生，就如同一个超级智能移动硬盘，而妈妈就成了孩子的装机决策者。

如今，世界已经到了移动互联网时代，种种神秘的信号，从每一个发布者出发，在一个个基站间跳跃，哪怕远隔重洋，消息、内容和文化碎片，都会瞬间来到我们手上的智能移动终端。而所有的内容由风传播到孩子身边，其中最后一段的推动力，是妈妈。

汉高祖刘邦写道："大风起兮云飞扬，威加海内兮归故乡，安得猛士兮守四方！"这《大风歌》也已经随风传诵两千两百多年了，从一个层面表明了高祖刘邦对于人才的渴求，盼望着大风把自己求才若渴的消息，带给全天下的猛士。事实上，无论古代现代，能够聚拢很多人才的事业，都是伟业。

对于一个独立的个体来说，如果周围聚拢的社会关系非常有质量，有多样化人才的浸润，一定会为成长提供非常好的社会环境。具体来说，虽然世界上有70亿人口，中国有近14亿人，而人的一生能够结识的人，不过两三千，频繁来往的也就两三百人。

一个人一生所有的社会关系，如果画成一个圆形，妈妈就处在那个圆心的位置，越来越大的交往圈都是从妈妈的圈子出发，从妈妈的判断取舍出发。妈妈像不经意的风一样，带着"蒲公英种子"一样的孩子，到更远、更肥沃、更广袤的土地上去。在我们认识的两三百人中，大约有二三十人是和妈妈的核心朋友圈、信息圈、稳定来往圈重合的。而这些人，都是孩子最初的行为模式示范者、评价者、观摩者，这些支持、推动和反馈的力量，像风一样。

妈妈是风啊，每个孩子都是以妈妈为核心来接触人间的。妈妈是孩子们认识自己、他人、自然世界、人造世界的起点，是孩子一切关系的起源。

出动吧，用身体盘点身边的自然

自然界中的存在——水、空气、天空、云彩、太阳、月亮、星星、雨、雾、露、森林、沙滩、河流和湖泊、大海、草原和田野、花朵和青草——孩子们会怎么认识呢？视觉、嗅觉、触觉、听觉、味觉，所有的感官都会出动，所有的现象不应该只是一组词汇或概念，而是契合的时空，心中的印记。妈妈和孩子要出动啊，出动才能触动。

我们有很多这样的活动。自然并不远，也不贵。普通的日子中，不需要远赴四川九寨沟、巴黎左岸、北海道的温泉等风景名胜，我们可以就地取材，亲近身边的自然。

儿子幼年时，我们曾租住在北京郊区人家的两间西厢房3年之久。步行两分钟就是北京植物园，植物园简直是我家客厅，冬天戏雪，春天看万物勃发，夏天在雨雾中奔跑，秋天看黄褐咖金涂满山上山下。离开香山后，每周六固定爬山。最爱的路线，是从苹果园一带上山，横穿八大处、香山，8小时山上行走后，从植物园下山。

爬山作为我家最爱的项目，伴随绰号"小山神"的儿子长大，一直到两个女儿也自然地被我们带到山上。在5月份，我们每周爬洛杉矶的野山。天阴阴的，已经进入旱季，很多草憔悴枯黄，但也有很多花朵耐旱开放，迷迭香处处丛丛。每个孩子都像调好了弦的乐器，在野花香草中兴致勃勃。树叶在风中喧嚣，脚下是松软的土坡。每一刻都在更新，每一刻都与世隔绝。孩子们自发小合唱，歌声缭绕在行进的路上，伴随孩子们，跳跃着蹚过枯草遍地的山岗。云挂在低低的天际、圆鼓鼓、阴沉沉的，像安静的鲸鱼群。

肉嘟嘟的两个小姐妹爬不了多远，就在河床上玩儿。登岩石、捡枯枝、爬树干，小心翼翼探索各处。白色云朵灿烂耀眼，天蓝得毫无悬念。

我靠在一棵大树旁，双目闭合。不知道为什么，在这样野生的自然环境中，一旦闭目养神，随时可以穿越回童年。

而在家里，同样是闭目养神，却会不自觉进入好多好多累积的事务中，被唬得要立刻睁开眼睛逃避呢！

平时也没有觉得累，老是兴致勃勃、信马由缰地一日复一日。但在山里，就这样一靠，所有东西都消失不见，才知道自己有多空。平时用多大量的事情撑起了多大的容量，现在就有多空。

空旷的天地间最美的是平静，附加在平静上的是蜂鸣、鸟啼、风声。所有的大山都一定有山神，进入它的圣地，就会领受加持。会有一种山的力量，升腾入心，提醒我们：要稳如磐石，要镇定如恒。

每个人都可以长成一座大山，容纳万千众生，为万千动植物提供成长环境。分解垃圾，恬然代谢，每一座山都会生长一个平静的自治系统——就像妈妈一样，就像将要长大的孩子一样。

我们和孩子就是这样边爬山，边在自然中学会和日子、人和事情相处相安，并通过所有的一切和自己相亲相爱。

对自然之美的感受是童子功，如果错过了人生早期的启蒙和体验，当时光流逝，孩子会接触到越来越多的流行性符号、图片、色彩而追随和趋从。成年后，形成了早期审美刻印的人，很难调整自己的审美观，这就是三代出贵族的原因，个人在金钱和权力上达到的任何成就，都很难在审美上达到同样成就，反而因为可以轻易地占有资源，而使得审美变成审丑。

所以呢，春风时期的妈妈、夏风时期的妈妈，在纯而粹的户外，带着孩子体验，是最重要的安排。

在山里，和森林共处

在山里，走在陈年的落叶层上，踩下去沙沙沙沙的。落叶层下面，每一步都要试探，有可能有枯木桩、枝干尖头、石头、根藤潜伏其中；每一脚都要量度，从落脚到抬脚，无法分心，尘世间所有的噪声全都偃旗息鼓，只有最专注的行走。

随时要准备着手脚并用。脚一旦踩不实，就需要手立刻反应，抓住各类树干、树枝、石头、灌木，甚至一把草。情急之下，还可能信任一根带刺的藤。稳定了步伐，却付出浅浅的伤痕。

"妈妈，看我手上这么多伤了。"心心把手举给我看。我给她吹了吹。这个从小就有的各类疼痛的"安慰吹吹"她早已经习惯了。

"哈哈，这些伤啊，都是森林给你颁发的勋章啊！每一处小疼痛都是一次强调！说明你是森林精灵！"

"妈妈，森林也收门票吧，我想。就是这样用小刺小藤，在我们手上轻轻地割一割。"

"哈哈，说得对。"每个人都自己付自己的门票哟。我又胡思乱想：这样轻轻一割，这小小的创伤，给我们闭关自守的身体和精神，带来一个小小的入口。

学习在野外保护自己，又学习承受承担，付出小小的痛苦，收获大大的兴奋和愉快这样的入口。

森林能教给我们的，都是不言之教。

我们和大地的接触，有山川、河流、大漠、草原；我们和天空的接触，有云朵、彩虹、太阳、星星、风和月亮。这些天空的代表离我们这么远，又这么近。最为奇异的是，哪怕我们走遍天涯海角，即使越过大洋，它们都在，都和我们的心情发生奇异的联系。小时候看蓝天，看夜空，看月亮星星，看白云彩虹，听大风呼呼跑过，是孩子体验美的重要方式。

审美活动是人生最愉悦丰富的事情，也是人生最有价值的事情之一，当人在审美的状态时，一己的喜忧朝万物延伸而出，万物自然从容、平静优美、深广无穷的力量也将人的无助与孤单深深地包容。自我慢慢消融，喜悦和达观在心灵上呈现，像万物的投影。

童年，是一场场和万物的初遇。最开始，妈妈是风，是引导者。但很快，孩子会成为妈妈的引导者。妈妈起到把孩子带领到场所的作用，而孩子天生的敏锐直觉，会让妈妈再次获得早已经遗失在童年的细腻优美、兴奋美好的感觉。

谢谢，亲爱的月亮

晚上9点，在门前送客人。一仰头看到月亮，明亮安静，高悬在浅灰色夜空的众星之间，尚差一小帘儿，就全圆了。

"妈妈，我们看一会儿月亮再睡吧？"心心仰着头说。我看看时间，已经9点了。

但是，如此星辰如此月。"好吧。10分钟好吗？"

心心迅速行动，搬来两把小椅子，还拿来一瓶水和一小碗饭后的水果。

我们两个坐在月亮下面，幸福地依偎着，嘴里说着和月亮相关的话。

"妈妈，月亮上面有两个小人儿，你能看见吗？"

"哦，是吗？让我看看。啊，我没看见，但是我看见月亮上面有山的影子，那些明亮光线中的黑影就是吧？"

"月亮往夜空一圈一圈发着光。"心心边观察边说。

"月亮浸在浅灰色里，荡起了波光。"我也说自己的感受。

"那些星星也很美很美，妈妈。"

我提议："心心，我们闭上眼睛，看看脑子里能不能保存住现在的天空和月亮，好吗？"

"好，那我们仔细看一下。"

我喊："好的，闭眼。"

我们都闭上了眼睛，月亮在我们的脑海里发着光……我们闭着眼睛讨论。

"妈妈，你在自己脑子里能看到月亮吗？"

"能。就像睁着眼睛一样。"

"我也能。我还想画下来。"

"好哇，一会儿画个小幅的，好吗？"纵然时间已晚，怎能拒绝此刻的灵感？

我们看一会儿，闭上眼睛想一会儿。简单的冥想练习，可以挤压出脑中大量的杂念，简单直接的母女同步月亮禅。

我感激地看着月亮，这伟大孤悬的存在。

它用激发李白"床前明月光"、苏东坡"明月几时有"、杜甫"月是故乡明"、李煜"无言独上西楼，月如钩"这样神秘、优雅的力量，激发我们。

只要我们给它时间，它也如同对古人一样，如同对所有的诗人、散文家、文学家、哲人一样，平等地对我们做功，把诗意、浪漫和柔软浸润进我们心里。

这时，我的微信响了，是回北京的宁宁在家族群中发的照片。心心也低头看。我忽然惊醒。

"啊，心心，这信息不紧急，我们不看了。我们不是看月亮吗？不要随时被手机控制。对不起，是妈妈的错。"

"啊，妈妈，没什么。我也是一下子被吸引了。我也没有专注在看月亮上。我们回来吧。"

我把手机收起来。我们又仰头，十几分钟后，我们回到屋子里。心心像个谈足了恋爱的得意者，带着心满意足的微笑，直接走向大桌子，去画画。

最多10分钟，我等着吧。此刻，不催她睡觉。她要做的一切，需要的表达,和李白、杜甫、苏轼没有两样。趁着她还没有读过那些大家对月亮抒情的优美文字,她的感情完全原创,完全不利用别人的文学通路、创作模型,给她原创抒发的机会吧。

她奋笔疾画,一刻不停。5分钟成画。

真好的画,月光下,我们依偎着。她标记了此刻!此刻对我们来说,区别于任何时刻了,伟大得像"海上生明月,天涯共此时"那首诗在古代刚刚书写下来的那一刻!

然后,我们缱绻着上楼,像一对恋人。客居在家中的南洲哥哥听说我们在门外看月亮了,开玩笑说:"女生和女生看月亮有什么好看的。"

我反驳:"妈妈和女儿,是女生和女生中最亲密的友谊。是吧,心心?"

心心把脸贴在我脸上。

"那么,我们这么相爱,有时候会吵架吗,心心?"想到昨晚临睡前她闹觉,为了拒绝吹头发,对我发脾气。

心心有点歉意地贴我的脸,温柔地说:

"妈妈,我们吵架,我们和好。这都没什么,相爱的人也会这样。"

谢谢,亲爱的月亮。

"明天我们还看月亮吗,妈妈?"心心睡前期待地问。

"当然,这几天我们都可以好好地看。月亮很快就圆起来了,一年最圆的时候。"

谢谢,亲爱的月亮。

你给予小女孩和妈妈穿越岁月的浪漫,珍贵不贵。

看月亮是我和孩子们晚上经常的浪漫,惠而不费。

或躺在长椅上，看月亮在繁云中穿行，一会儿被一朵小乌云拦腰抱住，一会儿被云带纠缠上，月儿从容不迫地缓缓移动，温润的光赋予每一片经过的云朵明亮的镶嵌。满夜的秋虫在叫，叩叩唧唧咳咳吱吱，像共振的咒语。

或晚上散步，仰头看见半轮月亮，试着转个圈。满天星斗都在转，好像自己处于世界的旋涡中。在星空下，人会变得渺小、简单、安稳、新奇。再一块儿看星空，在星空下旋转、聊天、欢笑。我知道，星空会刻印此际，像把音乐刻录在光盘上。这巨大的带有星星和月亮的穹顶，等孩子们长大了，在星空下随时抬头，会得到它的礼物，从童年穿越而来，震撼而美好。

豆角禅

自然界最慷慨，没有金钱交易。拾起的羽毛，根管可以做笔，翅毛可以刷掉痕迹，做橡皮擦。桉树正在蜕皮，一地树皮卷儿。都是天物，孩子们可以随意用来做手工。

每年春天，我们都去山里采野茴香。野生的茴香林，老枝子齐刷刷向上，大片大片，干涸枯槁，而春天的新嫩芽儿就在根部滋生，像绿色火焰，丛丛簇簇，贴地燃烧。每次我们略采一点，够一顿饺子馅即可，不贪心，感恩造化。野花长得一米多高，把我们埋在里面。有一次，朋友费了千辛万苦掘了一根茴香准备移栽到家里，根子也足有一米长，热带缺水地区野外生存不易啊。

这让我想到了很多人，在生活中遇到各种困难坎坷一路走过来的人，谁没有这样长长的根系呢。得在某事上扎下深深的根啊，人亦然。我给孩子们看茴香比她们身高都长的根系，比个子，给孩子们留下感性认识。这样认识茴香，和仅仅是"茴香"两字，非常不同。

孩子要认识的还有很多，都是人工和自然结合的精灵，豆角、黄瓜、萝卜、玉米、茄子、辣椒，还有柠檬、葡萄、金橘、柿子、樱桃、草莓、枇杷……种种作物和果实。

即使摘豆角这么简单的事情，细细体验，也有很多不简单的时候呢。

当我们没有任何摘豆角的心思的时候，路过高高的豆角架，一串串豆角非常顽皮地在群叶中随风摇荡，显得既喜悦活跃，又悠闲自在。风势一大，群叶热情舞蹈，豆角小舞伴儿们也飘舞得更加有趣味，随时像秋千架上的小孩子一样爆发出团团簇簇的欢笑声。

我们被勾引了，跑进屋子里，像猎人擎起枪般拿起一个篮子，甚至已经和孩子们构思好晚餐的清炖豆角。趁着午后，趁着光线巨人的头还在拼命地往后仰，还没有被收摄成余晖，大家开始准备豆角架子上的扫荡。

可是，豆角地里好像发生了什么，出现了一支蜜蜂军团，四面八方地护卫，空中都是嗡嗡嘤嘤的音乐，像一段总也走不过去的前奏，让人昏昏沉沉；一队队的蚂蚁，意图明确地排兵布阵，每一只都穿着黑制服、扛着枪，让我们怎么也找不到落脚的地方。田里面有湿漉漉的酸臭气，和豆角花清新苦涩的味道糅合在一起，田埂是一只松软野兽的脊梁，像踩在滑动的呼吸上。

这些都没什么，可是，所有的豆角都不见了！

只有一架"打死也不说"的叶子，和叮叮当当的豆角花，荡着秋千的豆角全部消失了。整片豆角架，仿佛都屏住了呼吸，坚壁清野。

只能在隐隐的叶子后面，看见一两簇特别小的豆角宝宝，忽闪忽闪地出来探听风声。

这时候，只能用"等一下，安静一下"示意一起拿着小篮子的孩子，像在玩儿捉迷藏。必须完全地忽略气味、风、蜜蜂、蚂蚁、野兽脊梁、自己手里的篮子、自己的念头——完全地，对着豆角架子甚至安静到忽略呼吸。

稳定稳定稳定，不带任何打扰，不带企图，不带时间感。稳定稳定再稳定，形容枯槁，呆若木鸡，稳如磐石。

这之后，一阵风掠过来，田里发生了安详、宁静的变化，叶子又开始放心地随风起舞，飘飘欲仙。一队队的豆角泄露了行藏，又开始荡起了秋千，它们在斜斜的光线中起舞，每一根都被映照得晶莹剔透，那些被鸟啄了一口、被蜗牛啃了一下的豆角，连肚皮和脊梁上的伤口都闪闪发光，像滴溜溜乱转的眼睛。

"哈哈，找到了，这里有，那里也有。"孩子们欢叫起来。她们摘低处的，我摘高处的，就这样捉住了一把，又捉住一把，第三把又急着把第四把供出来，第五把和第六把牵着手……然后，风像呼吸一样停止了，整个豆角架仿佛放弃了，急吼吼地把自己隐藏的小灵魂贡献出来。

转瞬间，一顿晚餐的豆角就摘满了，而且还有很多很多豆角散发着浓郁的吸引力，每一根都像神秘宫殿里的钥匙，唰啦啦充满信念地从叶子后面站了出来。

碧空如洗，空气中充满活泼开朗的收获气息。

我低下头，回到屋子里，极其虔诚地把豆角洗好，把豆角的筋剔除，用纯净水炖上一锅。

屋子里满是清香，这种香气，是不用开排风扇把它赶跑的。坐下来好好吃吧。来吧，孩子们，吃我们自己种、自己摘、自己炖的豆角。没有比这更香更单纯的味道了。

这是秋千架上朗朗笑声的味道，是捉迷藏的味道，是安静和专注的味道。来，我们吃吧。

齐邦媛在《巨流河》里写道："有一天早上，我穿了一件浅蓝短袖的制服，从家门口小坡走上田埂，走那种长满了草的窄田埂需要灵活的平衡，两旁的稻田在大雨后积满了水，在一低头之际，我看到稻田水里一个女孩的倒影，那是穿了长衫的我啊！我正伸着双手保持平衡，满脸的快乐与专注。头上的天那么高，那么蓝，变化不已的白云飞驰而去。16岁的我，第一次在天地之间，照了那么大个镜子。"

这种美啊，猝不及防地袭击过来。

可是，无论如何读这样的文字，也不如我们自己踩在田埂上，去走上一回。单看这些字的美，与身处其中的充塞胸臆间的"啊"字相比，又算什么呢。

妈妈是风啊，要把孩子和作物之间的感觉深深连接起来。让孩子对那些在餐桌上经常出现的食材，充满了感情。这一生中，每一次用餐，都会充满潜在的庄严和感谢。否则，只懂得满足口腹之欲，每次吃饭都将是一次小型的贪欲爆发。

在海边，写诗给孩子们

大海浸满了夕阳

沙滩里饱含秘密

孩子们的心里都是欢乐

愿岁月永远不会伤害你们

愿所有时间永远带来

大海一样的宽广

沙滩一样的平静

和你们此刻一样的无忧

　　赶上退潮，孩子们密切亲近和抚触了小小鲍鱼、小小海螺、小小螃蟹、小小寄居蟹，捡拾起石子、枯木和贝壳。海面温柔平静，沙滩温热细腻，堆沙坝的游戏对孩子们而言乐趣堪比游乐场项目。栈桥从容坚实地伸到夕阳和海的深处，海浪温和地一下一下涌过来，不经意地舔湿了我们的鞋子。

　　很多很多细致微小的美，遇到就是得到，欢笑是最深的领悟。

　　风起了，浪很大，每当大浪拍到沙滩上，孩子们就一起往回疯跑，咯咯大笑，跳跃蹦回，头发像一簇黑色火焰尽情燃烧！心跳欢悦，世事俱忘。

　　这就是美之道啊，在当下，幸福地、全身心地、没有颠倒恐怖、兴致勃勃地体验着！

这样的日子，是人生拾贝，每分、每秒、每厘、每须臾都值得宝爱。

有年冬天，杭州下雪了。一个当地的朋友说，极冷日，3岁女儿一口气扑在雪里："妈妈来一起扑，太好玩了。"

哈，作为家长，年终岁尾，身居南方，现百年不遇大雪，各种忧患：忧屋子寒冷，忧物质供应，忧公司结账。大雪出现，百上加斤，是负重，是意外。孩子是我们的正面力量啊，稚嫩直觉的喜悦，是全息生活小导师，先扑一下又何妨。

所谓美，就是最深的感动，是在普通日子、普通事物里，保持发光发热的能力。

听，声音王国

心比头脑要细腻微妙，心不是靠分析，而是靠感知领悟更多。人类高尚的情感都发自内心，心是审美的主力，艺术和音乐都是心的创作。

在心有所创作之前，材料是最重要的。孩子的耳朵和孩子的眼睛一样，很馋，很灵敏，有很多很多声音，应该让孩子有机会专门去听。

雪莱的《致云雀》中充满了情感和云雀的音声之美——

整个天空、大地
是你声音的回响，
正如夜空如洗，
孤云后的月亮
洒下银雨，使整个天宇满溢清光。
我们不知你是什么，
有什么最像你。
从彩虹的云朵
落下晶莹雨滴，
也不如你洒下的一阵阵韵律之雨。
恰似一个诗人
沉浸于思想之光，用自发的歌吟

> 感动世人心肠,
> 激起世人从未注意的忧虑和希望
> ……
> 世界将屏息听我,正如我听你一般。
> 假如我写下妈妈和孩子的音声第一听,就是听鸟鸣。
> 听,那鸟鸣!

春假,和孩子一起睡在森林小屋。一早,我们就被叽叽、啾啾、咕咕、嘀哩哩的不同的鸟叫声惊醒了。我们纷纷爬起来,朝着窗外看去。太阳还没升起,森林在清晨中迷雾缭绕,不同的鸟鸣声此起彼伏。一会儿是几十米开外的叽叽喳喳和我们窗边树上的一声叽喳在相和,一会儿是一只突然飞起的翅膀泛着蓝光、头上顶着小冠的鸟儿,发出悠长的"咯喁喁咯喁喁……咯咯……喁……喁"的声音,径自飞向青铜色的高空。

突然,不知道发生了什么,所有鸟儿都沉默了,万籁俱寂,所有的音声像被吞没了,安静得听得到清晨树木摆动的风声。"啊,妈妈,鸟儿们都睡着了吗?"心心问我。"嘘!"我示意她们等着。

只听到"砰"的一声,是一只松果落地的声音,它叽里咕噜滚下了小山坡。然后,咕咕一声,从南坡的草丛中响起。接下来,叽叽、啾啾、咕咕、嘀哩、叽叽、啾啾、咕咕、嘀哩、嘀哩哩嘀哩哩嘀,鸟声大哗,像把我们惊醒时一样热闹。

太阳开始一点点升起来,笔直笔直的光线穿进森林,嘀哩、嘀哩哩嘀哩哩嘀,这种鸟鸣洋洋盈耳,唱到哪里,哪里的叶子就被点亮了,光走过的地方,地面苍老的落叶沉积层都被染成了金色。

"妈妈,我觉得有很多不同的鸟儿,有 20 种吧?"心心掰着手指头识别声音,这时她问了个特别哲学的问题,"那么,妈妈,鸟儿们互相都听得懂吗?"

"呵,我也不知道啊。亲爱的,我知道这世界上有很多种狗,大的小的,各种体态,狗都汪汪叫。可是鸟叫太不一样了,我猜它们互相之间听得懂吧,要不然就有鸟翻译?"

一对鸟儿飞起来,在空中紧紧跟随,我们的眼睛跟着它们,不可思议地听到它们发出有点像汪汪的声音。"啊,妈妈,这是两只狗鸟。"我们大笑起来,在鸟鸣中开始模仿狗叫。

听,秋虫!

蛙声、蛐蛐儿声、蝈蝈声和蝉鸣声,那是入秋时,我小时候耳朵最习惯的背景声了。突如其来的蝉鸣,总是集体主义的"吱——",连天曳地地笼罩着整个环境。然后,不知道被什么影响,也许就是一根树枝突如其来被风折下来,突然就集体作哑了。这时候,蛙声、蛐蛐儿声、蝈蝈的声音,才能钻进我们的耳朵,作为整个盛夏和初秋的背景音。

我教儿子在盛夏的树林,当蝉喊得正欢的时候,赫然大喊一声:"嗨!"瞬间蝉鸣去无踪,全场静悄悄的。就这样等着,等着,等得雄蝉都觉得安全了,又"吱——"地集体席卷而来,比方才还要大上几倍的声音黑压压地扑来。

睡前,关灯了。窗外满是密不透风的鸣叫。"听外面是什么叫声?"心心说:"青蛙吧!"宁宁说:"月亮吧!"最后我们达成共识,大概是月亮吧,大声、遥远、连绵不绝地叫着,要青蛙记住半圆的它。透过孩子能听到的、看到的,总是另一个世界。好吧,秋天的月亮,大概也是在天上的秋虫呢。

和孩子们一起听的领域,真广阔。可以听雨,听风,听雷鸣:咔啦啦、啪啪叭叭。听海浪，听小溪，听瀑布，听动物的叫声，听鸟扑棱翅膀的声音，听飞机轰鸣，听火车咔嚓咔嚓，听汽车嘀嘀的声音……很多很多声音。

听，音乐!

音乐是从人的心灵流淌出来的节奏，孩子在不会说话前，就已经会随着节奏跳舞了。和孩子一起找柔和空灵的音乐，吃顿音乐晚餐；自驾游路上，在驾驶室里搞场和路途一样长的音乐之旅。记得儿子小时候，我们去木兰围场，是周杰伦专场音乐会；去泰山，是南美音乐会；和孩子一起看完非常令人感动的动画电影，比如《天空之城》，把音乐下载下来，每次一起听，就唤醒了记忆中美丽的天空之城；周末的晚上，孩子们自己选节奏感强的音乐，来一次群魔乱舞；有时候，我们也会找禅修的音乐，盘坐一下，体会音乐的舒缓安静。我家里，就是这么直接地享受音乐的。

音乐训练，应该在和音乐建立了感情之后啊。现在的乐童妈妈们，知道这个吗？把音乐的意义都变成了考级，那是孩子多大的损失啊。

每次和儿子开车在路上，儿子都会选择他最近喜欢的音乐，做DJ播放给我听。小时候，选择音乐和他一起听的我，终于感受到了反哺。

有一天，他画了一幅风格非常不一样的画，是边听音乐边画的。他和我讨论起了音乐。

"妈妈，我觉得很多音乐非常深刻，比如歌。每首歌都是一个情绪感情的载体，进入一首歌，和旋律共振，和歌词共鸣，就像在读一本书。有时候比书的浓度还大，因为书是用了很多篇章词汇去抵达、去表现的；音乐就一段小小的旋律、小小的沉吟，需要敏锐细致的心去体察。音乐是很棒的艺术。"

我知道，他的心里有音乐，他的画里也有音乐，他看向他人的眼神，都有一种韵律感。艺术，是心灵的化学作用啊。与音乐和画画相伴，真是富裕的孩子。

听起来吧，孩子们，我们的耳朵，不只是让我们听知识和教诲的，我们要听的内容更广阔、更丰富。在童年的起点，把丰富的音声存储在心里，这就是一生的"声音故乡"。任何时候，听到同样的音乐，会把我们带回童年故土，疲倦的心灵会受到安慰，得以休整。

气味和味道

气味和声音一样，分为自然和人工两派。在自然里，又分为我们喜欢的和我们不喜欢的。我们把所有好闻的气味，叫香味儿；把不好闻的，叫臭臭的。其实，哪里有那么简单？所以，要和孩子们玩气味。

我和孩子们经常走到各种花前，俯下身去闻一闻，每一种花都有不同的香味儿，经常去亲近，就会闻香识花朵。

槐树花是故乡的花，香会随着风一团团地走动，几十米外，还没有看到槐树，香气就一团团滚过来了；山下的桃花香味儿淡不可闻，很微弱，风一吹就要散了，梨花是鱼腥气里加一点点糖的味道，凑近一闻，能产生小猫偷鱼吃的错觉；公园里的樱花几乎没有味道，但是把飘落下的樱花瓣儿攒一小捧，在手心上搓一搓，立刻有一种淡淡的甘甜；小区中的桂花花朵小小的，性子却烈，一棵桂花树的暗香，朝四面八方浮动，让人没有法子忽视它。"妈妈，桂花糕的味道。"孩子们的鼻子，永远关联着口舌上的感觉。

后院有很多花。马蹄莲一点味道也没有，持重的感觉，开了轻易也不谢，一旦谢了，倒是可以闻到它藏在端庄内的微苦的清新味道；孩子们最爱摘下来插在耳畔的鸡蛋花，有一股微小的酸气，像一声叹息；黄瓜花和黄瓜叶子，都有浓郁的黄瓜味道；西红柿花和叶子也是；柠檬的花香，清澈而芬芳，在柠檬树下风处若隐若现；前院的枣树上金灿灿的小花，密集地释放出清香，吸引蜜蜂围着它们紧张地工作；葡萄是一串串开花，花朵比桂花还小，每一串都高居架上，像一串烟雾，沁满馨香，向仰头闻着的孩子们飘散……

我们最爱院子东边站了一排的高大的月季，每一朵，都凑上去深深吸一口，几乎每天都去嗅上一嗅。我嗅，孩子们跟着。一旦我忘记了，宁宁会像"妈妈你忘记大事情了"一样，专门拽我去亲近月季。这些月季，有一些比我都高，心心、宁宁都要登上花池台阶才能去闻。慢慢地，我们每个人都知道，黄色的花朵和粉色的味道不一样，黄色的有点淡雅，粉色的却更加"蜜甜"一些。红色的大朵，不比孩子的脸小，埋进去闻的时候，香味儿比淡雅颜色的要更浓郁些。香气分层次，初闻到是种柔和清冽的香味儿，往里面嗅，涌出来醇厚的丝绸感的味道，再往里面是甜津津的芯儿。

月季最迷人的是，蓓蕾、半开、绽放、怒放，味道全部不一样，太阳照着的暖香和清晨露水下的冷香不一样。最浓烈的味道是开残了的花朵，幽香中混合了憔悴枯寂的味道，显得特别浓郁，浓郁得有点悲伤。

我们还闻各种叶子的味道。椿树有一种闻起来让人立刻想丢掉的气味儿；迷迭香小肉针形的叶子摸过后，手立刻染上味道，久久不散；核桃叶子香得古怪，让人有点恶心；杨树叶子带着明朗的苦味和芳香；红薯叶子带着红薯皮的涩味儿……

我们还闻芹菜、香菜、韭菜、茴香、大白菜、萝卜、豆角……各种菜的味道，孩子们蒙上头巾，闻我们刚从菜市场补充回来的给养，还有苹果、西瓜、香蕉、哈密瓜。闻着闻着，我把一段香肠拿出来，放在她们鼻子前面。哈哈，强烈的对比反差啊，立刻就饿了。

还有动物园中动物的味道。小姐妹一边兴趣盎然地看着动物，一边把鼻子皱起来，好臭啊。"宁宁，你也是臭的，你知道吗？""我不是，我洗过澡了，很香的。""那为什么你拉的臭臭那么臭呢？臭味儿在你的肚子里啊。""啊，我的肚子里面是臭的吗？""你的肠子里面是臭臭的，就像植物也要施臭臭的肥一样。你把食物吃下去，把肥料做出来，就可以还给大地了啊。"把臭味儿这么解释，我也算动用了妈妈的急智。

我和孩子们经常互相亲来亲去，然而，我们闻不到彼此真正的味道。我们身上隔着许许多多的味道亲近彼此，从上到下，我们有洗发水的香味儿、护肤品的香味儿、润肤露的味道、护手霜的味道、衣服上洗衣粉的香氛，嘴巴里是刚吃过的巧克力的香味儿，我身上还有偶尔点上一两滴的茶树精油的味道，或者淡淡的香水味儿……

我们只有鼻子碰碰鼻子，气息流转，穿过层层叠叠的香，闻到彼此的气息味道。有时候，我们在草地上追逐奔跑，在蹦床上跳到地动山摇，汗流浃背，那个时候，一把捉住，闻上去一身的汗味儿，从人工味道中跳脱而出。哈哈，这才是我们原生的味道！

玩起来吧，和孩子们一起，把我们生命中的味道收集起来吧。炊烟的味道、晚饭的味道、大海的味道、森林的味道、妈妈对着被花刺扎了的小手呵一呵气的味道……所有的气味和味道，都会刻印在孩子的感觉中，给孩子深沉持续的美感。

孩子们会渐渐走出我们的视线，可是我们知道，只要有那些味道，在任何地方，熟悉地飘过来，那里都是和妈妈一起嗅过、闻过、爱过的味道故土哦。这些储备，是妈妈为了帮助孩子在漫长的一生中，特别是在疲倦、焦虑、不安、劳累、难以镇定的时候，让他们在不同季节、不同地区随机遇到的熟悉味道，给他们的心灵难以言说的气味疗愈。

亲爱的妈妈，把孩子养育成一个有人文意向的人，有气质、有内涵的人，也像植物的成长，急不得。急了，就像现在的速生蔬果，早已缺乏记忆中的香味儿，只有一股子急功近利、拔苗助长的味道。

高层次、高质量的人生，说到底是个体验问题。有了体验，储存了丰富的审美，有了喜欢的，就有价值判断，就有坚实的自信和充满兴致的行动。

审美活动是人的一种体验人生的精神—文化活动，它在当下直接的感性中生成一个意象世界，这个意象世界照亮存在的本来面貌，使人超越"自我"的有限性，获得一种解放和自由，从而回到人的精神家园。没有审美活动，人就不是真正意义上的人。

——叶朗《美学原理》

我们和世界最好的关系就是"审美"，发现美，悦纳美，兴致勃勃，有所满足，是一切幸福感的前提。幸福是种子，肥沃的外部世界，就是它生根发芽的滋养。妈妈是风，要帮种子找到沃土呢。

人类的标准

"妈妈,我看到一只瓢虫,我同学说,啊,踩死它,好恶心。我怕它被踩死,就捉住它,把它放到户外去了。瓢虫有啥恶心的?过了一会儿,出去跑步的时候,又出现了一只瓢虫,我没来得及看到,就被我同学踩死了。他们说瓢虫是害虫。我就说,为什么用人类的标准确定人家是害虫呢?要是把你确定为害虫怎么样?"心心边发烧边慢慢地叨咕。

"心心,你知道吗?在人类的历史上,有些人也不断地把另外的人界定为害虫,加以杀害,加以灭绝呢。因为那些定义别人的人,内心非常荒漠化。"

"妈妈,那是因为他们小的时候,没有机会和虫子亲近吗?"

"是的。有些人从小就没有机会和任何人、东西、动物亲近。你和小妹小时候多好啊。我们后院菜地里,仔细一找,叶子上能翻出几十条菜青虫,还记得我们捉了很多放到后山去了吗?你和小妹还养过蚕宝宝、蜗牛、山龟、狗狗、小鸡、鸽子、小兔,更不用说蚂蚁、瓢虫、蝴蝶、壁虎、小蛇、蚯蚓,都是我们家的邻居呢。"

"妈妈,我还记得蚕宝宝在我手心中的感觉,心里麻麻的。"

"有点怕是吗?"

"是。"

"有一些人没有机会体会到这一点。怕也不一定消灭它,而是慢慢练着不怕,慢慢练习着亲近。"

"我很喜欢蚕宝宝,它们好可爱。我怕它们,是我的问题,不是它们的。所以我自己要慢慢练习。"心心真的越来越敏锐。

春天来了,小动物们都出来了。北方从春季开始,孩子们有好多机会和各种昆虫相遇。和虫子相遇时所呈现出的心理状态,也照见了孩子们内在的能量状态呢。

让我们引导孩子们,让一切成为宽广孩子们的机会,而不是简单粗暴地去抵触。世界息息相关,生命彼此牵涉。

审美台阶：从自然到人文

"妈妈，我觉得我的审美最近上了个台阶！"儿子兴奋地到厨房对我说。

"怎么啦？"

"比如，这些画……"他运指如飞，把图片展示给我看。

"我从小时候就知道，这些是哪个大画家画的，不错，如此而已，但是并没有真正感动。就在前几天，我看《抱小鼠的少女》，哇，不知道发生了什么，忽然太喜欢了。忽然觉得，啊，达·芬奇，啊！太不可思议了！然后这些画对我而言都有了意义，都美得一塌糊涂，让人激动、落泪、震撼。"

我拥抱他一下。

"亲爱的儿子，真棒！看来有必要重新走进那些美术馆、博物馆啦！"

其实，我还想说："儿子，早晚有一天，日出日落，草生草灭，开花落叶，云起云散，孩子的婴儿肥，老人的皱纹和华发，雁群和蚁军，鸟鸣和虎啸……这些都会使人震撼。"

会有这么一天。我克制着，不去预告。人生就是没有预告片的电影，很多层很多层的感受和领悟。我是风，我只把孩子送到万物那里。

毛姆在《面纱》里写道："我有个想法，唯一让我们有可能不带嫌恶地关注我们所生活的这个世界的，就是人类不断从混沌中创造出的美。他们描绘的画，他们谱出的乐曲，他们写的书，还有他们的生活。这一切中，最富于美的就是美好的生活，那是件完美的艺术品。"

去博物馆、美术馆、图书馆应该成为孩子的生活方式。经常去，不功利，买张年票，不用一次把一个馆的绝大多数内容看足，而是像自己家的客厅一样去习惯。慢慢而久久地浸染，欣赏的眼光就上去了，俗物就难以入眼了。

妈妈是风啊，把孩子和深切的人文体验连接起来吧，然后就等着时间孵化。

母女商品博物记

时常带孩子们去逛街,在各个品牌店进进出出。两个小丫头都很兴奋,指指点点,这双鞋好看,那条裙子好看,妈妈买吧买吧。

"嗯,这个很漂亮,但不是我喜欢的风格。而且,我不缺这个。就让它在这里展示吧。"

我们一件件欣赏,在她们面前我基本上不冲动消费。(嘿嘿,也就是说,冲动消费,都基本上不当着孩子面。)这些都会影响孩子的啊,在这一不小心就物质泛滥、掩埋生活的世界,从小学习购物的取舍也是必要的功课。

话说我们这代人喜欢冲动消费,多数暗藏购物狂冲动,一部分原因就是小时候都是从物质稀缺的时代走出来,有一种匮乏感。

购物欲的成因当然很复杂,绝非这么简单。总之,当消费剥离纯物质需要,朝精神需求走,就变得和消费个体的精神世界的层级大为相关。

也就是说,消费,极其能反映出人们物质世界和精神世界的综合状况。

农业社会,妈妈们要教会孩子们在大山里怎样捡拾柴火,怎样挑野菜、摘果子、采蘑菇……也是物质拣选训练。

现在的城市化生活,妈妈也要带着孩子们来到丰富多彩的物质主义大山,慢慢学会和琳琅满目的头饰、服装、鞋帽、包包、香水、护肤品、保健品、电子产品、广告、偶像代言……林林总总,自在相处。

从小相处，不大惊小怪，既不过度重视，亦不过度轻视。掬水般从容，又任其河流般在面前奔腾，不会想把每一波都引回家中。

"妈妈，我在欣赏这条裙子。但是我的裙子太多了，应该把这条留给其他更需要的人。"

是，亲爱的丫头。

"我觉得，设计师把这个包包设计得很有趣，能分开放很多东西，妈妈。"

"是，亲爱的，这个就是功能性很强的包。"

"这个包很有意思，太小了，只能装下一支口红。"

"这个是包中的茶杯犬，还有藏獒那么大的包包哦。每个包不仅长相不同，包容力也不一样，功能也不一样，有的包适合舞会，有的适合背到学校里。"

"这只包设计好丑，颜色和配件都很差。"

我们像在博物馆一样观察、评点待售的商品。商场也可以像博物馆，端看我们怎样接触它。判断，点评丑的，欣赏美的，用眼睛去拥有。

超市是物质世界迷宫的缩影

要说孩子在装饰品和衣服等方面还能淡定，去超市购物前，可要准备周详。太多诱惑了，吃的喝的，对口欲优于其他需求的孩子们而言，绝对直击内心。

我们的解决方案是，哥哥给心心画了购物清单，心心拿着单子认真寻觅，鱼肉区找鲇鱼，蔬菜区找土豆、西红柿，谷物区找大米。巨大的超市迷宫哦！压根儿也想不起来给自己"回扣"小零嘴儿！有计划，负责任。回家后，把"成果"骄傲地交给妈妈，自信心、成就感油然而生。

这对她都是游戏啊！超市是大迷宫！买东西是寻宝！

心心眼睛里闪烁着两团小火焰，因为不仅淘到了宝贝，而且认识了那么多超市货品。一个大超市，就是对农业、工业、手工业、服务业全面展示的一个大平台啊。

最常见的东西都可以追本溯源。一个蛋的来源，可以成为一个课题，让孩子研究明白。超市，是四处都可以闻闻、摸摸、试试的开放型的现代生活资料博物馆啊。

在超市的农产品柜台上，种子、花蕾、嫩芽、果实被精心采集到一起，色彩丰富，无声等待。很美，也很思辨：人类根据自己的需求搜集全世界，也用自己的判断给所有存在分类，在斑斓美丽的背后，我看到一张很大的嘴巴，缓缓流着口水，背后是需要支援的我们的心、肝、脾、肺、肾。有时候会微微察觉，万物和我们是母亲和被饲养者的关系,无论从哪种食物出发,我们都能吸出万物的乳汁。

在超市还可以修行的一种重要的功夫,就是管理自己的消费。

日子缓缓过去,曾经冲动消费的资深爱美小姑娘——妈妈也长大了,对品牌物质越来越淡定。穿来穿去都是像老伴儿般厮守的三两身,满柜衣饰,已沦为深闺怨妇,打开柜门,要提防幽幽叹气声。每次购物,不胜小心,提防又多了未来要扔的快餐类物品。

精神世界不是大胃王,可无限攫取消化,我们占有的物品,也会无休止地占用我们精神世界的内存。妈妈慢慢学会了适当放弃,学会了"见过即拥有",也希望把这传递给孩子。当然不是一下子传递的,这是不断的取舍过程,之后会发现所有的取都可以舍。所以呢,妈妈要带孩子多多体验,多多参与。

这里,有一个重要的提醒:适当短缺而带来的珍惜,是幸福感不可或缺的来源。

在消费中的第一点悖论:越是一下子吸引人的东西,越容易引发审美疲劳。很多孩子深有体会:一个声光电玩具,吵吵嚷嚷闪烁跳动着,一下子就能吸引住他们,但用不了多久,他们又拿着几颗朴素的石子玩了起来,堆积、陈列、投掷,玩得不亦乐乎,早就把那个吵闹的玩具扔到草丛中了。

第二点:拥有数量越多的物品,越会稀释掉每一件东西的独特魅力。收集家经常处于这种困境。马未都在《茶当酒集》中把审美对于花哨和数量的反叛描述得分外清楚:清乾隆时期,一直以其得天独厚的条件,把瓷器做得前无古人,后无来者,但没有攀上美学的巅峰。堆砌的艺术就是一台丰富的文艺晚会,全是重点,却没了重心。形式再花哨,到头来也是曲终人散,两目茫茫……这种风格是清乾隆鼎盛时期的华丽奢侈,无所不用其极,因文化的强势而忽略美学的含蓄,注重表而不注重里；这种心态是炫耀，以我朝之力达到古人未曾有过的高度，展现天朝大国海纳百川的胸怀，却忽视了被接纳者的内心感受。

越是在人造消费品间流连，作为妈妈，我们越应该深刻地意识到：要是妈妈不从"物欲国"走出来，就不可能给孩子作示范。为了使孩子不失陷在物质森林中，成为物奴，妈妈必须把自己的视线也放在云间、海边、山上。让兴趣的来源，更为广博；让审美的宽度，更为广阔。

妈妈应该更多地紧密化家人和自然人文的关系，把生活更多地镶嵌进自然、人文环境而不是名品店里。叫"自然"的大艺术家，没有人类的设计可以超越呢。

金钱不能移的心心

人和金钱的关系,是货币发明以后,人类生活的一个主要情境,在儿童时代,这种关系就慢慢浮出水面。

饭后,心心负责把餐桌上的碗筷杯盘拿到厨房水槽里。这项工作有三个阶段。

第一个阶段:初始热情期。刚刚开始有机会帮助妈妈收拾碗筷,简直不是一项责任而是一项权利,因为自己够大了,可以做脏碗筷搬运工,区别于个子不够的宁宁,非常有成就感,属于特别爱干的事情。

三四次后,进入第二个阶段:日常倦怠期。会忘记这件新工作,需要提醒:"哎,心心,请来帮助妈妈把餐桌收拾干净。"有时候欣然跑来了,有时候会有点不耐烦:"啊,为什么是我?""亲爱的,坚持着。坚持做,会有乐趣。而且,妈妈需要你的帮助……"

第三个阶段:平常心期。渐渐地,每次饭后,或被提醒,或者自发,心心能够很平常心地清理桌子。她不再一件一件逐个拿碗碟,她改进了工艺,按照自己的力气,三三两两,把碗碟分批运到水槽里。而且,还会把多个盘碗里的残渣统一废弃在一个碗里,把初步清理后的盘碗放到水槽中。眼瞅着她升级了自己的工作流程。

一次,她仔细收拾过后,我抱了抱刚刚工作完的她,问:"亲爱的,你想要妈妈的一个吻,还是一块钱?我觉得你的工作很棒,真的帮到妈妈很多。"

我想到她的储蓄钱包，有很多家里的硬币被她收集了起来，还有"牙仙儿"给的散碎纸币，故有此一问。

她很羞涩："妈妈的吻。"

客居我家的研究生南洲哥哥在旁边听到了，极其一本正经地，又极其不正经地教育心心："啊，你就是那种姑娘啊。等到长大了，小伙子问你要钻戒还是要我的爱，你会答要爱。最后，钻戒也没拿到，爱也会飞了。"

我笑着说："啊，心心，你要是成了这种鸡飞蛋打的姑娘怎么办？"

心心正色答我："可是，我喜欢妈妈的吻。"

我只能抱住她，在腮帮上香香地吻了一下！"啊，我金钱不能移的闺女。"

南洲呜呼道："等到金钱能移的时候，就证明她长大了。"

没辙了，我亲自去对治他："我得珍惜好我的姑娘，让她永远金钱不能移。"

南洲辩驳道："那这种珍惜也需要很多很多金钱。"

我当时哈哈笑，因为都是玩笑话。

后来我开始思考：这种玩笑后的无奈说法是不是有道理？如果有道理，该如何对治？

真的，在商品社会，金钱不能移，怎么可能？

一是，特别简单粗暴的方案。就是家里变得非常有钱，实力雄厚，平台高瞻。无论成为土豪，或者升一级，做富且贵者，均不需再外求金钱。

二是，成为有均衡价值观的中产。各种常规消费，量力处置，能支撑一两项深度的爱好，靠此平衡诱惑，建立和经济地位相匹配的价值观。

三是，如果受命运播弄，或家庭谋生能力弱，在社会底层，怎么办？处处都有钱在反面做功，很多愿望或欲望难以得到恰当的满足，怎么办？如何做到金钱不能移？

这种情况，必须把考虑金钱、直面金钱当作必修课。尽量通过学习，了解谋生的技巧，把正当地获取金钱作为宗旨和目标，分解任务，花时间完成。

与此同时，尽量多读文史哲读本，蓄积富裕的人文审美，如有可能，尽量建立既面对现实，又超越现实的精神境界。直面现实，而不为其所困，金钱不能移才有可能。

心心很快把桌子收拾干净了，我快速的思绪还在运转。

很多发达国家的人无论地位如何，都有点金钱不能移的劲头儿。所谓"金钱能移"，是大环境极为不均衡，安全感缺失时的问题。一个人，如果无论处于何种经济地位，都能从内心深处摆脱金钱的控制，没有羁绊，应该是真正自由人的象征吧。

那样的情况，心心这句"我不要钱，要妈妈的吻"，会成为最具代表性的心声。钱已经不再打扰我们，我们真正看重的是爱和给予。亲爱的，让我们无论从哪个角度，为此努力。

物质奖励也是工具

14岁时,儿子曾经为了一双喜欢的鞋,承诺背下来《琵琶行》《出师表》等五篇古代经典,到现在为止,这也是他很熟的几篇。

其实,不必谈物质奖励而色变。物质奖励和精神奖励,以及相对应的批评教育、赏识教育,一样都是教育中的工具。

既然是工具,就会有使用权限、使用说明和使用期。

知子莫若母啊。他微细的一个表情后会有什么样的思维运行轨迹,我都可以大致推测。他的性格中大部分像我,小部分像他爸爸。

在这样的了解基础上,我知道,晚熟的他其实到了14岁这年,才算进入对金钱有点概念的阶段。

也就是说,他的需求开始扩大,超出了我和他爸爸常规供给的范围。

所以,14岁时他才开始按月领零花钱。在正常吃穿用度之外,有了自己小小的消费欲,也有了小小的储蓄欲望。

我从不过问他零花钱的去处,但是要求他有个记账工具,每月在发零花钱时会偶尔看一次,看钱的主要去向。只是看,从不评价,也不指挥。

他会用有限的零花钱,给小妹买些妈妈不批准的零食,表达对妹妹的爱和慷慨。那种时候,他不用再征得妈妈批准,一个哥哥的情怀不用被一个儿子的地位压制。

真是不错。

儿子其实与生俱来就是个慷慨的、企图心不强的人。小学阶段，他参演了一些儿童剧，得到了许多演出收入，大概有几千元之多。当时，他完全没有金钱观念，直接把钱分别送给了姥爷、爷爷，也送给了我。我也并没有试图培养他的金钱概念，他的世界充满了高度信任的安全感，钱对他真是身外之物。我觉得这个阶段保持久了没什么不好。

关于学习。从没有被妈妈强加过学习压力的儿子，一直是慢慢地自我孵化，吸收和成长。小学时，他在学校的百首诗词竞赛中屡屡领先，就是因为自己喜欢古诗词的韵律，经常在家里陶醉地给我吟上一段，享受其中的乐趣，却从来没压力，因为我没有要求，他是自愿的。

其他科目也是如此。我做的，就是一起看些纪录片、书，分享话题，爬山下海，但从没有具体指导过任何一题、一文、一次考试。他都靠自己，小学是语文尖子生，作文写得生动，没有框框，真心实意的话很感人。

初中一年级，他到了美国上学，他的全部心神都被美国的学校氛围吸引住，背单词、学英语是每日重头戏。不知不觉，在慢慢适应这里的学习环境的同时，儿子把喜爱的汉字、中国文学搁置了太久。

就是有点担心这个，我才在他看好了一双鞋时，提出背诵5篇自选的古文，就奖励那双完全可以不买的鞋的解决方案。

我儿子的问题，是如何让一个企图心不强的、有慷慨特征的孩子，因为欲望的牵制，而建设些许企图心。同时，如何创造一个契机，让他重返古诗词的韵律，重获古文的智慧。

所以，如果问我，物质奖励作为工具，使用权限、使用说明和使用期是什么？

那我要回答——

使用权限：使用者必须非常了解自己的孩子。

使用期：非幼童（在幼童世界观建立之初，强调物质奖励，会使孩子建立过于功利化的人生观，也会有把父母的爱与物质混淆的危险）。

使用说明：谨慎使用，选择能够在过程中获得愉快感和内驱力，和孩子本来需要强化的爱好一致的项目。特别注意，不是选择孩子极其不爱的事情来要求他完成，以取得物质奖励。原则是用胡萝卜吸引小兔子练跑，而不是逼它游泳。

家庭教育中，一切都可以是工具。信手拈来，飞花摘叶都可能一招生效。对于能够很好地控制情绪的父母，如果懂得不同情绪的输入和输出对孩子造成的影响及其力量，嬉笑怒骂，都可能使孩子有正面收获。

很多高僧为了使弟子彻悟，有时也可能用折磨和功利的手段。手段都是工具而已，这些工具后面是自己的修为。

如果不够了解孩子和自己，过于僵化，还是按部就班的好。

智能媒体时代的儿童媒介素养

儿子高中时，应他的强烈要求，给他报了课后班，每周一到周五的 3 点到 6 点。今天，去儿子的课后班拜访老师，老师对我说，发现儿子有两个主要特点：

一是自律性强。儿子一般下午两点多放学，放学后，儿子会自己从学校步行二十几分钟到课后班。很多家长会采取车接车送的方式，以免孩子在路上和同学搭讪或购物而耽搁时间。但据老师观察，儿子从来都到得很快，应该是一路大步流星，一点耽搁都没有，才能保持那种准确出勤。

二是长于交往。课间休息，儿子差不多是最活跃的学生，一直忙着和其他同学交流，非常受欢迎。

老师问我：在孩子长大的过程中，是怎么教育才使得他能够有这么好的自律性，又没有影响擅长交往的活泼个性？

我仔细想了想。儿子确实有一定的自律，在绝大多数家长都视为洪水猛兽的电脑无处不在的时代长大，他也喜欢网游，但是，从不过量，时间都控制得很好。他拥有一个自己的 iPad，自己下载电子书看作为消遣，也没有让课业受到干扰。我们没有特别禁止过他看电视，但是，他并不沉迷于电视。

而且，一旦有和同学或其他人交往的机会，他绝不会沉迷于电子媒体而不参与话题，而是一定会活跃在人群中间。他拥有电视、电脑甚至平板，但是，这些是他的附件，而不是让自己沦为电子产品的附件……

所以，我仔细回想了一下，他成长的过程，可能确实有些需要总结的，可以分享给当下对电子屏幕浪潮有点不知所措的爸爸妈妈们：

1. 让电子屏幕时间成为家庭时间。
2. 精心选择电子屏幕传达的内容。

儿子幼时，正是电脑时代风起云涌之时，家中电视、电脑都是大件，那时候，还很少接触关于警惕电子屏幕的文章。

但是，我有一种直觉，并非所有的节目，包括儿童节目都适合孩子。所以，我们事实上过了很多年有电视而无天线的生活，我们的电视几乎都是接DVD，我每月最大的活动就是去给儿子淘各种认为值得看的碟，然后周末时光坐在一起，津津有味地共同观看。很多动画经典，包括宫崎骏的全套、欧美的许多经典动漫、我国早期国产动漫系列，就是这一时期，儿子重要的屏幕食粮。

后来，儿子慢慢长大，上小学了，他也有了新的信息渠道，给我推荐值得看的电影，我们一起看，是例行常规。所以，我们形成了这样一个习惯：任何人看到一部片子，纪录片啊、文艺片啊，不管什么题材，一定会分享，看完之后，还兴奋地讨论很久。如果儿子有什么新发现，没有和我分享，他会觉得妈妈错过了很重要的东西，会一直要求我拨出时间来分享。我也是。

对于电脑也是，我对软件很苛刻，在2001年至2005年，经常在中关村翻翻找找，看网评，看留言板，看分析，先自己试用，然后推荐给儿子，和儿子一起玩或者使用，分析利弊，讨论得失。我们两个更像同学、朋友，而不是母子。而且，很多时候，儿子很快摸索出攻略，我只能束手请教。这是他们的时代啊，这代人几乎生来就是电子化思维的。2005年之后，网络更多地在家庭中使用，很多游戏和应用都在网络上遴选，共同使用，这一直是我们的主要方式。

电子世界翻新很快，iPad 出现后依然如此。我们发现 App Store 中有非常好的阅读、学习资源和有意思的游戏资源，还有即时互动性很强的社交资源，能帮助我们拓展眼界和生活圈子，而且便捷程度又胜过电脑许多。

现在，儿子也会帮助小妹们搜寻好的资源，我们还会一起分享。在与电子屏幕相处的过程中，我们享受了两种愉快，一是新技术带来的新体验，二是专注的亲子时间有了更好的主题。

我陪儿子看了很多年电视，也一直保持对电脑最新应用的兴趣和直觉。我想，子女给我们的回报就是，当我们的眼睛始终追随他们，我们很难姑息自己的边缘化，而是始终能够被他们裹挟着进入新的时代。

所以，我要说，许多家长警惕电子屏幕是对的。其实，不是警惕电子屏幕，而是警惕电子屏幕做全权保姆，大人为了自己方便，不给孩子亲子时间，而任由孩子随意地使用电视、电脑和 iPad。

任何新生事物出现时，都照例会有人说不好，纸书出现之前，竹简丝帛书的贵族拥戴者也不满过。但我认为新的信息技术在带来巨大挑战的同时，也打破了知识垄断，并使获得信息的成本不再高昂。关键是如何使用，而不是简单屏蔽。

在与新技术相处的问题上，父母自己的驾驭度、自己的求知系统能否保持敞开，积极接受新鲜事物，接受其积极的一面很重要。这犹如教孩子习武，好的宝剑交给孩子自己操练，也会有反伤的危险。使用 iPad 道理亦然。iPad 时间和网络时间、电视时间一样必须是陪伴时间，而不是托管时间。

多啰唆两句，现在关于国学的讨论也是，很多父母沉浸于学国学的形式，仿佛国学是老祖宗提供给现代的一个屏障，可以因此而拒信息技术于千里之外。可是商汤王时代就在澡盆上刻了：苟日新，日日新，又日新（见《礼记·大学》）。这才是应对之道。

中华神话和武侠小说里，总有些仰仗工具的武林高手，或身怀金箍棒、乾坤圈，或倚仗倚天剑、屠龙刀、血滴子。但是每到最后的关键时分，总是有如来神掌、九阳真经一类的内家功夫，把所有工具的辉煌注销。

这些可从一个侧面折射出，中国文化历来注重内功，不"鸟"工具。

所以我们有古训"君子不器"，也有无数不屑"奇技淫巧"的厚重学理。

窃以为，近代以来，我们和西方文化根子上的区别，也在于此。

而 iPad 作为一个划时代的神奇工具被乔布斯设计出来，就像西方工具理性的集大成者。

它像电视，方寸屏幕可以播放各种视频；像电脑，充满了对信息世界的各种浏览和互动；像 CD 机，几乎世界上所有能被赋予电子版权的音乐都已经被全面上传和数字化；它是书籍，海量的图书已经存在于 App Store；它是游戏机，全世界无数游戏达人为 iPad 的商店量身定制着千万级的游戏。

今日，iPad 等设备上使用和编写电子教科书的工具 iBooks 2 和 iBooks author 的出现，标志着 iPad 已经不再满足于仅仅做诸多媒体的集锦。

而 iPad 作为集大成的终端，或许已经成为全新的教育模式的高效出口，挑战我们目前低效、官僚的教育形态。

这就好比手持千变万化金箍棒的猴子，突然一屁股坐在佛祖前，一声佛号，闭目修持慈悲喜舍一样令人错愕。

古老的东方意识注目 iPad，忽然发现，佛祖说八万四千法门都可以出世如佛，而技术也许是一项最终趋胜的法门。

很多技术达人、教育达人，为 iPad 对科学以及人文内容的巨大兼容欢呼雀跃，可也有很多人疑虑重重。

我们不得不承认，过去对于现在产生着巨大的惯性。纸质媒体出现时，有无数达官贵人对于丝帛书、竹简书留恋不已。电视和电脑出现时，纸质媒体的爱好者发动了一轮轮爱书运动。过去以我们熟稔的方式，为我们携带了多年积淀的审美倾向和信息输入模式，这甚至改变了我们的肉体。写字时代，很多人中指靠笔处有茧子，而键盘时代，很多人得了"鼠标肘"。前阅读时代，就是无各种书可读的时代，人们害眼病，主要是户外劳动中散射的紫外线损害眼睛，还有的住所因采光不佳而损害眼睛。而阅读时代，无论如何没有不消耗眼睛的媒体。纸质书也是媒体，电子屏幕出现前，儿童视力问题也很突出。

据相关信息，目前，在美国，无论是小学还是高校，学生和老师都在通过 iPad 的帮助完成课堂任务，很多学区已经在尝试无纸化。澳大利亚部分小学一二年级的学生将免费获得 iPad，学习数学和阅读。日本名古屋文理大学为 2011 年新入学者免费发放 iPad 2，进行学习辅助……

这时候，有妈妈表示，孩子自己的内力释放很重要，iPad 仅是时尚媒介，不建议孩子们过早地应用 iPad。

其实，我也有过同样的顾虑。iPad 1 出现时我就一直在观望、思考，没有出手。但是，随着我对内容领域的仔细翻阅，我发现有一种趋势，最好的信息内容产品会像最新最时尚的硬件那样聚合。

而拒绝 iPad（当然，这里不仅指 iPad，也包括同类平板电脑产品）

会使我们在工具和内容两方面，与这个时代脱节。

拒绝iPad，是一种惯性的本能。有趣的是，我认为，使用好iPad，也需要借助惯性。

如果约束孩子们接触iPad，其结果必然是，当他们能够接触或不得不接触时，没有养成正确的使用习惯而趋于滥用。而对iPad这种工具的使用习惯，像电脑的使用习惯，更像我们自小仔细给孩子们培养的吃水果蔬菜的饮食习惯、早睡早起的作息习惯、多运动的健康习惯一样，要从小内化成孩子的基本功。

在拥有电脑的十数年中，我们成人不也深有体会，很难控制自己每天的电脑时间吗？这正是因为使用习惯没有从小的时候培养起来，相处模式没有惯性化，而惯性，无疑从小的时候培养更为有效，同时不需要那么多的艰苦适应。

在iPad的使用中，时间控制和用眼科学很重要，每天要有供眼睛放松舒缓的时间安排。另外，对近视也不必特别抗拒，近视的矫正治疗技术越来越发达，眼睛这个器官就是供我们使用的，iPad的电子屏会消耗我们的视力，但其实自古以来，阳光灿烂的晴天，紫外线对眼睛的消耗也很大。

用眼过度，是媒体时代必然的代价。这不应该成为妈妈们对孩子应用iPad的主要顾虑。

还记得我小的时候，我妈妈经常在看小说的我身边大声唠叨：眼睛不要啦？

我总是放下书，看远处的山，使眼睛在远焦和近焦间切换一会儿。

等到结婚后，老妈再在我读书时唠叨，我会笑嘻嘻地和她说：

带着一双完美的眼睛进坟墓，还是把眼睛消耗在读书中，我情愿选择后者。

……

嘻嘻，这是题外话。

诚如任何事物有其利必有其弊，iPad 的出现也不尽然是积极的。

1.其销售价格是妨碍所有阶层的人分享数字教育资源福利的一种经济障碍。

2.iPad 内容的海量特点，对使用者锁定有益应用而不是消耗大量搜索和猎奇时间的能力，提出了要求。因此，iPad 达人的各类索引、经验分享变得非常重要。

iPad 的教育应用，不仅仅是时尚，更是教育领域的重大革命，怎么强调都不为过。这种新型的数字技术，把灌输性的教学方式变成可互动、可参与、可模拟的多元方式。而且，数字资源具有传输便捷和复制廉价等特点，很多名校的教学资源已经免费对所有终端开放，iPad 无疑是目前最便捷的工具。

持有金箍棒这种神器和打到西天、坐下来修行并不矛盾。孙悟空成为斗战胜佛，正是东西结合的结果。

碎片化的儿童，媒体与孩子的历史关系

媒体的发展之路，大致是这样的：自然媒体—人际媒体—印刷媒体—电子媒体—数字智能媒体。

关于媒体的说法有某种一致性。万能的搜索引擎会给我们定义：通常认为，电影、电视、广播、印刷品（书籍、杂志、报纸）是媒体。这些媒体，告知我们周围世界所发生的事件及相应的评价。

换句话说，由于我们自身的限制，我们不可能在所有事件发生时，都处于那个具体的时空，而我们又希望看到、听到、了解这些事件。能够让我们像传说中的顺风耳、千里眼一样，身处家中而知道"外面的世界发生了什么事，别人以前和现在都想到了什么，大家的评价是什么，有个什么样的故事"这些内容的都是媒体。

如果这么看待媒体，就会发现，对于孩子来说，媒体的类型要复杂得多。

一个几个月大的婴儿和妈妈在一起玩游戏，妈妈说：小猫咪怎么叫的？喵喵。小狗怎么叫的？汪汪汪汪！然后，妈妈拿着一只塑料小鹅的玩具，对宝宝说："鹅，鹅，鹅，曲项向天歌。白毛浮绿水，红掌拨清波。"

这时候，妈妈是媒体。

3岁的孩子，和爸爸一起在草坪上奔跑。跑累了，爸爸说："来，咱们躺在草地上看蓝天白云。"然后，父子俩开始观察蓝天白云，白云慢慢地变幻形态，蓝天也随之改变蓝色边际线。孩子对爸爸说：

"白云像汉堡包，白云像鸡腿。"爸爸则说："白云像骏马，白云像狮子，白云像海浪！"

这时候，谁是媒体？

孩子的想象里，有近期经验的痕迹。而爸爸的想象一方面来自观察，一方面可能是阅读烙印。

爸爸说："不可以用汉堡包和鸡腿形容白云哦，不够美。"

"汉堡包和鸡腿很好吃，很美。"孩子不解。

这时候，爸爸是不是媒体？汉堡包和鸡腿是不是媒体？蓝天白云是不是媒体？

千百年前，没有汉堡包和炸鸡腿，爸爸也不是这个爸爸，千百年前的蓝天白云和现在的蓝天白云带给躺在草地上的孩子们的感觉有什么不同？

唐诗曰：白云升远岫，摇曳入晴空。乘化随舒卷，无心任始终。还有宋词曰：碧云天，黄叶地……之后的千百年间，在不断对我们观察蓝天白云起影响力的因素中，这些古诗、散文，有没有不断做功，使我们看到相应物体便升腾起一种沧桑怀古之感？

是什么把这种感觉输送给我们的媒体？

一片既可以长满"没有花香，没有树高"的小草，又可以长满"一岁一枯荣"的"离离原上草"的草地，会不会妨碍我们无拘无束地享受一场酣畅淋漓的打滚儿？

时至今日，我们发现，过去的数千年文明，通过各类媒体传播给我们太多的信息。而这些信息，会阻挡我们和一棵纯粹的草、一朵纯粹的白云、一片纯粹的蓝天之间的直接交流。

我们的教育方式，是引导孩子自幼掌握和接触更多前人的符号。我们把这个叫作知识和文化的传承。

关于这种传承的技术性安排,已被锁定为:书本,学校和教育者模式。事实上,书本在历史上作为一种媒体技术,它的出现,几乎是学校和老师出现的必要条件。

现在,经常看到陪儿子到书店买书的妈妈,精心挑选了几本书给儿子做生日礼物。那些暗下决心将每天 20 分钟陪孩子阅读进行到底的妈妈,会用这些精心挑选的材料,陪儿子一起每天完成阅读计划。也出现了很多阅读推介组织,陪孩子读书的达人,专门的文章如《每天陪孩子读书》之类。没有一个时代像现在这样,赋予阅读,特别是亲子阅读那么多的期望和意义。几乎再没有一个人质疑阅读本身是对是错。

但是,让我们把视线转向 16 世纪,那时的英国,印刷术出现后,也出现了真正意义上为儿童提供的学校,教识字和阅读。莎士比亚在他的《亨利六世》中写道:"你存心不良,设立什么文法学校来腐蚀王国的青年……我要径直向你指出,你任用了许多人,让他们大谈什么名词啊,动词啊,这一类可恶的字眼儿……"

主张孩子要如植物一样自然生长的卢梭,在《爱弥儿》一书中则指出:"阅读是童年的祸害,因为书本教我们谈论那些我们一无所知的东西。"

时光如白驹过隙,印刷术出现后的百年内,一个全新的符号环境建立起来。世界充满了新信息和抽象经验,要求人们有新技术、新态度,尤其是一种新的观念才能生存。这种新观念逐渐建立起来,人们对阅读行为的疑虑,经百年打磨而消失殆尽。

然后,技术不断进步,正如当年的印刷术一样,技术的新进步激发了新疑虑。

电报、电话、留声机、电影、收音机、电视等电子媒体相继亮相，使纸质媒体即书籍、报纸、杂志的阅读升华成古典行为。忧心忡忡的学者和分析家，又将矛头指向电子媒体。

电子媒体时代，孩子比任何时代都更加消息灵通。电子媒体的特点是，一个有听力、视力的人，不需要特殊的符号训练，可以直接接收信息。年龄和读写能力的不足，不再成为传播的障碍。

阅读时代，孩子们学习阅读后，行为模式的主要变化是从在天地间、自然中撒欢儿的孩子，变为固定在书本前、僵直不动、只有眼睛来回移动的阅读者。这其实需要对孩子自控能力和专注度的大量训练。

电视时代，孩子们被固定在屏幕前，并无丝毫强制，孩子们都心甘情愿被左右。数秒钟内电视声、光、色的丰富性，远胜过大自然一个季节的颜色和变化。大量的信息扑面而来，使孩子们甚至忘记了自己的肢体。

在印刷术后出现的电子媒体技术，虽然也以有声教育、专题片、教育片、宣传片等形式适度地应用于远程教育，但是参与教育内容传播的深度远远不够，电子媒体主要的功能基本被锁定于娱乐。

著名传媒学者麦克卢汉甚至说："我们是电视屏幕……我们身披全人类，人类就是我们的肌肤。"而我则相信，电视屏幕的肌肤中有大量孩子。这些孩子，被电视保姆托管。

佛家经典《心经》有云：无眼耳鼻舌身意，无色声香味触法。电子媒体以对人的感官和感受的刺激与强化为主要特征。大量的无序信息通过电子媒体抵达孩子，使孩子成为电子时代的碎片化儿童。因而，抵制低幼儿童看电视运动的烽火燃遍全球。

而现在，进入数字媒体时代，PC、平板电脑作为提供海量数字信息内容的新型技术终端，几乎兼容了印刷媒体和电子媒体的全部功能；同时，甚至兼容了人际媒体的功能，社交媒体风起云涌，从Twitter、Facebook到新浪微博。网络以所有可能的方式，整合了传统媒体的形态，使之数字化、便捷化、及时化。

一个4G版的iPad在手，简直就是一句活生生的广告词：世界，尽在我手中。

这是个什么样的神器啊，传说中最厉害的法宝，也不能和它媲美。我相信，如果把iPad此刻实现的功能拿到20年前去述说，一定会被理解成神话故事中的法宝。iPad对于孩子的吸引力，使拥有iPad的家庭已经不再思考电视的问题。电子媒体的一页仿佛翻到了头。

当下的"70后""80后"甚至"90后"父母，是在电子媒体时代成长起来的，也是要面对数字交互时代儿童的父母！值得一提的是，在电子媒体时代成长的父母，很多也深深留有阅读媒体的烙印……全新的符号环境，对新的媒体技术的新观念及新的应用方式都在整合中。现实，促使我们不能不思考、面对。

爱上阅读，请深爱

周末，我早晨起来，就开始阅读。台灯打开着，我和文章聚拢在一注光圈里。6岁的心心醒了，开始东滚西滚地黏我。我把书举高，再偏左，再偏右，用脸蹭蹭她的脸，眼睛始终不离文字。

她在我怀里钻来钻去，发出各种呜里哇啦的声音。我呢，当前文章好看，充满思辨，还有特别多的独特认知，我被深深吸引。所以，就任由自己像个游乐设施，让心心自由出没，而不去与她互动。

"妈妈，妈妈，妈妈。"她不断地试图把我从书中拉出来。

此时最好的办法，就是把"作案工具"给她。我起身，把一本《父与子》从床右侧递给她。她接过去，果然不动了，靠着床头看了起来。

世界安静了。早晨的鸟鸣也冲进了屋子。

看了好一阵子，我忽然如梦初醒，从文章中抬起头来。刚才的画面，缓缓地在大脑中自动重播出来。我想亲亲她。

可是她这会儿已经看进去了，也不再理我，不时咯咯一笑。

呵，一个早晨，我们已经错过了一次。很多很多的亲密关系也像这样，一次次被错过。渐渐地，每个人开始把自己的空间建筑得高大而坚不可摧。

我们彼此像一座座城池，护城河围绕，吊桥拉起。任凭对方在城外摇旗呼喊，却不为所动。我们被关在自己的注意力里面，对应各种精神和情感的呼应。城外隐隐的敲门声，像遥远而不真实的回声。

我开始注意心心。心心看着《父与子》，不时地会心一笑。这经典绘本，最适合孩子自己揣摩，没有文字，一点阅读压力都没有，每一篇四格或者六格小故事，都诙谐幽默，出人意料，温暖重重。

这就是阅读的价值。当亲子共读时，我们母女深深连接，而独自阅读使我们彼此隔离，各自为战，泾渭分明，却又在精神上暗暗连接。

渐渐地，阅读使我们开始为自己的时间画定界限。我们阅读的时间，绝对是自己的时间。我们阅读的内容，渐渐成为我们思维之城的公民。我们渐渐内心丰富，画地为界，开始有自己的领地和属民。

对孩子最好的不关注，就是妈妈痴迷于读书的不关注。妈妈的这种沉迷、神魂远离，会把书变成孩子最想探索的对境。就这样，自己也专心地读起来了。靠读书解决寂寞，靠读书解决时间的满溢，渐渐在书中得到更多的东西，从需求关注，到自己的关注完全独立出去。视线从妈妈那儿离开，透过书，远眺过去，几乎是全世界。

没有啥刺激性安排的话，孩子就会按照我们的喜好，去共同探索时间的用场。阅读习惯的培养，有时候反而就在于妈妈城池的闭关锁城。

孩子恒久渴望亲近妈妈，而妈妈的注意力所在也会成为孩子探索的对象。通过阅读，她早晚能学会从精神和思想层面去接触妈妈，而不仅仅是耳鬓厮磨。孩子会肩并肩一般地在妈妈的城池外，构建自己的城池，如我们一般。

那时候就是长大了。好好读书，读书比妈妈的陪伴更久。孩子，你是自己的领主，你有自己的阅读之城。

电子媒体时代，有两件事情，一定要做在孩子接触电子媒体之前：

1. 亲近自然。

2. 阅读。

这个逻辑很像人的食物之旅。一生下来，都只喝奶，奶的口味在一生的食物中是最淡的。逐渐开始加一点辅食，也相对单一，味道单纯；再开始吃儿童餐，五颜六色，少油少盐少调味品；然后开始吃和家人一样的五花八门但是不刺激的食品，一般麻辣、生食，我们是不会给孩子的。孩子开始品尝得更多了，辣和苦、麻和生也都尝到了，而且爱吃了。到了 20 岁左右，有了嗜好型的饮食，各种酒也开始品尝了。

孩子和万事万物的关系中，最基础的是和自然的关系。如果孩子第一次见到花，不是真的花，而是 iPad 上的花，这是多么难以想象的一件事。我们和自然世界之间，隔着一个屏幕，是二维的甚至可以是三维的，然而不是全息的。我们见到全息花朵时所能调动的全部感官都偏废了，色声香味触法，只剩下色，我们对花的感觉将是极其片面的。更何况，这种自然之美将迅速被 iPad 所能表现出来的五光十色所遮蔽，那些专门为屏幕设计的颜色、速度将一下子就抓住孩子的吸引力，而将慢吞吞的自然界替换出去。同时，孩子亲近自然界，要动用很多能量，全副身体都要耗费体力，才能和自然界交融。如果从小就把更多的时间分配到电子屏幕上，孩子将慢慢变懒，将更愿意宅在屏幕旁边。

在前文中，已经写了很多孩子亲近自然的文字，此处单说阅读。

孩子对人类全部人文遗产的继承，最微妙的就是文字领悟。在文字中，花的色香味都没有直接展开，而是通过人类的共同意象，让阅读者完成进一步的描画。这是专注力、想象力、创造力的接力棒，作者是第一棒，读者是第二棒。

然而，如果同时给孩子书和 iPad，iPad 中的光怪陆离就会对孩子勾魂摄魄，使得孩子觉得阅读非常枯燥，因为那个形式入口不够令人眼花缭乱，而完全建立不起对书中内容的获取习惯。正如开始吃大人餐的小孩子，再也不爱吃清淡的儿童餐一样。

所以呢，妈妈要更早地引导孩子阅读。心心、宁宁都有丰富的绘本，几乎从手里能够抓东西开始，就有抓抓书了，她们非常早就学会的一个动作，就是翻书。

一两岁时，读句子特别短的书，三四个单词的书，每天接触书不少于 20 分钟。

到三四岁时，各种动物拟人童话故事、伙伴的故事，每天不少于 30 分钟亲子共读，一般都安排在睡前。孩子们自己读书，则时间随意，因为这个阶段都是绘本，所以她们可以看画。从这个阶段开始，也可以对 iPad 进行有纪律性的使用了，一般安排在专心看书后，也可以下载英文阅读 App，让最有吸引力的媒体，来做最有力量的帮助。

五六岁时，传记绘本、神话、儿童文学作品、桥梁书，每天不少于 40 分钟亲子共读。

七八岁时，拼音读物、桥梁书，每天不少于 50 分钟只有书和孩子的时光。这样坚持下来，到 9～10 岁，帮孩子选择词汇量适中的，他们又特别喜欢的书，就变得很重要了。他们的自主阅读，已经可以全面开始了。坚持了七八年的每日有书，书已经成为他们生活的一部分。

以上说的时间可能有点刻板，有的孩子会花更多的时间玩书，有的孩子会少些。美国的小学一年级要求是每天 20 分钟阅读量，以后每个年级递增 10 分钟。

相同的书，不同年龄读，也有不同的意义。比如传记绘本的阅读，3岁＋，会读到不同于自己的他人故事；4岁＋，会代入角色，体会情绪；5岁＋，会有忧虑，从自己出发去理解困局处境；6岁＋，会产生新的主意，从角色出发回归自己……

小孩子刚开始听妈妈讲故事，妈妈或者夸张，或者平静都好，但心态千万不能着急，而是要沉浸其中。你一着急，语气就重，孩子们就感觉到压力，慢慢就不喜欢阅读中的妈妈了。一定要怀着轻松的、润物细无声的心态，开始时，每天十几分钟就好。妈妈的享受，对孩子来说，是一种致命的吸引力；妈妈着急、目的性强，对孩子来说是一个老鼠夹子，虽然夹着奶酪，但是后面有巨大的危机，孩子们会渐渐地连奶酪都抗拒。只能通过热爱来传导热爱。

伍尔夫在《普通读者》中说：我有时梦到，当审判日晨光熹微，伟大的征服者们、律师、政治家前来接受封赏——王位、桂冠、名字永不磨灭地刻在永不腐朽的花岗石上——无所不能的上帝看到我们胳膊肘下夹着书走来的时候，转身面对彼得，不无一丝妒忌地说道："看，这些人不需要封赏。我们这里没什么可以给他们。他们已经爱上了阅读。"

爱上阅读，需要很多很多时间，需要很多很多阅读实践，需要爬过长长的兴趣阅读山，需要在iPad、电视、电子游戏吸引眼球之前，先把有趣的书籍作为亲子间沟通和嬉游工具。那样，读书就能成为一生兴趣的骨骼，而对电脑、平板的应用，也会建立在意义的语境下。

阅读是最经济的成长助力。前一阵，有个收入不高的朋友和我谈对女儿教育问题的忧虑，说付不起上舞蹈班、绘画班、音乐班的钱，压力"山大"。"那就简约点，读书，惠而不费。阅读的女孩子最有气质，也能不经艺术训练而理解所有艺术。"穷养孩子就靠读书。而且由于资源少，打扰少，未尝不是福分。

身边老是有小姐俩在吵吵嚷嚷玩耍的家，有时候会安静很久，转头找人，都在看书。一个趴着，一个仰躺着，都不是非常讲究的阅读姿势，也难免有对视力不好的隐忧，但我往往会选择忽略这重忧虑，放任她们。专注读书时，不能被任何事打扰，有些代价必须支付，包括视力或身体消耗，两害相权取其轻。不读书之害远胜近视之害，况且可安排远眺室外、户外活动来舒张视力。决不阻碍专心阅读的孩子是我的一条育儿铁律。

如果书籍能够成为孩子真正的朋友、一生的陪伴，那么对孩子的认识能力、专注能力、行动力、社会交往能力，就没有任何可以担忧的了。书，是全世界智者、领袖人物、想象力丰富的人共同的结晶，这些人是孩子的朋友，当然令人放心。

儿子，你和"学习"的关系怎么样

周末，阳光匝地，蓝天满眼。公园中，心心光着脚丫专注地玩沙，我抱着宁宁，和儿子坐在树荫下。

"儿子，我收藏了几条微博和你分享，想听听你的看法。"我把手机拿出，给儿子看我的收藏。

以下几条@石康：

1. 连自己的无能都不敢承认的人生是可悲的，他自我束缚，同时，他还具有攻击性，因为这种情感会倾向于否定别人，特别是否定那些比自己懂得更多的人，用以抗拒一种想象中的被忽视——你没有新东西讲给我，我对你说的话没兴趣。在我看来，无知即自卑。

2. 越来越清楚，学习是人类最重要的生命冲动之一，它的主要目的是在防止自我毁灭的同时，防止因自卑而产生的攻击他人行为。所谓的赤子之心，就是一颗好奇而热爱学习的心，世上再也没有比这颗赤子之心更柔软的心了。

3. 我很晚才意识到，学习是件奇妙的事情：当你不会某事的时候，它是那么无法达到，一旦你会了，它竟然有时连想都不用想——我认为所谓"做人的灵活性"重点就在于学习这一件事上，什么高品质生活、名校、高薪、灵性发展之类都是学习的结果而不是原因。学习基于一个人类信念：万事皆有路径且可达到。

儿子看完了，说："妈妈，我喜欢第三条。特别喜欢最后一句话：万事皆有路径且可达到。"

我问："那个路径指的是什么？"

儿子说："大部分是各种学习，还有一些是天性。比如睡觉，就不需要学习，先天就会。对了，还有吃奶。"儿子看着宁宁说。

"其实，我很好奇，你现在上八年级了，也就是和学习打交道已经足足8年，你怎么看待学习？"

儿子想了想，说："如果学的东西能够很快用上，我会觉得开心。比如一个英文词，cinnamon，是肉桂的意思，看到点心成分中有这个，能告诉你，我就觉得很开心。"

"是哦，这个我不知道，我要记下来。"我请儿子把单词帮我拼写在备忘录里，又接着聊，"就是说学以致用，使你开心。那很多学问，貌似没什么用处，比方诗。"我故意刁难他，对待八年级的儿子，刺激他自己想，比我告诉他更有效率。

"嗯，那些诗啊，是古往今来的情绪。有时候，月亮下面，你就想到：床前明月光……许多诗给我们的情绪提供了出口，能够纾解情绪，有时候，比面包还有用。"

"数学呢？"我穷追不舍，我特别想知道功课在他心中的样子。

"数学，是帮助我思维的。任何题目都有很多种解法，这提示我，遇到任何事情，也都有很多解法和途径，要多寻找啊。"

"那你是喜欢功课的时候多呢，还是不喜欢的时候多？"我接着问。

"如果我有充裕的时间，静静地学习，写作业，其实觉得功课很愉快。有时，晚上困了，功课还没有做完，就有点厌倦。"这是实话。

"是啊，困了还有任务，有点难为你了。"我同情地说。

在孩子成长起来而形成的"关系江湖"中，利用自己的眼耳鼻舌身意和自然万物、人文世界建立的关系固然重要，"学习"这个占据当代孩子时间最多的行为，一向是父母最关注的，但是孩子和学习的关系，我们却往往疏忽了呢。

到底孩子们是因为什么而学习的呢？

小的时候，到了年纪就被送到幼儿园；小学的孩子到了中学，就能够有个基本的认识，了解自己和学习的关系：是被强迫？是随大流？是天然的必需？还是，能够给自己的大脑和精神供给资源？这是妈妈的风需要吹拂和启示的方向。

孩子对自己和学习的关系的认知，几乎决定了他学习和成长的内在动力，就像中年的石康还在殚精竭虑地思考这些问题。

在所有的实践中，和学习的关系大于教育，也大于知识。因为，和"学习"有个很好的关系，即使学习成绩不是特别理想，但从人生的长线来看，学习型人格的人，一定有长而稳的成长能力。

每个小孩都是别的小孩最好的玩具

回忆总能为母子相处的时光带来好多乐趣。

一天,儿子说:"妈妈,我看到心心、宁宁在一块儿,玩得那么好,彼此陪着,真好。幸亏有两个,要不然一个会多寂寞。"

我问儿子:"你像心心、宁宁这么大的时候,最渴望要什么?"

"那时候你老是送乐高给我,我也超级喜欢玩儿。但是,那个时候,比乐高更吸引我的,就是有个小伙伴!要是有个小孩,我们一块儿玩,世界就是天堂!"

"这么说,一个小伙伴比乐高对你还有吸引力?"

"当然,妈妈。比如说,我小时候和楼下的孩子一起,说话、走路、跑步,就能体验到他的独特角度。小伙伴总能发现自己不能发现的视角。本来司空见惯的东西就变得很神奇、很新鲜。还有不同的想法、玩法,也特别有吸引力。没有两个一样的小孩。所以,每个小孩都是别的小孩最好的玩具!哈哈!"

哦,儿子的话,让我陷入沉思。他做了足足 11 年独生子女后,看到妹妹们彼此陪伴。

小孩子们彼此就是最好的玩具。

就像我们这些时而寂寞无比的大人,也会找喝茶、打牌、聊天、吃饭、喝酒、看微信微博的朋友。

"那如果另外的小伙伴有不同的意见,打架了,抢你的乐高,小伙伴还重要吗?"

"当然重要。有阴有晴，有配合有争议，都挺好玩。可以看到对方的情绪变化，也可以看到自己的。体会不一样的情绪和交流中的博弈，就像棋局一样好玩。要是小伙伴事事都顺着自己，事事都和自己一致，那也就没有挑战、没有意思了。"

我联想到了自己的发小儿和点点滴滴的往事："是，小伙伴还可以储存秘密，储存那些不愿意透露给大人们的、彼此的小秘密。在家外，建立自己的小天地，小伙伴是必需的。小伙伴是小孩子建立自我、拓宽视野的一面全息小镜子。"

"不能容让别人、有点自私的孩子，多和小伙伴玩几次，受几次挫折，慢慢就学会了妥协。大人是教不会这些的。"儿子接着说。

真庆幸，生了心心和宁宁，彼此结伴。不过假如只有一个孩子，也是一样的，因为还有包子、桐桐、虫虫、馒头……这么多的小朋友。我们不可能生无限多的孩子，但是妈妈们可以连接在一起，不同的家庭可以连接在一起，所有的小朋友可以连接在一起，一块成长，互为玩具和游乐园。

真幸福，和儿子这个踩在童年尾巴上的人一起思考。

妈妈，我很喜欢萨巴瑞娜

上学前班时，心心刚放学，就和我倾诉在学校的当日际遇。

"妈妈，有个很漂亮的同学，我很喜欢和她玩儿，她的名字是萨巴瑞娜。有的时候，她很开心地和我玩儿；可是有的时候，她很凶，直接说：'I don't want play with you.Go！'（我不想跟你玩儿！走开！）"

"那你怎么回答她呢？"

心心用特别柔和的音调复制她当时的回答："OK，sure."

"被拒绝了，那你会不开心吗？"

"一点点，妈妈，我从来不拒绝别人，怕他们不开心。"

"亲爱的，你做得很好。能够考虑别人的情绪是你的优点。"我情不自禁亲亲她，"但你还是可以向萨巴瑞娜学习到很多。萨巴瑞娜一会儿开心，一会儿不开心，你要避免这样，要能保持很稳定的情绪管理，能够柔和地跟所有的人相处。你知道生硬拒绝令人不开心，但你还是可以向萨巴瑞娜学习到拒绝的本领，你可以学会柔和地拒绝，当你不想和谁玩儿的时候，你可以说，我想去看书、休息一下或者我们以后再玩儿，等等。这样子比简单地说 no 更有礼貌，也让人更容易接受。"

"对啊，妈妈，我要这样。我真喜欢萨巴瑞娜，她真的很漂亮，她的脸特别白，眼睛特别大，我喜欢她。"

"亲爱的，我们都得学会对喜欢的人有耐心。你是心心啊，你有很多心，爱心、耐心、勇敢的心，呵呵。萨巴瑞娜这样的朋友，就是你要花耐心去相处的。上学就是要学到这许许多多的东西,可以从老师那里学到,也可以从同学那里学到。"

珍惜放学后的半小时,关于学校和幼儿园的那些事,就这个时候还带着体验的惯性,还有新鲜出炉的热乎劲儿。

这关键的半个小时,是连接学校和家庭生活的一条通路,如果能够在这个时间和孩子谈话,是我们能够完整体察逐渐社会化、成长中的孩子的重要机会。我们能够观察孩子新形成的社会关系,并且进行正面引导。

我的引导原则是,一切负面经验都必须转化为正面角度。我们不能选择孩子的经历,但是可以帮助孩子选择如何看待这些事情,以及如何积极地利用这些事情,锤炼自己的社会交往能力。

全球化和民族主义

南洲是客居在我家的名校研究生。他是我老师的孩子,家学渊博。他和儿子之间,发生了一系列积极有趣的互动。下面记录一则趣事——

儿子昨天被他爸爸凌空飞踢一脚。

起因是儿子给了虫虫一个"脖搂"。虫虫是西邻家的孩子,才6岁,一向是儿子狂热的粉丝,因而也是儿子的骚扰者、攻击者。在儿子的境地里,集"益虫"和"害虫"于一身。

虫虫在我家玩,儿子一直在自己房间。快吃晚饭时,儿子下楼,虫虫看到了他。

事发时,虫虫手里正拿着半根渐融的冰棍儿。儿子一下楼,虫虫兴奋至极,瞬间在沙发背上位移十几个点,我们简直来不及察觉他的位移路径,快得已经突破了眨眼的速度。请自由联想一只寂寞在家的狗,突然看到家人回来的一瞬。

儿子大喊:"不要动,冰棍儿要化啦!"说时迟,那时快,虫虫像一阵旋风,已经从沙发背经由小楼梯、餐桌掠到儿子身边,非常得意地把一坨半融冰块抹在儿子的短裤上。

"你看你弄的!"儿子继续大喊。

兴奋的虫虫完全失听了,继续穿过儿子警告音波的封锁线,扑到儿子身上,用手抓挠起来,还试图张嘴咬一口……此处省略上百字惨烈状况,继续想象一只失控的寂寞狗崽……

然后，儿子也失控了，给了虫虫一个"脖搂"，还对虫虫喊："你出去！"

那一瞬间，丈夫发飙，给了儿子一脚。

讲述到这里，和全球化和民族主义还没有什么关系。

容我慢慢道来。

首先，当时在场的旁观者，除了我全家，还有南洲和小飞。小飞是南洲的女朋友，本来叫小菲，我呢，因为从一开始听到名字就认为是小飞，在脑图里已经改不回来，所以还是称她小飞。

这时候，小飞冲出来，开始擦洗虫虫，因为虫虫已经一脸的眼泪、鼻涕、冰棍。我也站出来，开始理论此事。心心、宁宁都镇定地在大桌子旁穿珠，充耳不闻，视而不见，她们对于虫虫和哥哥带来的混乱，已经具有了免疫力，连好奇心都没有。

虽然有点生气，我还是很冷静地开始理论。

"儿子，你不对。"

"那虫虫就对吗？"儿子处在愤怒中，胸脯一起一落，还没有平静下来，立刻顶嘴。

我转身跟虫虫说："虫虫，你也不对。吃冰棍儿要好好在一个地方吃，否则融化了会弄得哪儿都是。哥哥不喜欢你纠缠他，你就应该好好和哥哥说话，不要扑上去，又抓又咬又踢。哥哥打你也不对。"

我转身问儿子："你为什么不对？"

"我不该打他。"儿子像从鼻子里哼出来，一副不情不愿的样子。

"你觉得虫虫见到你就失控对吗？"我问他。

"当然不对。"

"那么接下来你失控对吗？一个6岁的人失控不对，那么一个16岁的人失控对吗？"

儿子无语了。

"还有第二点,你觉得虫虫是出于讨厌你还是喜欢你才见了你就发疯的呢?"

儿子继续不语。这个我们很清楚。有一次出去玩,儿子爬到树上,但是不好下来,我们所有人都没担心,都在看热闹,可是虫虫哭了。他在大树脚下,看着哥哥下不来,想不出自己该怎么帮他,也看不到有人帮哥哥,所以哭得涕泪横流。后来,儿子好不容易从树上下来,小腿碰破了些皮,我们一样都没有关注。可是,虫虫把水枪里面的水都倒了,装上了纯净水,给哥哥洗伤口,他说:"这样的水干净,没有毒。"……这些都是儿子讲给我听的、6岁虫虫的友谊和爱。

所以,儿子其实一直也很忍耐他。他以前来我家,无论多晚走,都必然爬上楼去,即使哥哥睡了,也要敲门,说完再见才走。我们家里虽然有两个妹妹,但在虫虫心里,哥哥才是他最亲近的人,这也是小男孩对大男孩的崇拜和追随吧。当然,我们花了些时间,让虫虫不去敲门和哥哥讲再见了。

渐渐地,形成了一种约定俗成,虫虫来了,哥哥只要不下楼,虫虫就不去打扰哥哥。然而哥哥下楼,就如上文一般。

回到我那个问题,我问儿子:"你觉得虫虫是出于讨厌你还是喜欢你才见了你就发疯的呢?"

儿子不语,他很清楚。我继续问他:"那么你打虫虫的时候,是出于喜欢他还是讨厌他?"

儿子还是不说话,可是我看到了他神色有点变化。

"一个客观的人,绝不会伤害一个喜欢自己的人,即使这种喜欢表达得不对头。一个客观的人,甚至绝不会伤害一个不喜欢自己的人,因为那种不喜欢已经能够伤害那个人,自己没有必要再去伤害他了。"现在回想,当时说得铿锵有力,写出来像绕口令。

这时候,爸爸开始站出来说话:"儿子,我太失望了。这3个月,你练了肌肉,就是为了能同虫虫动手吗?你是不是头脑和心胸都练简单了?"

是,这是儿子第一次与人动手,对象居然是6岁的虫虫。虽然动手的性质只是气头上的推搡,但是,我们都不打算忽略这件事。

在对德行的要求上,没有姑息。数学题全部零分,也没关系,按照自己的节奏慢慢学就是。可是,对孩子的德行要求,我们零容忍。

爸爸很少批评儿子,这话加上那一脚已经很重。

后来,事情的结果还不错,在引导下,虫虫也谈了自己的错误,表示吃冰棍时不能闹,要在餐桌前吃,而且和哥哥不能瞎闹,要好好和哥哥玩。儿子也真正惭愧起来,坐到桌前吃饭时,他羞愧地说:"我确实不对。"我们听出了他的愧疚。

所以在现场的南洲当下松了口气说:"嗯,弟弟真是不错。"赞叹儿子能够及时处理自己的负面情绪,迅速反思。

这个事件没影响我们愉快的晚餐。

晚饭后,我们去虫虫家喝茶,我绘声绘色地把事情的经过说给虫爸虫妈知道。

对啊,还没有提到全球化和民族主义啊。现在开始进入正题,刚才是啰唆的我漫长的铺垫。其实这一晚的主角,是南洲。

我们到虫虫家聊天时,南洲和儿子在家中开始聊天。南洲正在南加州大学做东亚研究的研究生,他父亲是社科院哲学所研究员李河,是家学渊源的才子。

他们的话题,大概从祖先崇拜开始。我回家时,儿子两眼发光,他本来就喜欢历史,听南洲哥哥梳理了从古代开始贯穿中西的文明路径,不由得有些兴奋。我回来时,他立刻幸福地说:"妈妈,我觉得南洲哥哥太棒了,他给我讲了从祖先崇拜到开发宇宙的历史发展过程,涉及了全球化和民族主义,比我们历史老师水平还高,我觉得我大学可以学习这个专业。"

我兴趣来了,于是我们三个坐在大桌子旁,他们把今晚我错过的话题,从头给我梳理了一遍。

大致是,从一个游戏讲到了祖先崇拜,然后南洲作为"讲话机器"就开动了。

路径是从祖先崇拜到表亲婚姻,再到中世纪的长子继承制。(谈到这里,据说南洲的主要例子是:"弟弟,你是你们家长子,因此你是霍一蛋,按照欧洲中世纪的继承制,你有全部家族财产的继承权。你两个妹妹分别是霍二蛋和霍三蛋,她们是女孩,都有一份嫁妆的权利。然后霍四蛋,你弟弟出生了,他就悲催了,只能去当骑士,建功立业,赚取封地啥的。")这样就讲到了骑士诞生,又讲到中国分封制,以及游牧民族,蒙古啊、匈奴啊,对东方和西方的影响,然后讲到现代政治学、各国政治经济军事现状,讲到大国政治制度、美国的政治策略。这个时候,南洲又话题一转,开始从讲美国的坏话"放钉子",讲小国对美国的看法后,又开始讲从另一面看,美国短暂的历史,也是人类所拥有民主制度的完整历史。这样,他又开始了新的话题,讲在国际关系中"如何中立地看问题"。

他们两个给我复述这个时都流露出了坏笑,我也立刻明白,兜了这么大一个圈子,他要和弟弟谈的是人生观。这个人生观的主题,就是如何中立地看问题。

就是我在虫虫事件发生时,讲的"客观"。那时候我讲:"你16岁了,我希望无论你遇到什么事情,都要想到,如何跳出自己当时当场的情绪，客观地看问题。而且，我希望你能想象，同样的事情发生，爸爸妈妈会如何处理，会发怒吗？动手吗？任由脾气发作吗？"

当然，我当时也讲了一点情绪化的话："现在，我们这样跟你谈，与其说是对你的行为感到愤怒，不如说是沮丧，觉得你会这样，是我们的问题。"

可是，南洲既没有劝慰，也没有摆明任何观点，更没有情绪化。他就是完全脱离了刚才发生的事件，回到历史本身。我们身上的性情，在历史不同阶段，充满一个个不同年代、地区的人，当然也充满一个个人的集合体，不同的民族和国家。

这种深刻的颖悟，就是我在儿子脸上看到的光。他已经超越羞愧，超越了自己晚上的不当行为，真正中立地看问题，做到了完美的客观。这个客观就是，他已经不再羞愧，他已经清楚了那个根源，那个在历史上屡次作怪，也没有被各个民族和国家彻底克服的问题。他跳脱出了自己，成为一个有一点点洞悉的人，因着这一点点洞悉，他和刚才那个情绪化的自己脱离了。

所以，在成长中，羞愧完全没用。因为，当真正的成长发生，你甚至一瞬间就不是刚才那个人了。立地成佛说的就是这回事儿。

关于那个晚上，我想补充说一下。司马迁写《史记》，多有称颂"不虚美、不隐恶"的客观作风。我完整记录下儿子的一次微瑕之行为。他这是青春期、身心发育不协调期的典型症状，偶尔易怒易感动易激动，情绪不调和，行为难自控。

其实，从我本心，我接纳这样的事情发生，有如接纳流水不腐。我们这如水的人生，都要流动起来，经历不同的人、不同的事、不同的挑战、不同的冲突、不同的羞愧和遗憾，才能形成清清澈澈的领悟。

我之所以很喜欢家里人来人往，就在于此。通过不同人的不同照见，不同人性形成的不同角度，不同经历形成的不同习性，比安然于一个封闭的小的家庭环境，更容易拓展心胸，剔除执着。

南洲，这时候扮演了一个很重要的角色。这堂课，比一个历史老师一个学期的课程还珍贵。

那晚，值得记述。我为儿子留下来，也留给自己。

临睡前，我问儿子："全球化和民族主义，明白了多少？"他很庄重地说："全球化，就是当我打虫虫时，把他想象成我亲弟弟，就像心心、宁宁一样，这种打法发自亲爱。民族主义，就是我打虫虫时，把他当成敌人、外人，这种打法带着仇视。"然后扮个大鬼脸，睡去了。

哎，全球化和民族主义，大家明白我的题目了吧。哈哈，一个好朋友，就是一片精神沃土。不管得到什么结论，本文记之。

宁宁的断舍离

大家在小区里散步。

宁宁从路边陆续采了很多野花,手里满溢。渐渐地,我们还都健步如飞,她却慢了下来,说要回家。

我了解她,建言道:"宁宁,你花拿得太多,有了太多牵挂,所以急着回家安置它们。"

解释一下,这些花儿基本上都是洛杉矶野外随手可得的野花,哈哈,怕孩子随手采摘这件事引发环保主义者的强烈不满,备注一下。

老杨,我资深闺密,宁宁的干妈,也是大人星辰中的一员,直截了当、斩钉截铁地动员:"宁宁,把那些扔在地上。扔了,就解脱了,就有劲儿了。你要慢慢学会放弃。"老杨是神奇的人,断舍离执行力极强,几乎买的绝大多数衣服只穿一季就捐掉、清理掉,下一季,人生从头再来。她在用自己的道理引导宁宁。

宁宁犹豫了一下,停住脚步,看得出花了一会儿时间下决心。然后,她任由左手的花慢慢跌落地上。右手最大的一枝,她还握着。确实,放弃是一种选择。瞬间,她觉得解脱,能量释放,变得欢喜。

她专心捻着手中最爱的大花,这下子,她的爱,松了口气,专注了,简约了,可堪承载了。我和老杨相视微笑。作为相识20年以上的老友,我们都知道,人生拥有的质量,是由放弃的数量决定的。

意想不到的事情发生了。心心唰地走回来,捡起了宁宁扔到地上的所有花朵,开始郑重整理着往前走。哈哈,是的,就是这样,没有什么会被放弃。但放弃是一种负责,对自己也对弃物。因为,他人就有机会拥有,他人就有机会经由这些,体会责任和爱。

只要有多重关系,就能看到很多的规律。人间大的奥妙,蕴含在细小微妙的生活间。这个故事里,老杨这样角度敏锐、决断力强的朋友,也是滋养小朋友的言传身教的重要补充哦。

儿子迟来的告白

"妈妈,你知道我为什么不对别人的东西产生占有欲吗?"晚饭的时候,儿子忽然问我。

"啊,你说。"

"大概就在我三四岁的时候,有一次去红涛阿姨家玩儿。当时她家有把小宝剑,我特别喜欢,就默默带走了。路上,你就发现了,然后问我,是不是自己拿的。我说是红涛阿姨给我的,其实这就是一个本能的谎话。然后,你察觉有异,打电话给红涛阿姨,对她说宝宝不小心带出来了一把小宝剑,想立刻送回去。红涛阿姨在电话中愣了一下,立刻说,是她给我的,不用还回去,好好玩儿吧。就在那一瞬间,我感觉到一种深深的羞愧,以后始终记得,你打电话时我的紧张,红涛阿姨为我遮掩后,我的释放和深深的羞愧。从此,我再也不要让自己陷入这种感觉。我非常感谢红涛阿姨,她是我的贵人。"

"啊,我几乎都忘记这件事啦。你那么小,居然记得?"

"对,我记得,强烈的羞愧,我小时候最重大的一次羞愧体验。"18岁的他是如此坦率,把这个秘密向我坦白。

然后,我回想起更多。其实,关于那把小宝剑,后来没有儿子在场的时间,我还是和红涛确认了真正的情况。因而,在我们两个大人心知肚明的情况下,隔了几天,我和儿子最终还是还了回去。理由是:"不是阿姨主动给的,是我们串门去,看到你喜欢才给的,有可能是人家割爱的,这样子不好。感谢阿姨给我们玩几天的机会。"

至于我多年的闺密红涛，相信大大咧咧的她已彻底忘记了这件小事。

很多时候，我们大人对于孩子，要本能地怀着最大的善意，就像我发现儿子手里多了别人家的东西，打电话说："我们不小心带出来了宝剑，想立刻送回去。"我并没有给小小的儿子贴一个标签——你是个小贼。同时，用立刻打电话这个行动加上用"我们"这个关键词，以一起面对的做法，来给儿子行动上的告诫：这个是别人的，是要还回去的。

而我亲爱的女友红涛，直接帮助了孩子，帮助孩子保全了自尊，使得孩子规避了被"大人集团"放在受审判位置上的危机，毫不犹豫地当场做了孩子善意的共谋。在多年的交往中，我知道她有这样的机智，能够帮助任何孩子、大人保全摇摇欲坠的自尊心。

实现影响力的最高策略，即不战而屈人之兵，是暖日融冰，是春风化雨。

微博私信中，有一位粉丝问我，她发现孩子老是偷拿幼儿园别的孩子的东西，应该怎么办。听到了儿子的这段心路历程，我回复道：亲爱的，请帮助孩子体面地还回去，不要简单粗暴地定义孩子"偷拿"，可以定义为"误拿"。可以妈妈和孩子一起去还。每次拿回来，都好好地一起还回去，和老师说明是"误拿"了，表示"误拿"的歉意。

如何对待孩子可能的"负面行为"？我给"负面行为"加双引号，是因为，孩子们行为的不稳定性，不能用简单的正负来区分，只能加引号来标示"我们从成人出发来定义"的行为性质。所以，在所谓"负面行为"的矫正上，"柔软温暖"地化育，而不是"硬邦邦"地教育，和孩子一起面对，而不是把孩子独自推向被审判、被判决、被标签化的位置，是我们"大人集团"理应具备的共同出发点。

在行为方式走向稳定成熟的人生过程中，每个孩子，每个人，都可能经历一些不成熟的、与社会普遍准则不相融的"冲动选择"和"直觉选择"，这非常正常。冲动是必然的，不要急着区分好坏，不要急着定性，冲动是能量的外化。

我会采取这样的方式：做妈妈的，对孩子能量不恰当运用的反应，可以柔和地接纳，但要佐以坚决的调整，这种调整的要点是"一起面对""淡化标签"。

所有除了妈妈以外的大人，真希望都是红涛阿姨风格的，能给每个有点"差池"的孩子一段情感发酵时间，宽容、耐心、理解，在孩子背后和妈妈善意地沟通，达成帮助孩子成长的"大人集团"的"共谋"。

我们是集体面对"小孩子公民"的"大人统治集团"啊。要悯民、爱民，慈爱理解。不要过于教育者嘴脸，急不可耐，简单粗暴。慎之慎之。

一个孩子的长大，就像一棵大树，虫洞、鸟窝、风雨侵袭，都不可避免。然而，阳光、水分、土壤如果充足，大树一定能冠盖浓郁，果实俨然。

亲爱的妈妈们，我们的朋友不仅是我们自己存放情感、学习、感悟、互动的珍贵知己，也是孩子社会关系的一重资产。

高洁奶奶

中国社科院学者张晓明是我的老师,他母亲高洁,是我非常尊重的长辈。随老师的因缘结识,已经十余年了。高洁奶奶已年届 88 岁。我曾经去她在新华社的家,专门为她解决电脑问题,得以多次亲近老人。

这次回国,她已经常住张老师家。她送我一本刚刚出版的《高家百年》。这本老人亲笔撰写的家族百年史,十余年前就动念开写了。从光绪年间记叙到今日,是高家三代人的故事。这庞大的家族,开枝散叶,因不同时期的时运、国运、家运而摧折、繁茂。高家百年是一部浓缩的中国近现代百年史。

记忆中,老人每每穿定制衬衫,即使独居,也一丝不苟,脊背笔挺,眼神独立。西方休闲的行头从未与她做成一笔生意。她的衬衫终生是定制的。她也始终保持当年在燕京大学被评为校花时优雅自如的风采。

和张晓明老师在一起学习、工作时,就经常听到他们家族的故事。2003 年,社科院文化中心集体去云南调研,我走得匆忙,忽略了给自己的车上保险。当时我们正穿越高黎贡山,家人打电话给我说,车丢了。而我正在听张老师舅舅讲作为飞虎队员不断飞越"死亡航线"的故事。

彼时,高黎贡山云团层裹,因风而起呜咽之声。那么苍凉、壮阔、勇敢、真实的故事,当下就令我把得失抛诸脑后。

这次见到高洁老人，相貌10年间几乎没有变化。她那活泼泼的精神力，一看就是奔着百岁优雅而去的样子，是给我们这种四五十岁之交的年轻人，不能悲春伤秋的极好提醒。留恋地看她书中收集的那些老照片，那些悲喜俱已远去的日子。

有一张照片，中间的兄弟，左侧小一些、笑容天真的，是已经突破60岁的张晓明老师，1959年摄于上海家门口。那时，我还没出生。高洁奶奶和孩子先生在一起的样子幸福美丽，年龄大概和此刻的我相仿。

还有一张照片，是高洁奶奶翻看她父母的手札诗歌，特别地打动我。我们这快餐化的时代，孩子们哪还有机会，在父母身后，翻看这么温情的记载？坚持写东西的意义正在于此吧，就怕被时光略过，当了省略号啊。每写一点，就是括了个括号，圈一小块属于自己的时光自留田，任自己播种，供孩子们收获——假如他们愿意。因此，受奶奶感召，我也不能停下敲字。

我必须缓慢、温情地将此刻记下来。虽然不是用笔，但同样用心。正如88岁的奶奶在书中所说："人，并不需要很多财富，家人和谐，精神自由，免于匮乏，就是真幸福。"

这样的长辈，就是我们人间的财富。

儿子小的时候和高奶奶有缘，亲近过多次，这本书正好带给儿子。睿智的奶奶讲述的家族故事，再没有比这更好的年代材料了，浑厚板正的历史书也不行。这样一本带着亲身接触的长辈精神力量的书，对孩子和我们的心灵价值，难以言喻。

这世间，有很多财富，不至于因一人集聚，而使他人匮乏，思想和经历就是这样的财富。因此，我们可以做善财妈妈，把这样的财富聚集起来，供养给孩子和大家。

少年，理解力上升的孩子，能够多接触睿智的、心态良好的老人，是一种生命能量的直接传递。

我一直喜欢带着孩子亲近活泼乐观的老人。

有一次，去探望朋友的老妈妈，快80岁了，满头华发，精神矍铄，是个漂亮快乐的老人。她看到儿子，十分喜爱，兴冲冲地说："孩子，奶奶告诉你，人有两个宝，一是大脑，一是手，这两宝会为人创造一切。"老人吃斋念佛多年，每次见我，都非常贴心地嘱咐，做人要惜福，有良心，就会有福报。

呵，长辈们在岁月的前线，为我们遮挡流弹，才映衬出晚辈们蒙在彩色玻璃纸下，瑕不掩瑜的青春。

我留恋地看着那位阿姨，虽然年近80，但皮肤光洁，个性活泼，带着一种对生活深深满意和知足的气质，真是个迷人的老人。

我情不自禁地对她说："有您这样的长辈健康愉快地陪着我们生活，就是晚辈的宝。"

她给儿子讲过去的经历，很多坎坷，很多生离死别，叙述完了，全变成一个达观的微笑："人生就是活一天，得一天啊。孩子，过去的早过去了，现在也会过去的。最重要的是每一天。"

呵，这些话要是由我说出来，和一个80岁的老人说出来，加持力会多么不同。

还有一次，我姨对儿子讲自己小时候拿长跑冠军的往事，称："当时有路人夸自己，一听之下，非常喜悦，就不知疲累，狂喜地坚持跑下来，竟获冠军。"然后她意味深长地对儿子说："我这一生心中不稳，没有定力，其实应该摒除毁誉，找到自己心中渴望的，倾听自己内心的声音，为之努力。一切受外力控制的成绩都是傀儡纪录。"痛哉，其言。然而对于一个青春期的孩子，诚哉，其言。

我们的人际关系，因为时空所限，往往都是小家庭、亲戚、朋友……这样一点点扩大。接触高龄且智慧的长辈，就突破了时间限制，能够使我们感同身受，预先体会到时间的流逝、一生的规模，帮我们洞悉人生的真相，认识到长长的一生中，所有的悲欢得失都是常态，我们注定会衰老，会死去。这会使孩子和我们都像注射了心灵免疫针，对于很多常态肤浅的诱惑，对于注定会面临的境遇的高低起伏，有了一份平常心，对于自己真正要追求的，有了一种宿命般的坚定。

医院的正能量

我和儿子去探望住院的女朋友时,邻床病人,是个89岁的老妈妈,满头白发,相貌慈祥。

老妈妈因为不明原因的肚子痛入院。第一天看到时,总是听到她的呻吟声。第二天看到,老人好多了,脸上有了笑容,她讲客家话,很少的普通话,英文不懂,很难交流。

一会儿,她的儿子们来了,两个。围在老人床边,一个用特别温柔的客家话和妈妈交流,边说话边给妈妈揉后背;另一个含着点忧郁,默默看着妈妈和哥哥。

我情不自禁和那个给妈妈揉后背的哥哥聊天:"老妈妈好像好多了。"他用普通话答我:"89岁了,生病很辛苦的。""你们对妈妈都很好啊。"我赞叹。

他眼里都是温柔的笑意,仿佛妈妈的后背也能看到他的表情,要笑给妈妈看让她安心:"我们都很爱她,妈妈功劳很大。"

"你们兄弟两个?""我们有好多兄妹的,在洛杉矶,妈妈身边就有三兄弟。我们都很爱妈妈。"他又重复一遍,按摩妈妈后背的手上上下下那么温柔,一刻都不停下。

"真好。"我有点感动,不知要说什么,同他一样压低声音赞叹。他一上一下揉着,好一会儿,他轻轻感叹:"一辈子真快,妈妈都老了。"

他的声音那么低沉温柔,一下子戳中泪点了。我克制住,轻轻说:"你们的妈妈,年轻时候一定是个美女。"

他一下子笑了,带点骄傲,又特别谦虚地说:"很多人都这么说,但是,我们的妈妈,就是很普通的妈妈。"

"您有多大了啊?"我问。"你猜呢?""五十几岁?"他低低笑了:"呵呵,我都65岁了。弟弟也五十几岁了。""呵,你们都对妈妈那么好,真希望我们老了,也有这么爱自己的子女。"我说。

"不用求,有福气会的。"他说,"善良的人都有福气。"这个哥哥比弟弟喜欢讲话,讲的都是朴素哲理。

"我想对老妈妈说句话,麻烦您用客家话翻译给她。""好啊。""就说,我说她的儿子们真好。"

哥哥开始用客家话和老妈妈说这个。一直享受儿子按摩的老妈妈翻过身来,很洪亮地说了一句话。

哥哥一下子笑得更灿烂:"妈妈说,我们今天表现很好,明天还不知道呢。"两个到知命和耳顺之年的兄弟忽然都变成了很小的小孩子。老人也在床上笑,又说了一大串话。

"啊,妈妈还当你们是小孩子啊,用第一天的鼓励,期待第二天的进步。"我的心柔软死了,赶紧问:"老妈妈现在说什么?"

不爱说话的弟弟这次翻译:"就是说了很多她以前在越南做生意时,经常和人开的玩笑,我们小时候的那些玩笑。"这时候,哥哥出去了,弟弟开始给妈妈揉脚。妈妈很安心地等着,用客家话一直说着往事。

病房的灯光裏在妈妈和儿子身上,一霎一霎的温馨、柔软、光明。这对普通兄弟,看上去就是早期来美国打工,过了二三十年普通日子的越南华侨。

然而他们于病床上,为我示现的母慈子爱的这种美,无处可以购买，无处可以速生，是用扎扎实实的时光，包浆一生的亲爱之美。

我们每一个儿女，也都是这对兄弟。我们所处的现在，长辈还在，我们的笑容、安慰还有一个施展的所在。陪伴、支持老迈衰弱的长辈，是洞悉人生真相最重要的通路，他们是我们的来处和去处，我们的宿命和未来。

我们每一个妈妈，都可能会是这个老妈妈。我们所处的现在，孩子还小，自己还在安身立命的舞台前沿，是我们有幸活到八九十岁时，还萦绕在心头的最美好的时光。

我心忽而酸楚，忽而感激满怀。这种值遇别人家妈妈的时光，是最重要的一种功课，收获丰满。

不一样

村上春树说："你要做一个不动声色的大人了。不准情绪化，不准偷偷想念，不准回头看。去过自己另外的生活。你要听话，不是所有的鱼都会生活在同一片海里。"

我们应该看到，这世界上有大量不一样的人。人的多元化，以及我们为此形成的一系列接纳的态度、修养的姿态，从孩子小的时候，就要对此有心理准备。

在美国长大的小孩子对多元化深有感触，因为触目所及，各种肤色、各个族裔、各种不同的选择，都是五花八门。美国社会已经形成一些必需的公众共识，所有不同的人之间都必须互相尊重。

这一点在人种、民族差异性不太大的文化中，是特别值得注意的事情。

有一次在洛杉矶，我对心心说："你看你，要涂些防晒霜啊，晒得太黑了。你比刚刚生出来黑了好几度。"我对洛杉矶强烈的紫外线一直很在意。结果心心严肃地对我说："妈妈，你不能说人黑，这非常地不礼貌。"我稍一愣，就反应过来。啊，美国的黑人奋斗了百年，才使人们不再进行"黑"这种简单粗暴的肤色判断，而且通过学校教育，深入小学生的心中。不仅不能说黑，也不能说胖，不能以任何肢体和外貌的特殊性而取笑人，这已经是深刻的共识。

当然，任何共识也只不过是大多数法则，只要媒体还存在对骨感美女的主流审美，大众被媒体所引导的审美偏见和暴力就会暗暗存在。

当前，个人成为互联网的发布主体，垄断的媒体审美正在被强烈挑战，简单的成功、失败的定义也在被冲击，每个人都可以在身体、思想、生存和生活选择上真正做自己的时代正在缓慢出现。

说白了，对待不一样的人的态度和教养，也深刻体现了我们自己内心的生态环境。每个人都有不一样的地方，我们对待他人的行为方式及相关判断，也意味着我们对自己的特点或者小的弱点，是不是能够接纳、尊重和理解。

过不多久，新驾驶员儿子开车陪我到苹果店修手机。他专门带了音箱，一路上给我听他手机里的歌，不仅听音箱放的，他还自己唱和声。这小子的音色自小就高低自如，优美广阔。这一路，车厢像移动的音乐包厢。我一路都在想：哎，青春岁月时，都没有遇到过这样的男友，我是给人家培养了多浪漫的一个男友啊。

到了苹果店，离预约的时间还有一会儿，一个技术顾问来服务我们。技术顾问脸部英俊，个子超矮，走路一看就是小儿麻痹后遗症。他跟儿子说话，我凝视着他。

忽然，儿子拉住了我的左臂，捏了捏。我瞬间明白了他的意思：妈妈，不要过分盯着人家看，要适度。

心中瞬间有一种感觉哗地张开了。就在儿子小时候，我曾经数次这样暗示他，不要盯着特殊形状的人过多地看。如今，这些内在命令已经成为他的一部分，开始向外传递了。

伴随孩子长大，我们会清楚明白地看到：自己的部分，如何跟其他的教育模块一起组合在他身上。不由得对那个反复在事例中提醒儿子，不要去"分别"对待任何人的年轻妈妈时的自己，点了个头。

也不由得为传给我这种尊重的父亲心中含泪。父亲已经去世了，却让我在这样一种情况下想到他。一切像被刻录一样,会被时光的唱针播放。因而,我微笑着,傻呵呵地,在苹果店,含泪四顾。

回程路上,继续儿子的驾驶员 DJ 之旅。又不禁回忆起儿子小的时候,每段母子的车内时光,我们都一起听音乐,一起唱。

所以,又不禁微微笑。我们所收获的都是我们所播种的。做人父母,真是因果在此生啊。

一开心,我读路边的英文标牌 Math Learning Centre。一读出来,儿子的发音强迫症又发作了。哈哈,没错,这也是小时候,我特别纠正他的。他发扬光大了。他一遍遍纠正我 Learning 的发音,说我没有发柔和中间的元音。

我学了几次,灵机一动问:"儿子,妈妈的 I 老虎 you,发音对吗?"

"I love you。"他长长地、饱满地发音。

"I 老虎 you。"我故意说。

"I love you。"他意识到我在逗他说这个,立刻改了,"嗯嗯,妈妈,I 老虎 you。"

哈哈,一路温馨。这次"不一样"是母子间的逗乐。只有在这种时候,我们可以利用"不一样"。

从孩子幼小时开始,让他们在感受到美、开心、尊重、温情、幽默感之余,也感受和接纳"不一样",这些都是重要的功夫。

缺爱症候同学

"妈妈，我们画室的一个高年级同学，同时被斯坦福、UC 伯克利（加利福尼亚大学伯克利分校）、芝加哥大学、纽约大学、罗德岛录取了。最后他选的是奖学金最高的芝加哥大学。"

"哦，他特别特别努力吧。"

"他非常非常刻苦努力，经常画画到深夜，功课也特别上心，成绩突出。"

"他父母一定非常开心。"我说。

没想到儿子说："但是他不开心。他曾经跟我倾诉苦闷，他非常非常苦闷。他父母从小对他很严酷，他很怨恨父母。努力最大的动力，是要彻底地离开父母。我曾经很震惊，居然有这样恨父母的人。后来也理解了，不同的人确实境遇不一样。"

"啊，这么说，他的动力是怨恨。"

"对啊，非常重的怨恨和愤怒。"儿子肯定地说。

这时候我赶紧特别深情、特别柔和地看着他说："那么，爱会不会比恨更有 power？是力量更足的动力？"

儿子陷入了思索。

儿子那些日子十一年级了，身上开始带着一股肃杀之气，夜以继日地学习，备考，申请大学。跟他聊完，我也陷入了沉思。

在安逸生活中的爱和在颠沛生活中的爱不一样，确实有可能流于放逸和怠惰。在充裕的物质、考究的娱乐宠溺下构建的爱，能燃烧起来给奋斗提供多少当量的动力呢?

要让"爱"的动力变足,变得足以匹敌"恨"的力量,就像长久处于和平时期的军队,想匹敌战争时期野战军的野性。而若想匹敌,爱可能需要更多的训练和激情,也需要更多的时间。爱的一个主要标志,就是给成长时间。

虎妈虎爸存在的理由,虎妈受益于虎式教育成果的理由,就是恰当运用了"压制和愤怒"的力量。这种力量像古代化妆术中的铅粉,对长久健康无益,却有明显的效果。这些被训练出来的孩子的人生,也常常因此能够迅速获取收益,但他们永远也不能客观估量,付出了什么样的代价。

一个被虎妈体制化的孩子,可能飞黄腾达,可能耀眼光亮,他自己被强迫运转起来的内在秩序,能在这样漫长的一生中,靠着外在获得而平衡吗?他的内心,永远不会被小时候强行压抑下的自我困扰吗?这是个争论起来注定无解的问题。即使像经济学那样,找到大数据去分析,可能也难以得到结论。因为我们只能凭借外部成就去获取成功人物的数据资料,而他们的内心、他们的幸福感与和谐感,往往与成就不完全一致。当然,虎妈虎爸如果在执行"虎式教育"时,也非常注重孩子内心的富足,时刻保持和孩子的连接,让孩子培养起对"虎式"挑战的乐趣,这就不一定是我们不采取"虎式教育"的人能妄评的了。

家庭教育是非常私人的事情,社会共同体只能规范什么是决然不对的,比如过分地侮辱、体罚、虐待孩子。但是,我们每个家庭,归根结底,也许都有迥然不同的育儿之道,这是每个孩子无法抗衡的命运。就这样根据养育教育的不同,我们培养出来狼孩、虎孩、兔孩、猪孩……我的理想是,给孩子三界空间——自然、人文和人际,让他们自由选择飞翔、游弋还是奔跑。不论哪一种，凭借孩子自己的热情，让他享受奋斗。我不愿意成为一个模具，严格地把孩子塑形，追求一种我作为妈妈、他们作为作品的安全感。

关于儿子告诉我的这个不一样的孩子，我关注的是：这个孩子，用艺术和自我奋斗表达的不开心，要多久才能疗愈呢？这一生中，能吗？会轮回给下一代吗？因削足适履而逼仄了的精神世界，担当得起人间的起承转合吗？用作品来倾尽全力表达愤怒和恨的孩子，还有爱的能力吗？

正如不会被爱马仕、路易·威登、香奈儿、卡地亚迷幻双眼，我也不会被斯坦福、哈佛、伯克利致幻。

孩子成长的路上，最好以爱为权杖支撑。爱，是一项权利。我关注的还有：爱的力量，要怎样激发引导，才可以匹敌甚至胜过恨的力量。

如果处于顺境，应该让孩子有时间寻找兴趣，缓慢从容地成长。十七八岁，随着荷尔蒙的增加和生命律动的节奏，孩子的自然奔跑也会展开，这是生命力活泼泼的规律。黄花梨是热带地区的木材，因环境温和，湿度得宜，长得极其缓慢细密，举世皆珍。

如果处于逆境，则更需要家庭成员彼此的支撑和爱。艰苦条件下、压力心境中的关注和扶携，也是孩子成长的沃土。大兴安岭高大的林木，历经风霜雨雪而趋向阳光，莫不如是。

优渥自如的环境和严酷艰苦的环境，各有各的主材，只要以爱为名，生命就不虚此行。而无论如何，以愤怒和恨为出发点，就个体成长而言，真的是非常不幸福的履历。

"他不画画的时候，就老是在抱怨这些事情。说也说不尽，讲也讲不完。只有学习和画画了，注意力才能忘我转移。"儿子把同学的情绪忧郁球抛给了我。

　　所以，应该为这一个以怨恨为肥料的孩子，感谢绘画，感谢这些因之录取他的高校。他需要的肯定非常非常多，只有这样才能帮他疗伤或者缓解心里的疼痛。这是被强迫"虎教"的孩子，走向简单幸福之路的复杂的成长回合。

　　但是，孩子们，我不会这样。对我来说，使孩子优先成为有爱的人、安全感充沛的人，是我的第一选择。我希望你们的一切发动，以爱和兴趣为起点——哪怕缓慢、遥远，哪怕你平凡普通。以爱为出发点，就是世界上最大的不凡。

洛杉矶市区的流浪汉

在所有不一样的人中，最特殊的一群，就是弱势群体、边缘人群。每个孩子都有机会接触，需要去认识，也借以反观自己的生活。

去了趟洛杉矶市中心。心心、宁宁一直习惯美式乡村生活，在车上，看着高大森严的楼宇就开始品评。

宁宁："我不要去这里，这里看起来好可怕，大房子像怪物，会吃掉我们吧？"心心："这里高楼太多，道路好暗。我想回家，不想在这里。"

两个乡下丫头和我们小时候完全不一样，对高楼大厦、密集人群，有一种本能的排斥。

中午我们选了农夫市场对面的麦当劳就餐。没想到这里的麦当劳，饮料不能续杯，连吸管、纸巾都要到柜台去拿，和美国许许多多的麦当劳任由消费者自助取用不一样。

我们环顾四周，明白了。麦当劳内外驻扎了大量的流浪汉、醉汉、乞丐。所以这里的麦当劳必须珍惜物资以自保。吃着饭，来了三拨衣衫不整的人要零钱，把分币都掏出去了。还有人要我们的薯条。

这是洛杉矶的市中心啊，繁荣和萧条共生，衣着光鲜和衣衫褴褛的人们交织，形成强烈反差。

我们一直小心翼翼。心心、宁宁拿薯条喂鸽子时，有个跨在摩托车上的大汉，眼睛黑黝黝地盯着我们。我有点不安，把手中的包斜挎好。有点庆幸自己背的不是什么名牌，而是一只乌漆墨黑的大布包。

在乡下住了不过两三年，我身上已经完全有了村妇那种大惊小怪的习气。心中边暗暗嘲笑自己，边关注那个大汉，直到他对我们看了又看后，突然轰油门消失了。我松了口气，这时候去取东西的孩子爸爸也和我们会合了。

回程时，心心、宁宁一路上都在就流浪汉、醉汉、乞丐这些新学到的词，不断提问。

"妈妈，为什么他们流浪？"

"因为，他们没有家。"

"为什么他们没有家？"

我心中立刻闪现出小时候尊长会给的标准答案：因为他们不爱读书、懒惰，不听爸爸妈妈的话……吧啦吧啦。但是轮回到此时停止，我没有随口去编派这些边缘化的人。天这么冷，很多人住在街角的塑料布帐篷下。

我慎重回答："他们可能在成长中遇到了一些事情，所以，失去了自己的家，或者离开了自己的家。"

"他们没有妈妈吗？"

"他们当然都曾经是有妈妈的人，妈妈要是知道他们流浪、酗酒、乞讨，会伤心的。"

"那他们的妈妈呢？"

"有些失散了，有些不在了。"

"有些人从出生的时候，家里的经济环境就很差，没有机会过一天好日子。"今天这话题真残酷，心心、宁宁都那么震惊。

"他们为什么不洗澡呢？"

"没有特别方便的洗澡地方吧？有的是卫生习惯不好。"我又补充一句，"他们应该有政府提供的地方可以洗澡、吃饭、睡觉，但还是有些人会选择在街头。大概他们把街头当作家了。"

跟小孩子说话特别得打起精神，我们大人撑起的世界已经不甚完美，我们客观的不带价值观的解释就殊为重要了。

我不愿意在她们面前树立一道藩篱，不愿意她们戴有色眼镜看这些边缘族群，即使我自己是那么小心翼翼地提防着这些人。为了这种提防、这种小家子气，为了我这种看到边缘族群就在脑子里把他们和吸毒、抢劫、偷盗对号入座的，不由自主的思绪，我羞愧不已。

"妈妈还知道有些人，本来日子过得不错，故意去流浪，故意的。因为想体验了解，生命中哪些可以放弃，哪些是真正必需的。这些人，是流浪汉中的艺术家。"我尽量把关于流浪汉的图景，描述得全面些。

洛杉矶的市中心，连流浪汉、乞丐、醉鬼都能覆盖十几个族裔，这陆离之都。我们能做的，就是免除敌意和鄙视，心内充满慈悲地去对待。

儿子讲《麦田里的守望者》

儿子 16 岁那年，有一天给我讲《麦田里的守望者》，讲 16 岁的主角 Holden 是怎样的人。

"妈妈，Holden 这人，如果他申请哈佛大学被拒，他一定会致信哈佛考官彬彬有礼地说，我十分理解由于我个人的顽劣，被贵校拒绝录取。我十分理解，也很高兴你们拥有高水平的选取人才的能力，使得那些比我优秀的人能在贵校接受与之相匹配的教育。

"如果他追求女生被拒，他一定会致电女生说，我知道自己长得不帅，不能吸引你，抱歉给你带来困扰。如果你愿意，我有很多很帅的男友可以介绍给你……"

"就是说 Holden 是个礼数周全又饶舌的人？有一种要命的周到？"我问。

每次和儿子在一起，我都有这种准备，一旦他开始说话，我就想把对话延展成一场谈话。特别是在车里，时空俱足啊。

"我穿的什么裤子，妈妈？"

"啊，我没注意啊。"我错愕地应答，不明白他为什么问我这个。

"呵呵，如果是 Holden，当他第一眼看到你，就会注意到全部的你，你的上衣、裤子，你的姿势细节。这就是他，一个麦田守望者。"

对社会失望的 Holden 是个理想主义者？沮丧主义者？反叛者？直面真实者？我看过很多书评，儿子的角度，很有趣。

大概打开了思路，后来我们开始谈到青少年的行为和价值观。

"长大可以变化很大,从 QQ 群中知道,我很多同学喝酒,以前在北京的女同学也有,喝得很厉害。"他说了一个小学女同学的名字,我清楚地记得那女孩的样子。

我不禁帮那女孩解释:"她可能心里有痛苦,不知道怎么排遣,就选择了这种方式。"我记得这女孩,爸爸超帅,妈妈超漂亮,但小学时父母就离婚了。

"那你美国的同学没有喝酒的吧?"我问,因为美国规定 21 岁以下不可饮酒。

"当然有,抽烟喝酒的都有。"他答。看来有禁令就有突破。"哎,那你呢,你对这怎么看?"我问。

"我不会抽烟的,觉得抽烟的样子丑陋,有点猥琐。但是,我也不会瞧不起那些抽烟的同学。他们有些父母亲都是大烟枪,从小吸二手烟,觉得吸烟就是生活方式。有的审美观就觉得抽烟美。这事无法吸引我,没有任何尝试欲。"

因此他不是 Holden 那样的孩子,他没有那么愤怒,像被青春期拷打。

"儿子,都是 16 岁,你和 Holden 不一样。你是明亮而敏锐的,像阳光一般。他是浅灰色的冷静,蕴含着浓浓的、深深压抑着的情绪云团。"

"我不明白 Holden 为什么那样,对我来说,他是个特别的人。"

一个人那样一定有那样的理由,是时代、环境、家庭和遗传因素共同发力。儿子,我们慢慢会知道。

妈妈的朋友圈

十一年级时，儿子突然提到对未来学业的想法。

"我想申请设计类、艺术类学校，但是也愿意考虑综合大学。我对未来的职业还没有设计，但是对未来要成为一个什么样的人有想法。"

"你要成为什么样的人？"

"我其实也不太能说明白要做什么样的人。但是，这么多年了，你们身边各种各样的人，亲朋、客户、网友，在各种活动中所接触到的很多人我都见过。我知道自己不喜欢做哪种人。有种人言之无物，头脑空洞；或者讲话言辞闪烁，词不达意；或者反复唠叨八卦，境界贫瘠。我不要这样。"

"表达能力的根本，在于有丰富慈悲的内心世界。"

"对，我想做丰富的人。我想，我不一定致力于赚很多钱，对我来说，够用就好。我要过能思考的生活，能够丰富睿智。"

"那你要读很多很多书，还要经历很多很多事，认识很多很多人，还要转化很多很多的情绪。"我喜欢他的看法，"读书的时候，珍惜读书的时间。工作之后，你可以把任何职业当作通路，达成一个更好的自己。"

通过这次谈话，我知道，妈妈的朋友圈，即使有萍水相逢、匆匆会聚的贫乏之士，也会给孩子一个直观识人的平台，让他们汲取精华，知道界限。

儿子有一句话说得特别好，真的给了我一个启示，那就是：我不太明白要做什么人，但是，我知道自己不做什么人。明白有所不为，是有所为的前提啊。这就是妈妈朋友圈的散乱能量达到的正面效果。

与儿子讨论美国大选

孩子和妈妈的生活中,还有一大批人物出没,这些人不直接在我们身边,却又无处不在。在电视上、手机中、绘本里、文学书中、神话童话里、历史书中、传记中,有大量的主人公;在媒体中、新闻事件中、排行榜上、政治经济领域里,有大量的知名人士。这些都是焦点人物。

这些人,我们熟悉他们的性格、经历、心态、爱情、选择、优点、弱点。他们是妈妈和孩子一起做人物审美的对象。

我所致力的是,孩子小的时候,陪伴孩子,认识很多这样的人,让每一个人独特的人格和生活事业阅历,成为孩子和自己心智成熟的营养。

珍贵的亲子交谈的内容往往为三类低质话题所占据——对亲友的八卦负评:"老王家儿子小小年纪就抽烟了,老王就是小小年纪抽的烟,上梁不正下梁歪。"或比较性评价:"楼上的孩子才10岁,钢琴八级了。"简单的生活语言:"吃早饭了吗?爱吃吗?要不要再吃点?"以及监督妈:"读书了吗?读了多少啊?作业到底做完了吗?"牢骚妈:"就你这成绩,都是你活该的,每天也没看你学习,光玩游戏了。"

实际上,亲子沟通、母子对话的时间多么稀少啊,都是在生活学习中见缝插针挤出来的啊,每一次,都珍贵无比。作为女性,天生爱八卦,那么我就把这种热情,转移为对焦点人物的关注和讨论。焦点人物，往往比隔壁老王拥有更多的冲突、力量。我们即使做观众，注意力有限，也要选择更值得注意的。

我所期待的是，孩子们也会习惯这种母子间的分享，而逐渐地把他们读过的书中的人物，来和妈妈分析分享。孩子们跟妈妈沟通的内容，就像司机会优先走修好的高速公路一样，一般来讲，是按照妈妈曾经给孩子建构的路径来互相连接。

大学一年级，儿子在美国遇到的最大政治事件，就是美国大选。

"妈妈，我最近一直在想一件事儿。

"就拿美国大选举例子吧。在一段时间内，我的倾向，从希拉里渐渐往特朗普身上转移，然后又从特朗普移向希拉里，然后再转向特朗普。

"比如，有些文章看了以后，我心里也比较喜欢特朗普了。他在商业上这么成功，一定不是一个蠢人，不应该是表现出来的那么肤浅。

"因此，对于希拉里的兴趣又移到特朗普身上了。虽然希拉里有很多负面标签，哪怕未经证实，但还是影响了我。这促使我想到了一个问题。

"我觉得人类的大脑很脆弱，很容易被他人的想法左右。催眠太普遍了。好多演讲、信息源操纵人的大脑，催眠他人。"

视频通话时，儿子和我探讨。

"啊，儿子，你想到了一个重要的问题。确实，一个观点很容易在人群中获得支持，并且自我壮大。而支持它壮大的人，甚至完全没有去深入思考，就是随波逐流地支持，这是一种盲从式的思想跟随。"

"妈妈，由此我想，我能不能做到，判断一件事情，不被我知道的所有的外在信息来源影响，而能独立地认识。

"又比如，我想成为一个成功的人，需要不断给自己加油，可能听成功学的演讲，可能去看相应的书籍，而这些从根本上来讲都是外在信息对自己大脑的麻痹。必须这么努力，我才能成功——这是不是对自己的思想进行催眠来得到信心呢？

"我们能不能不通过催眠，而真正获得信心呢？"

啊，这个18岁的小子，每天一定有很多念头在心里明灭。他开始观察世界和自己的关系，像好的冲浪手一样，即使在随波逐流的巨大喧闹中，也在力图观察洋流的走向、风的作用和自我的力量。

我觉得兴奋，也觉得安慰。这些问题，在我脑子中并没有固定答案。事实上，假如大家愿意倾听孩子们提的问题，即使两三岁，提的问题都很难回答。比如心心问过我：人们为什么会相爱？宁宁问过：妈妈，彩虹和云是不是朋友？儿子小时候也问过很多非常简单，但非常难以回答的问题，始终记得一个：如果把大地和天空换个位置，我们的大地会不会是有些人的天空？

所以呢，作为勉力回答过所有这些问题的资深答问妈妈，我开始正视儿子的问题。

这真是一个好问题。在网民经常性地被各种事件刺激注意力，而情感陷入一边倒、以口诛笔伐来消费事件的互联网广场时代，问这样的问题，本身就要有一种从意见广场跳出来的弹跳力。

"儿子，你问了一个好问题，非常好的问题。这个世界上大概有两种人，会常常思考这样的问题吧——学者型人格的人和行动能力很强的实践派。实践派包括的人特别广泛，不论是经商、从政、做学问，还是搞艺术创作，都是在各种实践的舞台上。回到更小的生活环境中，即使在两个相爱的人之间，即实践亲密关系的人中间，也依然有这样的问题：判断和行动的问题。

"也就是说，我做出的判断，以及由之引发的行动，是出于我内心真正的判断，还是受到的各种影响被不自觉地运用了？

"我内心真正的判断，到底从何而来？

"如何对待环境、信息和他人的影响呢？

"我到底是谁？我的思想由什么构成？我的行动和思想的关系如何？

"儿子，即使是妈妈这个年龄，也都为这些问题而困惑呢。

"在《无声告白》一书中，作者写道，我们终其一生，就是要摆脱他人的期待，找到真正的自己。

"我想这就是问题可能的一种回答方式。那就是，这个问题提得很好，但并不是发现问题就能解决的。从发现问题的警觉，到真正建设内在的判断力，到随时尊重自我的真正愿望，正是我们会持续一生的工作。"

"啊，妈妈，我现在会把脑子里弹出来的信息，全都观察一遍，来判断它们值不值得采用。"

"是，你做得很好，我们的自我认识，就来自不断地审视。有一个问题，我可以回答，虽然不一定是最终的回答，因为每一个人最终的回答，终究要靠自己去揭示。比如你问，我们能不能不通过催眠，来真正获得信心呢？当然能。我知道的很多人，都是通过不竭的努力，一点点做出小小的成绩，来慢慢获得信心的。你真正的热情，而不是被外在忽悠而起的一时之兴奋，会指引自己做出真正的努力。任何一次微小的努力，都会产生微小的信心。比如你现在上大学，你做作品，每次深夜不眠地赶工，都是你真正热情的体现。你现在对于画画，体悟已经更为不一样，也更有信心了，是不是？"

"对啊，妈妈。"

"我们每个人都有自己的信心池,每一点一滴的信心,都和热情及相应的努力相关。沉浸在自己的使命中的人,会最大限度地对外界信息免疫,因为有不可思议的内在定力。而我相信,你就走在通往真正内在定力的路上。逐渐学会看真相,看大海之所以潮汐不止的动力之源,而不是那些时时刻刻扑上来的泡沫。这世界上,每个人的欲望、利益,是最大的动力之源。即使是'我想帮助大多数的人',这也是一种欲望呢。我们自身,就是在自己欲求的舢板上和整个世界错综复杂的欲求海洋共处。"

"嗯,真是这样啊。渐渐从那么容易受影响的自己,变成有审视能力的自己,从而慢慢地建设自己的定力。"

"找到自己的金箍棒!你小时候最喜欢的!金箍棒就是定海神针啊。"我提醒他,"渐渐有独立的判断力,但是又不能流于固执、偏执、自我设限。是定海神针,而不是被压在五行山下。哈哈。"

对话仓促结束,因为他的作业太紧,可是我的思考还在持续。写下来,以后继续分享给他。

审视,很有必要。就像我们自己的念头,有个国界,我们设了边防警察。任何新的念头过关的时候,我们都要查看,了解来龙去脉,了解背后是不是有商家借力造势的推手,了解是不是有博眼球的媒体在推波助澜。一条信息的出现,及其大面积人际爆发,有偶然因素,也有很多从表面上体察不到的原因。

对我来说,我的认知,是不变的:万事必有原因,如果我们能够避开迫不及待的道德判断,一切都会还原为社会学、心理学问题。

从个人角度,如果简单还原,任何问题都是成长缺失问题,我们这一生,往往缺什么补什么,童年的缺乏会导致成年的冲动、盲目和各种汹涌。

从社会角度，如果简单还原，就是任何事件的持续发酵，都有各种不同发布源的利益分布问题。多种社会经济体就像精明的推销员，兴致勃勃地等着任何推手的出现，让被裹挟其中的大众为注意力买单。

所有的人，在做妈妈的人眼里，都是孩子。越是犯错的孩子，越说明他需要通过错误来成长。这就是我最深的定力。我思我想的定力，不随波逐流的定力。做妈妈的心。

就是这样啊，儿子。我们可以通过任何我们爱的事情，找到定力。不够有定力，就是不够爱，或者爱在变化。

我们要做的，就是审视、体会、跟随自己。如此而已。其他都是外在。世界无非是，自己的内在定力和外在注意力的关系。

第一版后记
孩子是什么

跨入2017年,我们家最大的孩子,儿子响当当的19岁来了。我生下他的时候,也才24岁。现在回头看,是孩子生孩子啊。然后,我花了19年做妈妈。而今,一米八一的儿子低下头,在我脸上亲了亲。真是太高了。我不服气,上一步台阶,才占微弱优势;一不做,二不休,上两步台阶,才找到了他10岁初的感觉;干脆上椅子,唬得儿子扶着我的腰。还不够,还不够!转战宁宁的高餐椅,哈哈,这下子,他头刚好到我胸口以下,就是七八岁的感觉!一边低下头亲他一下,一边深深地重温往事。然后他嗖一下子把我抱下了地。呜呜……长大真是来得太快啦!任何一个高度差还来不及适应,又有了新的高度。

自从进入妈妈这个身份,我的妈妈学龄在不断增加。19年里,我养育了三个孩子,如果按每个孩子的年龄分开计算,我的妈妈学龄足有33年!感谢孩子们,使得我在"屎尿屁"中成长、成熟。感谢他们没有等待妈妈成熟,就来投奔。感谢他们用无条件的信任、依赖、陪伴,使得妈妈自身的成长也越来越诚实、越来越有力量。

一次和闺密在灯下漫谈时,说起当我们老了,如何做父母。

闺密说:"我要把精神上的年轻保持下去,到年迈时,还能在思想上、文化上吸引孩子近前,使得中年的孩子亲近老妈妈不为尽孝和责任,而是因为喜欢。"我接下去:"我要给孩子示现面对衰老、生死的达观自在,如何瓜熟蒂落地离开,如何感激这一生的相聚。"

四五十岁,已经值得立下这样的目标。做父母也有近期、远期全面的规划。宜于灯下探讨,抿茶相商,行文为证。

妈妈是什么?

妈妈是一生的实践,是生活中最肥沃的旅程,妈妈是世界上肚子最大的人。

我经常产生一种很玄妙的感觉,装在妈妈肚子里面的宝宝,一旦出生,就转移到妈妈无形的肚子里。当他们去幼儿园时,我那无形的肚子被撕扯得那么长、广、有弹性,我开始关注幼儿园,其他小朋友、老师、幼儿园的社会生态系统。

当他们上学时,我的"肚子领土"被拖曳到了学校,我开始重温如何学习,如何适应学校社会,开始接纳孩子的首批自主性社会关系。孩子们飞速发展的认知,孩子们的注意力所在,也更新了妈妈"肚子领土"的幅员。

一个母亲的肚子在空间上简直可以广大深远到囊括一切山河。大气海洋环境问题、食品问题、和平发展问题、教育文化问题、效率公平问题,全部被妈妈们担负在肚子中了。确切地说,哪里是孩子们驻扎的地方,哪里就是妈妈们的"肚子疆域"延展的地方。

一个母亲怀孕,在时间上,可以是漫长的一生。只要孩子出生,我们成为妈妈,终生就怀有母爱,母亲的忧惧、悲欢、惦念。

作为妈妈,我们庄严,我们宽广,我们华美。我们腹怀天下,心有慈悲,积极行动。

我们遇到的下一个最神秘的问题:孩子是谁?从哪里来,到哪里去?我们像古希腊的哲人,从发问开始,试着从自己的体会和思考中去淘金。

19年前，儿子出生，经过了漫长的一个黎明、一个白天、一个傍晚的挥汗如雨，一天变得那么长、那么激烈、那么非凡。我的全身仿佛被神秘的潮汐控制，一浪接一浪，交替着痛与战栗，曾经读过的很多词语：忍耐、坚强、痛不欲生、疲惫、透支、努力和期待、兴奋——都变得那么直观，它们都不再是形容词，而是剥离了表现欲，剥离了装饰性，变成赤裸裸的体验本身。来来往往的护士，围绕的家人，安慰激励的话语不时被注入身体；辅助我在大风大浪的节奏中舒缓休息一下的药水，大滴大滴失控的汗水和我出于尊严极力压抑住的呻吟都那么清晰，没有任何岁月能让那种感觉，包括气味气氛衰减。

当时，我愕然地发现，这是一个关口，没有人能替代我！以前所有的事情，都可以被有力地帮助，而此刻，我处于生命最不确定性的核心。我不知道孩子将怎样出生，我也不知道孩子是男是女，是什么长相。他（她）会健康吗？他（她）也在和我并肩拼搏吗？他（她）知道我在想什么吗？每一声喊给我的"加油"，他（她）也收到了吗？

这像拔河比赛一样的出生啊！

医生和护士们不断观察，不断把进展告诉我："就要来了！屏住呼吸！用力！"山洪暴发的势能中，我找到了用力的感觉。然后，我觉得自己的身体脱离了意识，开始独自响应命令。

"祂"，呵，非常想用这个"祂"来形容那时候的身体，一定有个负责生育的神灵，和我的身体一起构成了庄严的"祂"。"祂"跟随医生的指令，呼吸，屏住，用力。世界上所有的潮汐都涨来了！不！不是潮汐！是海啸！所有的海浪，扑得高高的，足有几层楼高！巍峨陡峭！又瀑布一样震耳欲聋垂直奔袭过来！我的意识和意志渐渐开始溃散，疼痛艰难曲折，没有最痛，只有更痛！我的躯体与意识脱离了，

"祂"在剥离,"祂"在震颤,"祂"在抽动,"祂"在吐露,"祂"在拼尽全力!终于到了最后一刻!我的肚子一下子涨起来很高,就像瞬间充满了气的气囊,腹压到了最高点,随之而来的是一种排山倒海的舒畅感觉。痛,消失了。

儿子出生了!

瞬间,身体又属于我了,腹部一片轻松,多月以来的沉重感消失,我像一片羽毛,轻盈到一点重心都没有。我朝着儿子的方向看过去。他正在一个两步远的小平台上,被清理着。他睁着一只眼睛,朝着我的方向,他正在看着我。我在日记中记下了那种感觉:"儿子刚出生就睁着一只眼睛和我对视,那是我人生中万箭攒心的一刻。我不知道那目光从何而来,不知道他看到了什么。儿子来自未知,我自己也是。他会怎样长大?我能够帮助他吗?我是一个确定无疑的妈妈了啊。意识到这一点,我兴奋到战栗!呵,我太虚弱了,几乎负荷不了强度变得很高的意识,阅读苏格拉底到尼采都没有使我对哲学开窍,但儿子使我成了一个哲学意义上的人,我的世界进入了妈妈哲学模式。"这种感受,是真实无伪的,没有一丝雕琢,是硬生生的顿悟——

伴随着孩子的出生,我作为妈妈也出生了。

在最疲惫的当口,优美的诗意,奇妙却深邃地抵达了。

孩子是什么?

孩子是妈妈做小姑娘、玩过家家时的起心动念;孩子是经过妈妈的孕育期,让妈妈体会生命的神奇,体会地尽其力、树尽其荫的力量感的源泉;孩子是独立的个体,因为缘分,通过父母来到这个世界,汲取父母提供的日光月华。孩子们和我们的人生出现一段时间的亲密重合,经由我们,逐渐完全地走向他们自己的人生。也许有读者会问:"爸爸呢?爸爸的作用难道不重要吗?"爸爸是男人"最重要"的身份,而不是"最主要"的身份。爸爸"最主要"的身份,从自古以来就是要外求的,是出去狩猎、农耕、经商,是创造体系和价值,是一轮又一轮的社会化。而妈妈的"主要"身份是内求的。因为,我们有个原始的功能——怀孕。

妈妈是通过成为妈妈逐渐长大的,爸爸会通过成为爸爸长大吗?不一定啊,爸爸可以和日益长大的孩子变得像哥们儿一样,爸爸可以一直保持做一个大孩子。爸爸长大的核心通路,像士兵要在战场上奋战,是通过社会分工的艰苦磨砺。同样保持工作的妈妈,和爸爸也不一样。妈妈任何时候——不只在孩子幼小时,都是一整个脑子挂在孩子身上工作的。爸爸则不然。虽然情感比较丰富的爸爸会说:"我工作的时候很想孩子。"放心,那只是在想起的时候。可是妈妈呢,我们是反向的,得找找妈妈什么时候不想着孩子。是的,妈妈想得太多了。不仅想具体的,还想抽象的。不仅现实,而且诗意——

我生下了你,但是我不知道你会成为什么样的人。因着你的出生,我拥有了这样的机会,和你一起启程,一起体验充满于世界的值得全情投入的未知,陪你一起找寻"你是谁"以及"妈妈是什么"的答案。

诗人夏宇有一首美丽至极的诗:

只有咒语可以解除咒语
只有秘密可以交换秘密
只有谜可以到达另一个谜
但是我忽略健康的重要性
以及等待使健康受损

以及爱使生活和谐

除了建议一起生一个小孩

我没有其他更坏的主意

你正百无聊赖

我正美丽

  智利诗人聂鲁达说:"我要在你身上去做,春天在樱桃树上做的事情……"就这样,成千上万的生灵活泼了,满世界叶子叮咚成交响曲,飞溅奔流,浩瀚成海,花朵把所有的空气熏香,春天生气蓬勃地来了。

  然而这一切奇迹,还不如一个孩子的出生。